NCS

한국산업
단지공단

직업기초능력평가

PREFACE

우리나라 기업들은 1960년대 이후 현재까지 비약적인 발전을 이루었다. 이렇게 급속한 성장을 이룰 수 있었던 배경에는 우리나라 국민들의 근면성 및 도전정신이 있었다. 그러나 빠르게 변화하는 세계 경제의 환경에 적응하기 위해서는 근면성과 도전정신 이외에 또 다른 성장 요인이 필요하다.

한국기업들이 지속가능한 성장을 하기 위해서는 혁신적인 제품 및 서비스 개발, 선도기술을 위한 R&D, 새로운 비즈니스 모델 개발, 효율적인 기업의 합병·인수, 신사업 진출 및 새로운 시장 개발 등 다양한 대안을 구축해 볼 수 있다. 하지만, 이러한 대안들 역시 훌륭한 인적자원을 바탕으로 할 때에 가능하다. 최근으로 올수록 기업체들은 자신의 기업에 적합한 인재를 선발하기 위해 기존의 학벌 위주의 채용을 탈피하고 기업 고유의 인·적성검사 제도를 도입하고 있는 추세이다.

한국산업단지공단에서도 업무에 필요한 역량 및 책임감과 적응력 등을 구비한 인재를 선발하기 위하여 고유의 직업기초능력평가를 치르고 있다. 본서는 한국산업단지공단 채용대비를 위한 필독서로 한국산업단지공단 직업기초능력평가의 출제경향을 철저히 분석하여 응시자들이 보다 쉽게 시험유형을 파악하고 효율적으로 대비할 수 있도록 구성하였습니다.

신념을 가지고 도전하는 사람은 반드시 그 꿈을 이룰 수 있습니다. 처음에 품은 신념과 열정이 취업 성공의 그 날까지 빛바래지 않도록 서원각이 수험생 여러분을 응원합니다.

STRUCTURE

NCS 직업기초능력평가

NCS 직업기초능력검사 영역별 핵심이론을 정리하였고 다양한 유형의 출제예상문제를 다수 수록하여 실전에 완벽하게 대비할 수 있습니다.

한국사

공기업 시험에서 빈출되는 한국사 예상문제를 상세하고 명쾌한 해설과 함께 수록하였습니다.

인성검사 및 면접

취업 성공을 위한 실전 인성검사와 면접의 기본을 수록하여 취업의 마무리까지 깔끔하게 책임집니다.

CONTENTS

PART

I

한국산업단지공단 소개

01 공단소개

1 공단 안내

(1) 설립목적

한국산업단지공단은 산업집적활성화 및 공장설립에 관한 법률에 의거 산업단지의 개발 및 관리와 기업체의 산업활동 지원을 위하여 설립되었습니다.

(2) 미션과 비전

① 미션 … 최적의 산업단지 개발·관리 및 기업성장 지원을 통해 일자리 창출과 국가산업발전을 선도합니다.

　㉠ 지역발전과 신성장 산업을 육성할 수 있는 최적의 산업단지 개발·공급과 기업하기 좋은 산업단지 환경을 조성

　㉡ 끊임없는 도전과 혁신으로 맞춤형 고품격의 기업지원서비스를 제공하여 기업의 성장을 통한 일자리 창출과 국가산업발전을 선도

② 비전 … 사람과 기업, 산업과 지역이 함께 성장하는 산업단지 혁신전문기관

　㉠ 젊고 유능한 인재가 찾아와 기업성장을 주도하고 기업은 일자리를 창출하는 선순환 공간을 조성

　㉡ 지역공동체의 일원으로서 지역발전 활성화를 위해 산업단지 플랫폼 위에 최고수준의 운영서비스를 확장시켜 국민으로부터 신뢰받는 기관 위상 확보

(3) 핵심가치 및 경영방침

① 핵심가치 … 창의적 사고, 앞선 서비스, 사회적 책임

키워드	의미
미래로의 도전	• 격변하는 미래환경에 대비하여 창의적 사고를 통한 혁신 • 열정과 전문성을 기반으로 한 주인의식으로 미래를 준비
사람존중	• 내부, 고객, 국민 모두를 동등한 인격으로 존중하고 신뢰 • 구성원의 니즈기반 차별화 서비스 제공
사회적 책임	• 지역공동체 일원으로서의 함께 성장하기 위한 책임과 의무를 다함 • 투명성 제고, 나눔과 협력을 통한 동반성장을 실천

② 경영방침 … 개방혁신, 고객가치, 소통·화합, 청렴·신뢰

경영방침	내용
개방혁신	• 개방형 플랫폼 구축을 통한 정보공유 • 지속적인 혁신과 도전 • 새로운 시대에 부합하는 기능과 역할
고객가치	• 고객 가치창출을 위한 애로해결 • 산학연관 협업서비스 • 고객의 경쟁력 제고
소통·화합	• 이해관계자와 신뢰를 바탕으로 소통·화합 • 외부기관의 협력과 지지 • 공단의 임무달성
청렴·신뢰	• 투명하고 공정한 경영활동 • 맡은 업무에 대한 집중과 완결 • 청렴문화 확산 • 고객에 대한 신뢰와 기대부응

(4) 비전목표 및 전략목표

① 2023 비전목표

 ㉠ 맞춤형 신규산업 단지 5년간 4,264천㎡ 공급

 ㉡ 산단환경개선펀드 5년간 3조원 신규사업 시행

 ㉢ 산단내 일자리 5년간 3만명 창출

 ㉣ 국민평가 최고등급(PCSI, 청렴도)

② 전략목표 및 전략과제

 ㉠ 전략목표

- 산업입지, 맞춤서비스 제공을 통한 산단 경쟁력 확보
- 산업단지 신가치 창출을 통한 미래 성장동력 확보
- 지역공동체 발전을 위한 KICOX형 사회적 가치 실현선도
- 혁신인프라 내재화

 ㉡ 전략과제

수요자중심의 신산업 입지 공간 공급	기업성장 지원기능 혁신	안전하고 기업하기 좋은 환경조성	산업입지 정책 지원 역량 강화
산업단지 구조혁신	미래 신성장 사업확보	상생협력 중심의 양질의 일자리 창출	지역경제 활성화 기반 구축
참여 거버넌스 활성화	경영리스크 대응체계 혁신	미래지향적 조직, 인력 혁신	조직문화 자율혁신

③ 공유가치

핵심가치	경영방침
미래로의 도전 사람존중 사회적 책임	개방혁신/고객가치 소통 · 화합/청렴 · 신뢰

(1) 산업단지 입주지원

① 산업단지관리

⊙ 산업단지의 개념 : 산업단지란 공장, 지식산업, 정보통신산업 등과 이를 지원하기 위한 교육·연구·업무시설 등을 집단적으로 설치하기 위해 포괄적 계획에 따라 개발·관리되는 일단의 지역을 말하며, 지정 및 조성 목적에 따라 국가·일반·도시첨단·농공단지로 구분된다.

ⓛ 산업단지의 종류

국가 산업단지	• 2개 이상의 특별시·광역시·도에 걸치는 지역 • 국가기간산업·첨단과학기술산업 육성 • 낙후지역의 개발 촉진
일반 산업단지	산업의 지방분산 및 지역경제 활성화
도시첨단 산업단지	지식산업, 문화산업 등 첨단산업 육성
농공단지	농·어촌 지역의 소득증대를 위한 산업 유치

ⓒ 한국산업단지 관할 산업단지 : 2017년 1월말 기준 전국 1,082개 산업단지 국가산업단지 등 총 61개 산업단지 관리업무 수행

국가(32)	한국수출(서울), 한국수출(부평·주안), 파주출판, 파주탄현, 남동, 반월, 시화, 시화MTV, 아산, 석문, 오송생명, 구미, 대구, 창원, 안정, 온산, 울산미포, 명지녹산, 광주첨단, 대불, 광양, 여수, 군산, 군산2, 익산, 북평, 국가식품클러스터, 포항, 포항블루밸리, 진해, 빛그린, 장항생태, 경남항공
일반(13)	양주홍죽, 아산제2테크노밸리, 달성2차, 신평장림(협업), 김해골든루트, 사천임대전용, 이천장호원, 북평지방, 원주문막반계, 이천대월, 오송제2생명과학, 사천제1·2일반산업단지
외투(14)	구미(구미부품), 대구달성, 대불, 사천, 오창, 인주, 천안, 천안5, 월전, 문막, 진천산수, 국가식품클러스터, 송산2, 충주, 송산2-1
농공(2)	동화, 삼계

ⓔ 산업단지 관리 주요 내용
  • 산업단지 관리기본계획 수립 및 운영
  • 산업단지 입지규제 등 불합리 제도개선
  • 입주기업체, 관리기관 간 네트워크 구축
  • 산업단지 입주 관련 행정업무 수행

② 공장설립지원

    ㉠ **공장설립지원센터** : 한국산업단지공단은 전국 지역본부 및 지사 14개소에 공장설립지원 센터를 설치하여 복잡한 공장설립 인허가 절차를 무료로 상담 대행하고 있다.

    ㉡ **공장설립지원서비스** : 입지선정 상담 및 공장설립 관련 행정서비스 제공
- 지원대상 : 공장설립을 희망하는 자(한국산업단지공단 관할 산업단지 외 입지)
- 지원업무 : 공장입지검토 및 설립 절차 상담, 공장설립 관련 각종 인·허가 상담 및 서류작성 대행, 기타 공장설립 관련 제반업무 안내

    ㉢ **공장설립온라인지원시스템(Factory-On) 운영**
- 공장설립 희망자의 공장설립승인신청부터 인·허가, 공장설립승인까지 신속하고 투명한 원스톱 행정서비스 구현
- 지자체 및 관리기관은 공장설립 민원처리, 공장정보관리, 제증명 관리 등 업무편의 도모
- Factory-On에 저장된 자료는 공장 관련 정책자료와 대국민 이용정보로 제공

(2) 지방투자지원

① **지방투자지원 개요** … 지역경제 활성화를 위해 국가균형특별회계에서 기업의 지방이전 및 지방 신·증설 시 지방자치단체(시·도)에 국고보조금(균특보조금)을 지원

② 보조금 유형

    ㉠ **입지보조금** : 설비투자를 위한 투자 사업장의 토지 매입가액의 일부를 지원

    ㉡ **설비투자보조금** : 투자 사업장의 건설투자비용, 기계장비구입비용, 근로환경개선시설 투자비용

(3) 외국인투자지역 운영

① 외국인 투자지역 개요

    ㉠ **외국인기업전용단지** : 1989년 이후 국내 투자환경의 악화로 외국인투자가 급속히 감소함에 따라 첨단고도기술 등 선진기술을 보유한 외국인기업의 국내투자를 촉진하기 위한 방안으로 1994년 도입

    ㉡ **외국인투자지역** : 1997년 외환위기 이후 외국인투자를 촉진하기 위해 투자자가 희망하는 지역을 대상으로 지정할 목적으로 도입

    ㉢ **외국인투자지역(전용단지, 외투지역 → 외투지역으로 일원화)** : 양 제도는 도입시기와 근거 법률을 달리하여 도입되었으나 외국인투자 촉진을 목적으로 하는 공통점을 지니고 있어 외국인투자촉진법을 개정하여 외국인투자지역으로 일원화

② 지정현황 ··· (2020년 3월 기준) 단지형 26개, 개별형 84개, 서비스형 2개

③ 지원제도 ··· 입지지원

(4) 산업단지 구조고도화

① 산업단지 구조고도화사업 ··· 입주업종의 고도화, 문화 · 복지 · 편의시설 확충 등을 통해 산업단지의 경쟁력을 제고하고, 근로 환경을 개선하는 사업

② 주요 세부사업

구분	내용
구조고도화 대행사업	산업단지 내 토지소유자 등을 구조고도화 대행사업자로 선정하여 토지용도 규제 완화 등을 통해 산업집적시설, 문화 · 복지 · 편의시설 등의 건축사업을 시행
산업단지환경개선펀드	정부출자금을 시드머니로 구조고도화 대행사업자에게 펀드자금 지원
산업단지 혁신지원센터	정부 출연을 통해 산업단지별 특성 및 여건에 따른 기업혁신 지원시설 및 기관 등이 집적화한 센터를 구축
휴폐업공장 리모델링	산업단지 내 휴폐업 공장을 리모델링하여 창업 · 중소기업을 위한 공공임대공장 공급
복합문화센터	산업단지 근로자를 위한 문화 · 주거 · 복지 · 편의시설이 집적화된 복합문화센터를 건립
아름다운거리	산업단지 내 유동인구가 많은 거리를 중심으로 산업단지별 특성에 맞는 활력있고 아름다운 거리를 조성
산업단지 고용환경개선 정부합동공모 사업	정부 부처별로 개별 추진되는 산업단지 적용 가능한 고용환경개선 사업을 관계부처가 합동으로 공모하여 선택과 집중을 통해 지원
산학융합지구 조성사업	산업단지 내 대학캠퍼스와 기업연구관을 유치하여 산업단지 내 R&D－인력양성－고용의 선순환 체계를 구축 (사업 전담기관 : 한국산업기술진흥원)

③ 주요성과 및 추진사례

ㄱ 주요성과
- 주력업종 및 신성장산업 등을 위한 혁신 입지공간 창출
- 단지별 특화산업 육성, 비즈니스 지원 등 입주기업 혁신역량 강화
- 일과 삶이 공존하는 혁신환경 조성

ⓒ 추진사례
- 뿌리산업 이전 집단화(반월·시화) : 정부 출자금(160억 원)을 시드머니로 펀드를 조성하여 민간투자(230억 원)를 유치, 도금·PCB 업종 집적화 공장 건립
- 스마트업파크 조성(창원) : 창원국가산업단지 유휴부지에 정부의 노후산단 혁신사업과 민간의 협력적 투자를 유치하여 '창조융합형 비즈니스 타운'을 조성

(5) 산업단지 온실가스 감축

① 생태산업 개발을 통한 미세먼지 및 온실가스 감축사업

ⓐ 추진목적 : 산업단지 내 온실가스 감축 비제도권 기업들을 대상으로 고효율 기술도입, 서비스 융합 등 온실가스 및 에너지 감축효과가 크고 다수 기업에 적용 가능한 설비의 보급·확산

ⓑ 사업내용 및 지원내용

구분	렌탈형	단지형
사업내용	다수기업(5개사 이상) 공통된 에너지 효율화 및 온실가스 감축 설비의 렌탈형식 지원	산업단지 내 공동활용시설의 온실가스 감축 융복합시스템 설계·구축 및 기업 간 온실가스 감축 연계시스템 지원
최대지원/ 국비지원비율	300백만 원 / 50%	400백만 원 / 80%
사업예시	사출·압출성형기 인덕션 히터 렌탈서비스, IGBT 정류기 렌탈서비스 사업 등	공동오폐수처리시설 에너지 효율화, 기업 간 폐열회수시스템 설계 및 구축 등
지원내용	설비구입비, 설치·운영비, 검증·분석비, 외부사업등록비용 등	

② 협동조합형 태양광 발전사업 지원

ⓐ 추진배경
- 산업단지는 대표적인 에너지 다소비 지역으로 막대한 온실가스 배출처인 동시에 공장 지붕 등은 태양광 발전의 잠재력 보유
- 공장 지붕 활용으로 별도 부지가 필요 없으며, 일조량 확보 및 계통 연계 용이, 높은 가중치(1.5) 부여로 수익성 측면에서 유리

ⓑ 추진목적 : 산업단지 에너지 효율성을 높이고 온실가스 배출량을 줄이기 위하여 공장 지붕 등을 활용한 협동조합 중심의 산업단지 태양광 발전 시범사업 추진

ⓒ 사업내용 : 시범사업을 통해 산업단지 내 협동조합 중심의 태양광 新보급모델을 구축하고 산업단지 태양광 발전사업 참여 유도

(6) 산업집적지경쟁력강화사업

① 사업개요

　㉠ 사업목적 : 산업구조 고도화 및 4차산업혁명 등 산업환경 변화에 능동적으로 대응하고 국가경제의 핵심거점으로서 지속적 역할을 수행하도록 생산중심의 산업단지를 국가경제 성장을 견인하는 산업클러스터로 육성

　㉡ 사업내용

　　• R&BD 네트워크 구축·운영

　　－산학연협의체 구성·운영 : 산단 주력산업 중심으로 유사 기술·업종별 상시 산학연협의체(MC)를 구성한 후 세미나, 교류회, 과제발굴 회의 등 다양한 산학연네트워크 활동 전개

　　－산학연 공동R&D 지원 : 연중 수시 산학연협의체별 다양한 공동협력과제 발굴 활동을 통해 도출된 과제 중 산업현장에서 즉시 사업화가 필요한 소형 R&BD과제 위주 지원

　　－현장맞춤형 R&D : 대학, 연구기관, 기업 등 혁신지원기관이 보유한 기술을 이전받아 사업화 하거나 기존 제품 및 공정의 개선을 위한 필요한 기술개발(1년, 국비 2억원 이내 지원)

　　－프로젝트 R&D : 다수 기업(5개 사) 간 공통적으로 필요하고 기업 간 공정 및 부품(모듈)을 상호 연결하여 통합된 제품을 생산함으로써 공동 비즈니스 모델 구축에 필요한 기술개발(2년, 국비 8억원 이내 지원)

② Cluster ⋯ 국가 산업단지의 다양한 정보를 실시간으로 제공하고 미니클러스터의 다양한 네트워크 활동을 지원하는 온라인 플랫폼

효율적인 전주기 업무지원체계 구축		기업 간 비즈니스 활성화의 장 마련		MC 참여확대 및 네트워크 활성화	
∧					
사업관리 전주기 정보구축	온라인 기능강화 및 연동연계기반	온라인 기업 마케팅 플랫폼 구축	기술거래 촉진 네트워크 기능	커뮤니티 기능강화	사이트 재정비 및 DB 구조 개선

(7) 산업단지 일자리 매칭지원

① 산업단지 일자리지원센터 : 산업단지 현장의 구인기업과 구직을 희망하는 구직가 간 채용 매칭을 통해 일자리 미스매치를 해소할 수 있도록 지원하는 산업단지 일자리 지원체계

② 센터 주요업무
- 온·오프라인 채용박람회 개최, 산업단지 일자리 정보제공
- 산단별 일자리 특화프로젝트 사업 추진 및 지원
- 산업단지 일자리 지원사례 발굴홍보 및 일자리 창출 확산

③ 센터 주요기능
- 산업단지 특화 온·오프라인 채용박람회 개최
- 온라인 매칭시스템을 활용한 구인·구직 채용매칭 기회 제공
- 산업단지 구인기업 및 구직자 일자리 정보 제공
- 지역별 산업단지 특성에 맞는 일자리 특화 사업 추진

④ 산업단지 일자리 '키콕스잡(KICOXJOB)' : 산업단지 내 입주기업과 구직자 간 실시간으로 채용 매칭이 가능한 온라인 기반 채용매칭 플랫폼으로 산업단지 일자리 사업을 지원하는 시스템

(8) 산업단지 개발사업

기업의 성장을 통한 일자리 창출과 국가산업 발전을 위해 수요자 맞춤형 신산업과 혁신기업을 창출하는 산업단지로 개발하며, 한국산업단지공단의 기업지원사업을 연계하여 차별화된 '산업단지 개발-관리-지원' 원스톱 서비스를 제공함으로써 기업성장 전주기적 활동을 지원합니다.

(9) 스마트산단지원사업

① 교육사업 설립 배경 및 목적
- ㉠ 스마트제조·IoT·AI 등 지능정보사회 도래에 따른 4차 산업혁명의 부상으로 속도, 범위, 깊이의 차원이 다른 파괴적 기술혁신 가속화
- ㉡ 한국산업단지공단이 보유한 산업단지 네트워크를 기반으로 한 R&D 및 신기술 동향 관련 교육과 컨설팅 스마트공장 구축 지원을 통해 제조업 스마트화 확산의 토대 마련

② 주요사업

교육	기업성장 R&D교육 (기본 · 심화)	• (기본) "기술혁신형 강소기업" 육성을 위한 전주기(정책이해 ▶ 기획 ▶ 사업계획서 작성 및 평가대응) 실무교육 • (심화) 기획역량 강화를 위한 심화과정 개설, 기업경쟁력 및 산업단지 내 제조혁신 역량 강화
	R&D 사업계획서 컨설팅	• 전담기관의 One Point Lesson을 통한 사업계획서 업그레이드 및 과제선정 지원
	기업성장 특별과정	• 우수 역량을 갖춘 중소 · 중견기업 대상 중대형 R&D 과제에 대한 맞춤형 컨설팅을 통해 글로벌 강소기업으로의 도약 · 지원
	4차 산업혁명 분야별 교육	• 4차 산업혁명 시대를 맞아 변화하는 주요 패러다임에 대응하기 위해 신기술 동향 및 미래 변화상에 대한 이해를 돕는 핵심 분야별 강좌 운영
	기업혁신 CEO과정	• 4차 산업혁명 인식 확산, 기술 및 산업 동향, 기업진단 · 컨설팅을 통해 기업혁신을 선도하는 미래 경영자 양성과 기업의 스마트 팩토리 구축 지원
	신남방국가 비즈니스 교육	• 정부 신남방정책에 대응, 산단 입주기업의 수출 다변화 및 글로벌 경쟁력 강화를 위해 국별 비즈니스 환경의 이해, FTA 활용 등 맞춤형 특성화 교육 추진
	R&D 정보제공	• 정부부처에서 진행되는 각종 R&D사업들을 기업 업종별로 꼭 맞는 알찬 정보만을 골라 맞춤형으로 제공
기업육성	KICOX 글로벌선도기업 선정 · 육성	• 산업단지 내 성장잠재력이 높은 우수기업을 발굴 · 선정하여 집중지원을 통해 기술혁신형 강소기업 육성

⑽ 산업입지정책 조사 · 연구

① 산업입지연구소 ··· 산업입지 정책수립과 기업의 입지수요에 대응하기 위해 정책 연구 및 조사, 통계업무를 수행

② 주요업무

㉠ 산업입지 · 지역산업 · 기업지원정책 관련 연구

㉡ 산업단지 주요 이슈 조사 · 분석

ⓒ 산업입지 관련 국내 · 외 정책 자문

ⓔ 국가산업단지 산업동향 조사 · 분석

ⓜ 산업입지 관련 자료 발간

ⓗ 전국산업단지 정보 수집 및 통계자료 제공

⑾ 재난 및 안전관리 사업

① **추진목적** … 안전하고 기업하기 좋은 환경 조성을 위하여 안전관리 대상 사업 · 시설과 근로 자의 안전사고 예방을 지원하고 국민의 생명과 안전을 최우선의 가치로 안전 관리체계를 구축 · 운영

② **추진근거**

ⓐ 재난 및 안전관리 기본법 제3조, 동법시행령 별표1의2 (재난관리책임기관)

ⓑ 공공기관의 운영에 관한 법률 제48조 (경영실적평가)

ⓒ 공공기관의 안전관리에 관한 지침 제6조 (안전기본계획 수립)

⑿ 산업단지 중소기업 청년교통비 지원사업

① **사업내용** … 교통여건이 열악한 산업단지 내 중소기업에 재직 중인 청년 근로자(만15~34 세)를 대상으로 전자바우처 형태로 교통비를 월 5만원씩 지원하는 사업

② **시행주체** … 산업통상자원부, 한국산업단지공단(전담기관)

③ **관련규정**

ⓐ 근로복지기본법 제3조 제3항 및 제4조

ⓑ 고용정책기본법 제6조 제1항 제7호 및 제2항

ⓒ 산업집적지활성화 및 공장설립에 관한 법률 제45조13 제1항 제5호

④ **지원조건** … 산업단지에 입주한 중소기업에 근무하는 근로자로서 신청일 기준으로 다음 요 건을 모두 충족할 것

ⓐ 근무하는 사업장이 「산업입지 및 개발에 관한 법률」 제2조 제8호에 따른 산업단지에 해당하며, 교통여건이 열악하다고 인정되어 공고된 산업단지에 소재할 것

ⓑ 근무하는 사업장이 「산업집적활성화 및 공장설립에 관한 법률」 제2조 제18호에 따른 입주기업체일 것

※ 단, 입주기업체란 「산업집적지활성화 및 공장설립에 관한 법률」 제2조 제18호에 따른 입주기업체일 것

ⓒ 근무하는 사업장이 「중소기업기본법」 제2조에 따른 중소기업일 것

　※ 「중견기업 성장촉진 및 경쟁력 강화에 관한 특별법」에 따른 중견기업 제외

ⓔ 근로자의 연령이 만15~34세일 것. 다만 청년의 요건은 월 단위로 판단하되 청년의 요건을 취득한 월의 초일부터 청년으로 간주하며, 청년의 요건을 상실한 경우 다음 월의 초일부터 청년의 요건을 상실한 것으로 간주

　※ 외국인 청년 근로자는 지원대상에서 제외

ⓜ 근로자가 해당 사업장에 실제 재직 중일 것

⑤ 지원절차

지원신청	지원접수	지원결정 및 통보	사용카드 신청	사용카드 발급
근로자 개인	한국산업단지공단	한국산업단지공단	근로자 개인	해당 카드사

㉠ 지원신청방법

• 청년 근로자 개인이 홈페이지(http://card.kicox.or.kr)를 통해 신청

　※ 홈페이지 신청은 근로자 개인 단위로만 가능하며, 사업장 단위 신청은 불가
　※ 신청카드사 변경은 홈페이지(http://card.kicox.or.kr)를 통해 변경신청 가능

• 신청결과는 신청일 기준 14일 이내에 근로자 개인 휴대전화 번호로 문자메시지 전송을 통해 근로자 개인별 통지

• 지원대상자는 개별로 전송된 문자메시지를 확인하고 안내 절차에 따라 카드사(비씨, 신한)에 카드 발급 신청

㉡ 사용카드 발급 : 버스(마을 · 시내 · 시외 · 고속버스 등) · 지하철 · 택시 · 자가용 주유(주유소, LPG 충전소 등) 용도로 월 5만원 한도 내에서 사용가능한 카드(체크/신용)를 발급

　※ 대상자는 교통비 지원 신청 시 카드사(BC/신한) 및 카드종류(체크/신용)를 선택할 수 있으며, 중복선택은 불가

02 채용안내

1 채용형태 및 근무장소

구분	채용형태	근무지
신입직원	4급 직원(주임)	본사(대구) 또는 전국 소재 지역본부 · 지사 · 사무소
기사	정규직(무기계약직) 직원	대구경북지역본부(구미)

※ 기사는 기관 경영상 필요 등에 따라 근무지(본사, 타지역 포함)가 변경될 수 있음(예 : 인사이동 등)

2 모집분야 및 채용규모

① 신입직원 … 22명

구분		행정	이공계	합계
신입(4급)		10명	12명	22명
일반	행정	5명		5명
	기계		4명	4명
	전기전자		4명	4명
재무관리		1명	–	1명
빅데이터		–	1명	1명
사회배려		1명	–	1명
이전지역	행정	3명	–	3명
	기계	–	1명	1명
	전기전자	–	2명	2명

② 기사(무기계약직) … 1명

구분	채용 인원	주요 업무
기사	1명	대구경북지역본부장 수행(차량 운행) 및 관리

3 지원자격

① 공통 지원자격

    ㉠ 국가공무원법 제33조 및 공단 인사규정 제9조(붙임#1 참조)의 채용 결격사유에 해당되지 않는 자

    ㉡ 채용일(20년 7월 예정)부터 즉시 근무가 가능한 자

    ㉢ **학력사항** : 제한 없음

    ㉣ **병역사항** : 병역필 또는 면제자

    • 채용일(2020년 7월 예정) 이전 전역(소집해제) 예정자인 경우 지원 가능

    ㉤ **지원연령** : 제한 없음(단, 공단 인사규정에 따라 공고일 기준 만 60세 이상은 지원불가)

    ㉥ 대한민국 국적 소지자

② 신입직원 지원자격

구분	직무		세부내용
NCS 기반	행정	일반(행정)재무관리	• 학력, 전공 제한 없음
		사회배려	• 「국민기초생활 보장법」 제2조 제2호에 따른 국민기초생활 수급자로서 공고일 기준으로 해당하는 기간이 계속하여 2년 이상인 본인 또는 대상가구의 구성원 • 「한부모 가족 지원법」 제4조에 의한 한부모 가족 보호대상자로 공고일 기준으로 해당하는 기간이 계속하여 2년 이상인 자 • 「다문화가족 지원법」 제2조 제1호에 따른 다문화가족의 자녀 • 「북한이탈주민의 보호 및 정착지원에 관한 법률」 제2조 제1호에 따른 북한이탈주민의 자녀 • 「장애인 복지법」 제32조에 따라 등록된 장애인
		이전지역	• 「이전 지역인재 채용목표제 운영지침」에 따른 이전지역(대구·경북) 학교를 최종적으로 졸업하였거나 졸업예정인 자(대학원 이상 제외)
	이공계	일반(기계, 전기전자) 빅데이터	• 학력, 전공 제한 없음
		이전지역	• 「이전 지역인재 채용목표제 운영지침」에 따른 이전지역(대구·경북) 학교를 최종적으로 졸업하였거나 졸업예정인 자(대학원 이상 제외)

* 전공에 관계없이 전체 모집분야에 지원 가능

③ 무기계약직 지원자격

구분	직무	세부 내용
정규직 (무기계약직)	기사	• 1종 보통면허 또는 1종 대형면허 소지자 • 운전경력증명서 상 교통사고 및 법규위반 경력이 없을 것 • 회사차량 운전기사직 수행경력* 3년 이상인 자 * 경력증명서로 확인 가능한 경력만 인정

4 전형절차

서류전형 ⇨ 필기전형 ⇨ 인적성검사/
필요서류 제출 ⇨ 면접전형
(1차) ⇨ 면접전형
(2차) ⇨ 합격자
발표

(1) 서류전형

① **심사내용** … 채용분야별 자격요건 및 자기소개서 및 경험기술서 불성실 기재 확인

※ 불성실 기재 처리기준

- 의미없는 문장 작성 (ex. ㅋㅋㅋㅋㅋㅋ, 애국가 가사 등)
- 기관명 오기
- 자기소개서 및 경험기술서 기재항목 중 250자 이내로 작성한 항목이 있는 경우

② **심사기준** … 채용분야별 자격요건 갖추고 자기소개서 및 경험기술서 불성실 기재 없는 지원자는 모두 필기전형 자격 부여*

* 자기소개서 및 경험기술서는 면접전형 참고자료로 활용

(2) 필기전형

① **대상자** … 서류전형 합격자

② **시험장소** … 서울, 대구 중 응시자 선택 (무기업무직 – 대구)

* 필기시험장소(서울/대구)는 원서 최종제출시간으로 선착순 마감

③ 심사기준

㉠ 신입직원 : 직업기초능력평가(20점), 직무수행능력평가(70점), 한국사(10점) 합산점수의 고득점자 순으로 합격자 결정

구분			행정	이공계	배점	비고
직업기초능력평가			의사소통능력, 문제해결능력, 수리능력, 자원관리능력, 정보처리능력		20	
직무수행능력평가	일반	행정	경영, 경제, 법, 행정, 시사 등	–	70	5지선다형, 100문항, 100점 (100분)
		기계	–	기계		
		전기전자	–	전기전자		
	재무관리		재무관리론, 회계	–		
	빅데이터			통계		
	이전지역	행정	경영, 경제, 법, 행정, 시사 등	–		
		기계	–	기계		
		전기전자	–	전기전자		
한국사			한국사		10	

* 직업기초능력평가 및 직무수행능력평가는 해당 직무별 직무기술서 참조
** 행정분야 경영의 경우 출제범위는 회계 및 재무관리 제외

㉡ 무기업무직 : 직업기초능력평가(20점), 직무수행능력평가(70점), 한국사(10점) 합산점수의 고득점자 순으로 합격자 결정

구분	무기계약직(기사)	배점	배점
직업기초능력평가	의사소통, 문제해결능력, 정보능력, 직업윤리	20	5지선다형, 100문항, 100점 (100분)
직무수행능력평가	자동차구조원리 및 도로교통법규	70	
한국사	한국사	10	

④ 선발배수

㉠ 신입직원 : 분야별 3배수 이내, 단 선발예정인원이 1명인 경우 5배수 이내
  • 동점자는 취업지원대상자, 장애인 순이고, 모든 순위가 동점인 경우 전원 합격 처리

㉡ 무기계약직 : 채용예정인원의 5배수
  • 동점자는 취업지원대상자, 장애인 순이고, 모든 순위가 동점인 경우 전원 합격 처리

(3) 인·적성검사

① **대상자 및 검사 방법** … 필기전형 합격자 / 온라인 검사

② **적용범위** … 면접전형 참고 자료로 활용

　* 인·적성검사 미응시 시 필기전형 합격 취소

(4) 증빙서류 제출

① 필기전형 합격자는 증빙 서류(가산점 및 적격여부 증빙서류)를 인·적성 검사기간 채용홈 페이지를 통해 업로드

- 미제출 또는 허위 확인시 합격을 취소하고 예비합격자로 충원

② 입사지원서 기재사항 및 제출서류 허위자 제외 최종 면접전형 대상자 확정

　㉠ 추가 합격자 인·적성 검사 및 추가 자료 제출 : 6.9(화) ~ 6.10(수) 예정

　㉡ 추가 합격자가 인·적성 검사 미응시 또는 증빙서류를 미제출하거나 허위가 확인될 경우에는 추가적인 예비합격자를 운영하지 않음

③ 1차 면접 합격자에 한하여 2차 면접 당일 입사지원서 작성내용 기준 증빙서류 원본 제출

　※ 입사지원서 기재사항 및 제출서류가 허위로 밝혀질 경우 합격 또는 임용이 취소됨

(5) 1차 면접전형(실무)

① **대상자** … 필기전형 최종합격자

② **면접장소** … 한국산업단지공단 본사(대구)

③ **심사방법**

　㉠ 신입직원 : 발표면접(전공지식 관련 PT) 및 직무역량면접

- 발표면접 : 각 지원분야별 전공* 지식에 대한 발표 평가(비대면)

　* 범위 : 필기전형 직무수행능력평가 출제과목

- 직무역량면접 : 직무 관련 경험에 대한 구조화 면접(비대면)

　㉡ 무기업무직 : 운전 직무 관련 상황 면접(100점, 비대면)

④ **심사기준**

　㉠ 신입직원 : 발표면접(60점), 직무역량면접(40점)로 평가하고, 위원별 평가 평균점수가 70점 이상 득점자 중 성적순으로 선발

　㉡ 무기계약직 : 위원별 평가 평균점수 70점 이상 득점자 중 성적순

⑤ **선발배수** … 채용예정인원의 2배수

  • 동점자는 취업지원대상자, 장애인, 필기전형 우수자 순이고, 모든 순위가 동점인 경우 전원 합격 처리, 평가점수는 소수점 셋째 자리에서 반올림

⑥ **합격자 발표**

(6) 2차 면접전형(임원)

① **대상자** … 1차 면접전형 최종합격자

② **면접장소** … 한국산업단지공단 본사(대구)

③ **진행방식** … 지원자의 인성에 대한 경험면접(100점, 대면)

④ **심사기준**

  ㉠ **신입직원** : 위원별 평가 평균점수가 70점 이상 득점자 중 성적순으로 선발

  ㉡ **무기계약직** : 지원자의 인성에 대한 경험면접(100점, 대면)

  • 위원별 평가 평균점수 70점 이상 득점자 중 고득점 순

⑤ **선발대상** … 최종합격자 선발

  ※ 동점자는 취업지원대상자, 장애인, 1차 면접전형 우수자, 필기전형 우수자 순이고, 모든 순위가 동점인 경우 전원 합격 처리, 평가점수는 소수점 셋째 자리에서 반올림
  ※ 합격자의 부적격 판정 시 또는 입문교육 종료일(7.17)까지 임용포기의사를 표시할 경우 결원에 대해 해당분야별 차순위자 합격처리
  ※ 예비합격자는 채용분야별 채용예정인원의 1배수 이내에서 선정

(7) 가산점 부여 : 증빙서류 제출자에 한함(신입직원)

① **사회형평적 가산점**

대상	해당자	부가 가점
취업지원대상자[1]	• 관련법[2]에 의거 국가보훈처에서 취업지원대상자 증명서 발급이 가능한 자 * 가점비율은 국가보훈처에서 발급하는 취업지원대상자 증명서로 확인	필기 · 면접 전형 만점의 5% 또는 10%[3]

1) 공고일 이후 발급분만 인정, 가점비율은 국가보훈처에서 발급하는 취업보호대상자 증명서상의 비율 적용
2) 독립유공자 예우에 관한 법률, 국가유공자 등 예우 및 지원에 관한 법률, 5.18민주유공자 예우에 관한 법률, 특수임무유공자 예우 및 단체설립에 관한 법률, 고엽제후유의증 등 환자지원 및 단체설립에 관한 법률, 보훈보상대상자 지원에 관한 법률
3) 「취업지원 업무처리지침」 제41조의3에 따라 가산점 부여

② 자격증 가산점 … 복수자격증 소지자는 가장 유리한 자격증 1개만 적용

자격증	부가 가점
• 데이터아키텍처 전문가(DAP), 데이터분석 전문가(ADP), SQL 전문가	필기전형 만점의 3%
• 변호사, 회계사, 세무사	필기전형 만점의 5%

③ 특별 가산점(청년인턴, 지역인재)

대상	해당자	부가 가점
청년인턴	• 공고일로부터 2년 이내 우리 공단 청년인턴으로 3개월 이상 근무 경력자	필기전형 만점의 1%
지역인재*	• 최종학력 기준(대학원 이상 제외)으로 수도권(서울·경기·인천) 외 지역 소재학교 졸업자 또는 졸업예정자 • 이전지역 채용분야에 응시하지 아니한 자	필기전형 만점의 1%

* 이전지역(대구·경북) 인재가 이전지역 모집분야에 지원할 경우 제한경쟁 채용(행정 3명, 이공계 3명)으로 지역인재 가산점 부여하지 않음

03 공단 관련기사

산업단지공단, 입주기업·소상공인 임대료 20억 원 인하

임대료 인하로 중소기업·소상공인 지원

한국산업단지공단이 신종 코로나바이러스 감염증(코로나19)으로 어려움을 겪는 중소기업과 소상공인을 지원하기 위해 임대료를 인하한다. 산단공은 산업통상자원부 산하 공공기관으로는 처음으로 이달부터 6개월간 산단공이 보유한 건물과 토지의 임대료를 30% 인하한다고 3일 밝혔다.

혜택을 받는 중소기업과 소상공인은 산단공이 보유한 전국 37개 시설에 입주한 700여 개사이고, 6개월의 임대료 감면 효과는 20억 원 규모다. 이와 함께 산업단지 내 코로나19 확산을 막고 피해를 최소화하기 위해 26개 본부와 지사에 '코로나19 산업단지 방역도움센터'를 구축했다.

센터에서는 기업들에 마스크, 손소독제 등 방역 필수 개인 물품을 보급하고 방역기구를 대여한다. 산업단지 내 다중이용시설에 대한 방역도 지원한다.

특히 대구·경북지역 산업단지 기업에 마스크와 손세정제 세트 1만장을 우선 배포하고, 전국 65개 산업단지 기업에도 마스크 2만장을 공급한다.

산단공 황규연 이사장은 "코로나19 극복과 국가 경제 활성화를 위해 임대료 인하, 산업단지 방역 컨트롤타워 역할 뿐만 아니라 앞으로도 공단이 할 수 있는 모든 것을 다하겠다"고 강조했다.

– 2020. 03. 03.

면접질문	• 산단공의 비전과 미션에 대해서 말해보시오. • 산단공이 핵심 가치로 여기는 사회적 책임에 대해 이야기하시오.

한국산업단지공단, '기업 중심의 자율형 산학연협의체' 확대 지원

미니클러스터 확대 운영

한국산업단지공단이 중소기업에서 직접 운영의 주체가 되는 수평적 기술혁신 네트워크인 자율형 산학연협의체(미니클러스터, MC)를 11개로 확대 운영한다고 3일 밝혔다.

미니클러스터는 기술개발에서 마케팅까지 기업경영 전반에 걸친 애로사항들을 상시 발굴하여 해결하는 플랫폼으로 자율형 미니클러스터는 지난 2019년 도입해 현재 전국 11개가 운영 중이다. 이 중 6개 미니클러스터는 전국 88개 미니클러스터를 대상으로 공모를 거쳐 올해 신규로 선정했다. 총 11개의 자율형 미니클러스터에는 입주기업 784개사를 포함해 총 945개의 산학연이 참여하고 있다. 기업 중심으로 운영돼 과제기획, 기술세미나, 교육 등을 운영 시 기업현장의 수요 중심으로 운영하게 된다.

산업단지공단은 지난 한 해 동안 현장맞춤형기술개발 등의 R&BD 사업으로 총 27.5억 원, 시제품제작, 마케팅지원 등에 총 4.3억 원을 지원했다. 올해 각 미니클러스터에 연간 약 1.4억 원의 운영예산을 지원하고 현장맞춤형 기술개발 등의 과제는 평가를 통해 추가 지원할 예정이다.

산업단지공단 황규연 이사장은 "지난 16년 동안 기업 간 신뢰를 바탕으로 견고하게 구축된 MC가 지속적으로 유지, 발전될 수 있도록 자립화를 집중 지원할 계획"이라며 "현재 운영 중인 88개 MC 전체가 자율형 MC로 전환될 수 있도록 지원을 아끼지 않겠다"고 말했다.

- 2020. 03. 03.

면접질문	• 클러스터 플랫폼에 대해 설명해보시오. • 클러스터의 기능과 산업단지 내 클러스터의 활용 방안에 대해 말해보시오.

산업단지공단, 구미서 '찾아가는 CEO공부방' 진행

산단공 대경본부, '춤 치유살롱' 체험 행사
단순 동작 · 명상으로 코로나19 우울감 날려

코로나19로 스트레스나 우울증을 앓고 있는 기업 CEO를 위한 별난 체험 행사가 열렸다.

한국산업단지공단 대구 · 경북지역본부(본부장 윤정목)는 최근 경북 구미시 공단동에 위치한 예술법인 예락에서 '찾아가는 CEO공부방' 활동 일환으로 '춤 치유살롱 CEO 과정(춤 치유살롱)'을 열었다. 코로나19 장기화로 다양한 육체적, 정신적 스트레스를 겪고 있는 CEO를 위해 마련한 특별 프로그램이다.

강준영 예락 대표가 개발한 '춤 치유살롱'은 코로나19로 인한 우울과 불안 증세, 스트레스를 약물이 아닌 예술로 회복할 수 있도록 명상, 호흡운동으로 면역 체계를 강화하는 교육과정이다. 심미감을 주는 한국무용 중심 단순 동작과 세포 깊숙이 산소를 공급할 수 있는 호흡운동, 뇌 가소성을 촉진하는 명상을 적용했다.

한국산업단지공단 대구 · 경북지역본부 기업성장지원단은 선착순 10명을 신청 받아 수업을 진행했다. 프로그램에 참석한 CEO들은 명상음악을 틀어놓고 느린 복식호흡과 기본 동작을 순서대로 진행하며 명상 기공수련 등에 대한 기초교육을 받았다. 스마트팩토리 전문기업 아이파이브 최두영 부사장은 "척추 측만증 후유증으로 고통을 받고 있는데 춤 치유살롱 교육을 통해 점차 호전되고 있다"고 말했다.

김사홍 산단공 기업성장지원단 전문위원은 "중소기업 CEO들이 코로나19로 쌓인 스트레스를 춤 치유살롱을 통해 극복하고 다시 활력을 되찾길 기대한다"면서 "특히 코로나19 확산방지를 위해 CEO공부방에 첫 도입한 화상회의솔루션이 기업들로부터 좋은 반응을 얻었다. 향후 국내외 거래처와의 업무협의에도 도움이 될 수 있도록 지원하겠다"고 말했다.

– 2020. 05. 10.

면접질문	• 코로나19와 같은 상황에서 산단공에서 할 수 있는 노력에 대해 말해보시오.
	• 산단공에서 상생의 가치를 실현하기 위해 추진하는 사업에 대해 말해보시오.

PART

II

NCS 직업기초능력평가

01 의사소통능력

1 의사소통과 의사소통능력

(1) 의사소통

① **개념** … 사람들 간에 생각이나 감정, 정보, 의견 등을 교환하는 총체적인 행위로, 직장생활에서의 의사소통은 조직과 팀의 효율성과 효과성을 성취할 목적으로 이루어지는 구성원 간의 정보와 지식 전달 과정이라고 할 수 있다.

② **기능** … 공동의 목표를 추구해 나가는 집단 내의 기본적 존재 기반이며 성과를 결정하는 핵심 기능이다.

③ **의사소통의 종류**
  ㉠ 언어적인 것 : 대화, 전화통화, 토론 등
  ㉡ 문서적인 것 : 메모, 편지, 기획안 등
  ㉢ 비언어적인 것 : 몸짓, 표정 등

④ **의사소통을 저해하는 요인** … 정보의 과다, 메시지의 복잡성 및 메시지 간의 경쟁, 상이한 직위와 과업지향형, 신뢰의 부족, 의사소통을 위한 구조상의 권한, 잘못된 매체의 선택, 폐쇄적인 의사소통 분위기 등

(2) 의사소통능력

① **개념** … 의사소통능력은 직장생활에서 문서나 상대방이 하는 말의 의미를 파악하는 능력, 자신의 의사를 정확하게 표현하는 능력, 간단한 외국어 자료를 읽거나 외국인의 의사표시를 이해하는 능력을 포함한다.

② **의사소통능력 개발을 위한 방법**
  ㉠ 사후검토와 피드백을 활용한다.
  ㉡ 명확한 의미를 가진 이해하기 쉬운 단어를 선택하여 이해도를 높인다.
  ㉢ 적극적으로 경청한다.
  ㉣ 메시지를 감정적으로 곡해하지 않는다.

2 의사소통능력을 구성하는 하위능력

(1) 문서이해능력

① 문서와 문서이해능력

　㉠ 문서 : 제안서, 보고서, 기획서, 이메일, 팩스 등 문자로 구성된 것으로 상대방에게 의사를 전달하여 설득하는 것을 목적으로 한다.

　㉡ 문서이해능력 : 직업현장에서 자신의 업무와 관련된 문서를 읽고, 내용을 이해하고 요점을 파악할 수 있는 능력을 말한다.

예제 1

다음은 신용카드 약관의 주요내용이다. 규정 약관을 제대로 이해하지 못한 사람은?

> [부가서비스]
> 카드사는 법령에서 정한 경우를 제외하고 상품을 새로 출시한 후 1년 이내에 부가서비스를 줄이거나 없앨 수가 없다. 또한 부가서비스를 줄이거나 없앨 경우에는 그 세부내용을 변경일 6개월 이전에 회원에게 알려주어야 한다.
>
> [중도 해지 시 연회비 반환]
> 연회비 부과기간이 끝나기 이전에 카드를 중도해지하는 경우 남은 기간에 해당하는 연회비를 계산하여 10 영업일 이내에 돌려줘야 한다. 다만, 카드 발급 및 부가서비스 제공에 이미 지출된 비용은 제외된다.
>
> [카드 이용한도]
> 카드 이용한도는 카드 발급을 신청할 때에 회원이 신청한 금액과 카드사의 심사 기준을 종합적으로 반영하여 회원이 신청한 금액 범위 이내에서 책정되며 회원의 신용도가 변동되었을 때에는 카드사는 회원의 이용한도를 조정할 수 있다.
>
> [부정사용 책임]
> 카드 위조 및 변조로 인하여 발생된 부정사용 금액에 대해서는 카드사가 책임을 진다. 다만, 회원이 비밀번호를 다른 사람에게 알려주거나 카드를 다른 사람에게 빌려주는 등의 중대한 과실로 인해 부정사용이 발생하는 경우에는 회원이 그 책임의 전부 또는 일부를 부담할 수 있다.

① 혜수 : 카드사는 법령에서 정한 경우를 제외하고는 1년 이내에 부가서비스를 줄일 수 없어.

② 진성 : 카드 위조 및 변조로 인하여 발생된 부정사용 금액은 일괄 카드사가 책임을 지게 돼.

③ 영훈 : 회원의 신용도가 변경되었을 때 카드사가 이용한도를 조정할 수 있어.

④ 영호 : 연회비 부과기간이 끝나기 이전에 카드를 중도 해지하는 경우에는 남은 기간에 해당하는 연회비를 카드사는 돌려줘야 해.

[출제의도]
주어진 약관의 내용을 읽고 그에 대한 상세 내용의 정보를 이해하는 능력을 측정하는 문항이다.
[해설]
② 부정사용에 대해 고객의 과실이 있으면 회원이 그 책임의 전부 또는 일부를 부담할 수 있다.

답 ②

② 문서의 종류

　　㉠ **공문서** : 정부기관에서 공무를 집행하기 위해 작성하는 문서로, 단체 또는 일반회사에서 정부기관을 상대로 사업을 진행할 때 작성하는 문서도 포함된다. 엄격한 규격과 양식이 특징이다.

　　㉡ **기획서** : 아이디어를 바탕으로 기획한 프로젝트에 대해 상대방에게 전달하여 시행하도록 설득하는 문서이다.

　　㉢ **기안서** : 업무에 대한 협조를 구하거나 의견을 전달할 때 작성하는 사내 공문서이다.

　　㉣ **보고서** : 특정한 업무에 관한 현황이나 진행 상황, 연구·검토 결과 등을 보고하고자 할 때 작성하는 문서이다.

　　㉤ **설명서** : 상품의 특성이나 작동 방법 등을 소비자에게 설명하기 위해 작성하는 문서이다.

　　㉥ **보도자료** : 정부기관이나 기업체 등이 언론을 상대로 자신들의 정보를 기사화 되도록 하기 위해 보내는 자료이다.

　　㉦ **자기소개서** : 개인이 자신의 성장과정이나, 입사 동기, 포부 등에 대해 구체적으로 기술하여 자신을 소개하는 문서이다.

　　㉧ **비즈니스 레터(E-mail)** : 사업상의 이유로 고객에게 보내는 편지다.

　　㉨ **비즈니스 메모** : 업무상 확인해야 할 일을 메모형식으로 작성하여 전달하는 글이다.

③ **문서이해의 절차** … 문서의 목적 이해→문서 작성 배경·주제 파악→정보 확인 및 현안문제 파악→문서 작성자의 의도 파악 및 자신에게 요구되는 행동 분석→목적 달성을 위해 취해야 할 행동 고려→문서 작성자의 의도를 도표나 그림 등으로 요약·정리

(2) 문서작성능력

① 작성되는 문서에는 대상과 목적, 시기, 기대효과 등이 포함되어야 한다.

② 문서작성의 구성요소

　　㉠ 짜임새 있는 골격, 이해하기 쉬운 구조

　　㉡ 객관적이고 논리적인 내용

　　㉢ 명료하고 설득력 있는 문장

　　㉣ 세련되고 인상적인 레이아웃

예제 2

다음은 들은 내용을 구조적으로 정리하는 방법이다. 순서에 맞게 배열하면?

┌───┐
│ ㉠ 관련 있는 내용끼리 묶는다.   │
│ ㉡ 묶은 내용에 적절한 이름을 붙인다.   │
│ ㉢ 전체 내용을 이해하기 쉽게 구조화한다.   │
│ ㉣ 중복된 내용이나 덜 중요한 내용을 삭제한다.   │
└───┘

① ㉠㉡㉢㉣   ② ㉠㉡㉣㉢
③ ㉡㉠㉢㉣   ④ ㉡㉠㉣㉢

③ 문서의 종류에 따른 작성방법

　㉠ 공문서

　　• 육하원칙이 드러나도록 써야 한다.

　　• 날짜는 반드시 연도와 월, 일을 함께 언급하며, 날짜 다음에 괄호를 사용할 때는 마침표를 찍지 않는다.

　　• 대외문서이며, 장기간 보관되기 때문에 정확하게 기술해야 한다.

　　• 내용이 복잡할 경우 '-다음-', '-아래-'와 같은 항목을 만들어 구분한다.

　　• 한 장에 담아내는 것을 원칙으로 하며, 마지막엔 반드시 '끝'자로 마무리 한다.

　㉡ 설명서

　　• 정확하고 간결하게 작성한다.

　　• 이해하기 어려운 전문용어의 사용은 삼가고, 복잡한 내용은 도표화 한다.

　　• 명령문보다는 평서문을 사용하고, 동어 반복보다는 다양한 표현을 구사하는 것이 바람직하다.

　㉢ 기획서

　　• 상대를 설득하여 기획서가 채택되는 것이 목적이므로 상대가 요구하는 것이 무엇인지 고려하여 작성하며, 기획의 핵심을 잘 전달하였는지 확인한다.

　　• 분량이 많을 경우 전체 내용을 한눈에 파악할 수 있도록 목차구성을 신중히 한다.

　　• 효과적인 내용 전달을 위한 표나 그래프를 적절히 활용하고 산뜻한 느낌을 줄 수 있도록 한다.

　　• 인용한 자료의 출처 및 내용이 정확해야 하며 제출 전 충분히 검토한다.

ⓔ 보고서

• 도출하고자 한 핵심내용을 구체적이고 간결하게 작성한다.

• 내용이 복잡할 경우 도표나 그림을 활용하고, 참고자료는 정확하게 제시한다.

• 제출하기 전에 최종점검을 하며 질의를 받을 것에 대비한다.

예제 3

다음 중 공문서 작성에 대한 설명으로 가장 적절하지 못한 것은?

① 공문서나 유가증권 등에 금액을 표시할 때에는 한글로 기재하고 그 옆에 괄호를 넣어 숫자로 표기한다.

② 날짜는 숫자로 표기하되 년, 월, 일의 글자는 생략하고 그 자리에 온점(.)을 찍어 표시한다.

③ 첨부물이 있는 경우에는 붙임 표시문 끝에 1자 띄우고 "끝."이라고 표시한다.

④ 공문서의 본문이 끝났을 경우에는 1자를 띄우고 "끝."이라고 표시한다.

[출제의도]
업무를 할 때 필요한 공문서 작성법을 잘 알고 있는지를 측정하는 문항이다.
[해설]
공문서 금액 표시
아라비아 숫자로 쓰고, 숫자 다음에 괄호를 하여 한글로 기재한다.
예) 금 123,456원(금 일십이만삼천 사백오십육원)

답 ①

---

④ 문서작성의 원칙

㉠ 문장은 짧고 간결하게 작성한다(간결체 사용).

㉡ 상대방이 이해하기 쉽게 쓴다.

㉢ 불필요한 한자의 사용을 자제한다.

㉣ 문장은 긍정문의 형식을 사용한다.

㉤ 간단한 표제를 붙인다.

㉥ 문서의 핵심내용을 먼저 쓰도록 한다(두괄식 구성).

⑤ 문서작성 시 주의사항

㉠ 육하원칙에 의해 작성한다.

㉡ 문서 작성시기가 중요하다.

㉢ 한 사안은 한 장의 용지에 작성한다.

㉣ 반드시 필요한 자료만 첨부한다.

㉤ 금액, 수량, 일자 등은 기재에 정확성을 기한다.

㉥ 경어나 단어사용 등 표현에 신경 쓴다.

㉦ 문서작성 후 반드시 최종적으로 검토한다.

⑥ 효과적인 문서작성 요령

    ㉠ 내용이해 : 전달하고자 하는 내용과 핵심을 정확하게 이해해야 한다.

    ㉡ 목표설정 : 전달하고자 하는 목표를 분명하게 설정한다.

    ㉢ 구성 : 내용 전달 및 설득에 효과적인 구성과 형식을 고려한다.

    ㉣ 자료수집 : 목표를 뒷받침할 자료를 수집한다.

    ㉤ 핵심전달 : 단락별 핵심을 하위목차로 요약한다.

    ㉥ 대상파악 : 대상에 대한 이해와 분석을 통해 철저히 파악한다.

    ㉦ 보충설명 : 예상되는 질문을 정리하여 구체적인 답변을 준비한다.

    ㉧ 문서표현의 시각화 : 그래프, 그림, 사진 등을 적절히 사용하여 이해를 돕는다.

(3) 경청능력

① 경청의 중요성 ··· 경청은 다른 사람의 말을 주의 깊게 들으며 공감하는 능력으로 경청을 통해 상대방을 한 개인으로 존중하고 성실한 마음으로 대하게 되며, 상대방의 입장에 공감하고 이해하게 된다.

② 경청을 방해하는 습관 ··· 짐작하기, 대답할 말 준비하기, 걸러내기, 판단하기, 다른 생각하기, 조언하기, 언쟁하기, 옳아야만 하기, 슬쩍 넘어가기, 비위 맞추기 등

③ 효과적인 경청방법

    ㉠ 준비하기 : 강연이나 프레젠테이션 이전에 나누어주는 자료를 읽어 미리 주제를 파악하고 등장하는 용어를 익혀둔다.

    ㉡ 주의 집중 : 말하는 사람의 모든 것에 집중해서 적극적으로 듣는다.

    ㉢ 예측하기 : 다음에 무엇을 말할 것인가를 추측하려고 노력한다.

    ㉣ 나와 관련짓기 : 상대방이 전달하고자 하는 메시지를 나의 경험과 관련지어 생각해 본다.

    ㉤ 질문하기 : 질문은 듣는 행위를 적극적으로 하게 만들고 집중력을 높인다.

    ㉥ 요약하기 : 주기적으로 상대방이 전달하려는 내용을 요약한다.

    ㉦ 반응하기 : 피드백을 통해 의사소통을 점검한다.

예제 4

다음은 면접스터디 중 일어난 대화이다. 민아의 고민을 해소하기 위한 조언으로 가장 적절한 것은?

> 지섭 : 민아씨, 어디 아파요? 표정이 안 좋아 보여요.
>
> 민아 : 제가 원서 넣은 공단이 내일 면접이어서요. 그동안 스터디를 통해서 면접 연습을 많이 했는데도 벌써부터 긴장이 되네요.
>
> 지섭 : 민아씨는 자기 의견도 명확히 피력할 줄 알고 조리 있게 설명을 잘 하시니 걱정 안하셔도 될 것 같아요. 아, 손에 꽉 쥐고 계신 건 뭔가요?
>
> 민아 : 아, 제가 예상 답변을 정리해서 모아둔거에요. 내용은 거의 외웠는데 이렇게 쥐고 있지 않으면 불안해서
>
> 지섭 : 그 정도로 준비를 철저히 하셨으면 걱정할 이유 없을 것 같아요.
>
> 민아 : 그래도 압박면접이거나 예상치 못한 질문이 들어오면 어떻게 하죠?
>
> 지섭 : _____

① 시선을 적절히 처리하면서 부드러운 어투로 말하는 연습을 해보는 건 어때요?
② 공식적인 자리인 만큼 옷차림을 신경 쓰는 게 좋을 것 같아요.
③ 당황하지 말고 질문자의 의도를 잘 파악해서 침착하게 대답하면 되지 않을까요?
④ 예상 질문에 대한 답변을 좀 더 정확하게 외워보는 건 어떨까요?

[출제의도]
상대방이 하는 말을 듣고 질문 의도에 따라 올바르게 답하는 능력을 측정하는 문항이다.

[해설]
민아는 압박질문이나 예상치 못한 질문에 대해 걱정을 하고 있으므로 침착하게 대응하라고 조언을 해주는 것이 좋다.

답 ③

(4) 의사표현능력

① 의사표현의 개념과 종류

    ㉠ 개념 : 화자가 자신의 생각과 감정을 청자에게 음성언어나 신체언어로 표현하는 행위이다.

    ㉡ 종류
- 공식적 말하기 : 사전에 준비된 내용을 대중을 대상으로 말하는 것으로 연설, 토의, 토론 등이 있다.
- 의례적 말하기 : 사회·문화적 행사에서와 같이 절차에 따라 하는 말하기로 식사, 주례, 회의 등이 있다.
- 친교적 말하기 : 친근한 사람들 사이에서 자연스럽게 주고받는 대화 등을 말한다.

② 의사표현의 방해요인

    ㉠ 연단공포증 : 연단에 섰을 때 가슴이 두근거리거나 땀이 나고 얼굴이 달아오르는 등의 현상으로 충분한 분석과 준비, 더 많은 말하기 기회 등을 통해 극복할 수 있다.

ⓛ **말** : 말의 장단, 고저, 발음, 속도, 쉼 등을 포함한다.

　　ⓒ **음성** : 목소리와 관련된 것으로 음색, 고저, 명료도, 완급 등을 의미한다.

　　ⓔ **몸짓** : 비언어적 요소로 화자의 외모, 표정, 동작 등이다.

　　ⓜ **유머** : 말하기 상황에 따른 적절한 유머를 구사할 수 있어야 한다.

③ **상황과 대상에 따른 의사표현법**

　　㉠ **잘못을 지적할 때** : 모호한 표현을 삼가고 확실하게 지적하며, 당장 꾸짖고 있는 내용에만 한정한다.

　　㉡ **칭찬할 때** : 자칫 아부로 여겨질 수 있으므로 센스 있는 칭찬이 필요하다.

　　㉢ **부탁할 때** : 먼저 상대방의 사정을 듣고 응하기 쉽게 구체적으로 부탁하며 거절을 당해도 싫은 내색을 하지 않는다.

　　㉣ **요구를 거절할 때** : 먼저 사과하고 응해줄 수 없는 이유를 설명한다.

　　㉤ **명령할 때** : 강압적인 말투보다는 '○○을 이렇게 해주는 것이 어떻겠습니까?'와 같은 식으로 부드럽게 표현하는 것이 효과적이다.

　　㉥ **설득할 때** : 일방적으로 강요하기보다는 먼저 양보해서 이익을 공유하겠다는 의지를 보여주는 것이 좋다.

　　㉦ **충고할 때** : 충고는 가장 최후의 방법이다. 반드시 충고가 필요한 상황이라면 예화를 들어 비유적으로 깨우쳐주는 것이 바람직하다.

　　㉧ **질책할 때** : 샌드위치 화법(칭찬의 말 + 질책의 말 + 격려의 말)을 사용하여 청자의 반발을 최소화 한다.

예제 5

당신은 팀장님께 업무 지시내용을 수행하고 결과물을 보고 드렸다. 하지만 팀장님께서는 "최대리 업무를 이렇게 처리하면 어떡하나? 누락된 부분이 있지 않은가."라고 말하였다. 이에 대해 당신이 행할 수 있는 가장 부적절한 대처 자세는?

① "죄송합니다. 제가 잘 모르는 부분이라 이수혁 과장님께 부탁을 했는데 과장님께서 실수를 하신 것 같습니다."

② "주의를 기울이지 못해 죄송합니다. 어느 부분을 수정보완하면 될까요?"

③ "지시하신 내용을 제가 충분히 이해하지 못하였습니다. 내용을 다시 한 번 여쭤보아도 되겠습니까?"

④ "부족한 내용을 보완하는 자료를 취합하기 위해서 하루정도가 더 소요될 것 같습니다. 언제까지 재작성하여 드리면 될까요?"

[출제의도]

상사가 잘못을 지적하는 상황에서 어떻게 대처해야 하는지를 묻는 문항이다.

[해설]

상사가 부탁한 지시사항을 다른 사람에게 부탁하는 것은 옳지 못하며 설사 그렇다고 해도 그 일의 과오에 대해 책임을 전가하는 것은 지양해야 할 자세이다.

답 ①

④ 원활한 의사표현을 위한 지침

　ⓐ 올바른 화법을 위해 독서를 하라.

　ⓑ 좋은 청중이 되라.

　ⓒ 칭찬을 아끼지 마라.

　ⓓ 공감하고, 긍정적으로 보이게 하라.

　ⓔ 겸손은 최고의 미덕임을 잊지 마라.

　ⓕ 과감하게 공개하라.

　ⓖ 뒷말을 숨기지 마라.

　ⓗ 첫마디 말을 준비하라.

　ⓘ 이성과 감성의 조화를 꾀하라.

　ⓙ 대화의 룰을 지켜라.

　ⓚ 문장을 완전하게 말하라.

⑤ 설득력 있는 의사표현을 위한 지침

　ⓐ 'Yes'를 유도하여 미리 설득 분위기를 조성하라.

　ⓑ 대비 효과로 분발심을 불러 일으켜라.

　ⓒ 침묵을 지키는 사람의 참여도를 높여라.

　ⓓ 여운을 남기는 말로 상대방의 감정을 누그러뜨려라.

　ⓔ 하던 말을 갑자기 멈춤으로써 상대방의 주의를 끌어라.

　ⓕ 호칭을 바꿔서 심리적 간격을 좁혀라.

　ⓖ 끄집어 말하여 자존심을 건드려라.

　ⓗ 정보전달 공식을 이용하여 설득하라.

　ⓘ 상대방의 불평이 가져올 결과를 강조하라.

　ⓙ 권위 있는 사람의 말이나 작품을 인용하라.

　ⓚ 약점을 보여 주어 심리적 거리를 좁혀라.

　ⓛ 이상과 현실의 구체적 차이를 확인시켜라.

　ⓜ 자신의 잘못도 솔직하게 인정하라.

　ⓝ 집단의 요구를 거절하려면 개개인의 의견을 물어라.

　ⓐ 동조 심리를 이용하여 설득하라.

　ⓑ 지금까지의 노고를 치하한 뒤 새로운 요구를 하라.

　ⓒ 담당자가 대변자 역할을 하도록 하여 윗사람을 설득하게 하라.

　ⓓ 겉치레 양보로 기선을 제압하라.

　ⓔ 변명의 여지를 만들어 주고 설득하라.

　ⓕ 혼자 말하는 척하면서 상대의 잘못을 지적하라.

(5) 기초외국어능력

① 기초외국어능력의 개념과 필요성
　　㉠ 개념 : 기초외국어능력은 외국어로 된 간단한 자료를 이해하거나, 외국인과의 전화응대
　　　　와 간단한 대화 등 외국인의 의사표현을 이해하고, 자신의 의사를 기초외국어로 표현
　　　　할 수 있는 능력이다.
　　㉡ 필요성 : 국제화 · 세계화 시대에 다른 나라와의 무역을 위해 우리의 언어가 아닌 국제적
　　　　인 통용어를 사용하거나 그들의 언어로 의사소통을 해야 하는 경우가 생길 수 있다.

② 외국인과의 의사소통에서 피해야 할 행동
　　㉠ 상대를 볼 때 흘겨보거나, 노려보거나, 아예 보지 않는 행동
　　㉡ 팔이나 다리를 꼬는 행동
　　㉢ 표정이 없는 것
　　㉣ 다리를 흔들거나 펜을 돌리는 행동
　　㉤ 맞장구를 치지 않거나 고개를 끄덕이지 않는 행동
　　㉥ 생각 없이 메모하는 행동
　　㉦ 자료만 들여다보는 행동
　　㉧ 바르지 못한 자세로 앉는 행동
　　㉨ 한숨, 하품, 신음소리를 내는 행동
　　㉩ 다른 일을 하며 듣는 행동
　　㉪ 상대방에게 이름이나 호칭을 어떻게 부를지 묻지 않고 마음대로 부르는 행동

③ 기초외국어능력 향상을 위한 공부법
　　㉠ 외국어공부의 목적부터 정하라.
　　㉡ 매일 30분씩 눈과 손과 입에 밸 정도로 반복하라.
　　㉢ 실수를 두려워하지 말고 기회가 있을 때마다 외국어로 말하라.
　　㉣ 외국어 잡지나 원서와 친해져라.
　　㉤ 소홀해지지 않도록 라이벌을 정하고 공부하라.
　　㉥ 업무와 관련된 주요 용어의 외국어는 꼭 알아두자.
　　㉦ 출퇴근 시간에 외국어 방송을 보거나, 듣는 것만으로도 귀가 트인다.
　　㉧ 어린이가 단어를 배우듯 외국어 단어를 암기할 때 그림카드를 사용해 보라.
　　㉨ 가능하면 외국인 친구를 사귀고 대화를 자주 나눠 보라.

1 다음은 A사이트의 이용약관 일부이다. 다음에 대해 바르게 이해하지 못한 것은?

제6조(이용 계약의 성립)

① 이용계약은 신청자가 온라인으로 당 사이트에서 제공하는 소정의 가입신청 양식에서 요구하는 사항을 기록하고, 이 약관에 대한 동의를 완료한 경우에 성립됩니다.

② 당 사이트는 다음 각 호에 해당하는 이용계약에 대하여는 가입을 취소할 수 있습니다.

1. 다른 사람의 명의를 사용하여 신청하였을 때
2. 이용 계약 신청서의 내용을 허위로 기재하였거나 신청하였을 때
3. 사회의 안녕 질서 혹은 미풍양속을 저해할 목적으로 신청하였을 때
4. 다른 사람의 당 사이트 서비스 이용을 방해하거나 그 정보를 도용하는 등의 행위를 하였을 때
5. 당 사이트를 이용하여 법령과 본 약관이 금지하는 행위를 하는 경우
6. 기타 당 사이트가 정한 이용신청요건이 미비 되었을 때

③ 당 사이트는 다음 각 호에 해당하는 경우 그 사유가 해소될 때까지 이용계약 성립을 유보할 수 있습니다.

1. 기술상의 장애사유로 인한 서비스 중단의 경우(시스템관리자의 고의·과실 없는 디스크장애, 시스템 다운 등)
2. 전기통신사업법에 의한 기간통신사업자가 전기통신 서비스를 중지하는 경우
3. 전시. 사변, 천재지변 또는 이에 준하는 국가 비상사태가 발생하거나 발생할 우려가 있는 경우
4. 긴급한 시스템 점검, 증설 및 교체설비의 보수 등을 위하여 부득이한 경우
5. 서비스 설비의 장애 또는 서비스 이용의 폭주 등 기타 서비스를 제공할 수 없는 사유가 발생한 경우

④ 당 사이트가 제공하는 서비스는 아래와 같으며, 그 변경될 서비스의 내용을 이용자에게 공지하고 아래에서 정한 서비스를 변경하여 제공할 수 있습니다. 다만, 비회원에게는 서비스 중 일부만을 제공할 수 있습니다.

1. 당 사이트가 자체 개발하거나 다른 기관과의 협의 등을 통해 제공하는 일체의 서비스

제8조(사용자의 정보 보안)

① 가입 신청자가 당 사이트 서비스 가입 절차를 완료하는 순간부터 귀하는 입력한 정보의 비밀을 유지할 책임이 있으며, 회원의 ID와 비밀번호를 사용하여 발생하는 모든 결과에 대한 책임은 회원본인에게 있습니다.

② ID와 비밀번호에 관한 모든 관리의 책임은 회원에게 있으며, 회원의 ID나 비밀번호가 부정하게 사용되었다는 사실을 발견한 경우에는 즉시 당 사이트에 신고하여야 합니다. 신고를 하지 않음으로 인한 모든 책임은 회원 본인에게 있습니다.

③ 이용자는 당 사이트 서비스의 사용 종료시 마다 정확히 접속을 종료하도록 해야 하며, 정확히 종료하지 아니함으로써 제3자가 귀하에 관한 정보를 이용하게 되는 등의 결과로 인해 발생하는 손해 및 손실에 대하여 당 사이트는 책임을 부담하지 아니합니다.

④ 비밀번호 분실 시 통보는 이메일 또는 단문 메시지 서비스(SMS)로 안내하며, 전 항의 규정에도 불구하고 회원의 이메일 주소 또는 휴대전화번호 기입 잘못 등 본인 과실 및 본인 정보 관리 소홀로 발생하는 문제의 책임은 회원에게 있습니다.

⑤ 이용자는 개인정보 보호 및 관리를 위하여 서비스의 개인정보관리에서 수시로 개인정보를 수정/삭제할 수 있습니다.

① 이용 계약 신청서의 내용을 허위로 기재하였을 시 사이트에서 가입을 취소할 수 있다.

② 긴급한 시스템 점검 및 교체설비의 보수 등을 위하여 부득이한 경우 가입이 제한 될 수 있다.

③ 이용자는 개인정보 보호 및 관리를 위하여 서비스의 개인정보관리에서 수시로 개인정보를 삭제할 수 있다.

④ 제시된 이용약관에는 사이트 회원의 책임에 관한 조항은 규정되지 않고 있다.

⑤ 회원의 ID나 비밀번호가 부정하게 사용되었다는 사실을 발견한 즉시 당 사이트에 신고해야 한다.

 ④ 제8조 사용자의 정보 보안에 관한 규정에는 회원의 ID와 비밀번호를 사용하여 발생하는 모든 결과에 대해서는 회원 본인이 책임져야 한다고 명시되어 있다.

Answer↪ 1.④

2 다음은 ◇◇렌트카 회사의 렌트 요금에 대한 안내문이다. 이에 대한 이해로 옳은 것은?

〈렌트카 요금안내〉

대여 전	반납 후
• **대여요금** -10분 단위로 설정한 대여시간 만큼 발생합니다. -반납위치를 대여위치와 다르게 설정하는 '편도' 서비스의 경우, 반납위치에 따라 요금이 추가됩니다.	• **주행요금** -대여 중 운행하신 거리에 따라 부과되는 요금입니다. -렌트카를 반납하시면 자동으로 주행거리를 계산해 등록하신 카드로 결제됩니다.
• **보험료** -운전 중 발생하는 사고에 대비해 자동차 종합보험(대인, 대물, 자손)과 차량손해 면책제도를 제공합니다. -대여시간에 비례해 보험료가 책정됩니다.	• **하이패스 통행료/주차비** -통행료가 발생하는 고속도로를 이용하시거나 유료주차장을 차량 내 비치된 하이패스 카드로 이용하신 경우, 사용하신 금액이 청구됩니다.

〈차종별 기본요금〉

• **요금적용 기준 시간 안내**
-주중 : 대여시작 시간이 일요일 19:00~금요일 18:50 이내인 경우
-주말 : 대여시작 시간이 금요일 19:00~일요일 18:50 이내인 경우 (공휴일은 주말 요금 적용)
-심야 : 주중 00:00~06:50 (주말/공휴일 제외)

차종	모델	대여요금 (1시간당)	할인대여금			주행요금 (1km 당)
			주중	주중심야	주말	
경형	뉴 스파크	7,200원	3,730원~	1,860원~	5,220원~	180원
	모닝	7,200원				190원
소형	엑센트	8,600원	4,590원~	2,290원~	6,670원~	180원
	클리오	10,000원				130원
준중형	아반떼	9,500원	4,840원~	2,420원~	7,140원~	190원
	벨로스터	13,000원				210원
중형	K5	13,000원	5,770원~	2,880원~	8,000원~	160원
	말리부	16,000원				200원
대형	K7	22,000원	6,620원~	3,310원~	8,830원~	200원
	그랜저	24,000원				200원

① 반납 시에는 주행거리와 해당시간의 요금을 직접 계산해서 지불해야 한다.

② 경형의 어느 차종을 선택해도 대여시간과 주행거리가 같다면 지불 금액은 같다.

③ 편도 서비스 이용 시 기본 요금표에 따른 예상 금액을 초과할 수 있다.

④ 요금 적용시간에 평일 07:00시 포함되지 않아 대여 할 수 없다.

⑤ 고속도로 이용할 시에는 항상 반납 시 별도의 통행료를 부담해야 한다.

 ③ 편도 서비스 이용 시 반납 위치에 따라 요금이 추가 될 수 있으므로 기본 요금표에 따른 계산 금액과 상이할 수 있다.

① 렌트카를 반납하시면 자동으로 주행거리를 계산해 등록하신 카드로 결제되므로 직접 계산하여 지불하지 않아도 된다.

② 대여시간과 주행거리가 같다고 해도 주행거리 당 추가요금이 다르므로 반납 시 지불금액은 다르다.

④ 대여시작 시간이 일요일 19:00~금요일 18:50 이내인 경우에 평일 07:00시가 포함된다.

⑤ 고속도로를 이용하더라도 차량 내 비치되어있는 카드를 사용하지 않을 경우 별도의 요금을 부과하지 않아도 된다.

3 다음은 회의실 예약에 대한 안내문이다. 이에 대한 내용으로 적절하지 않은 것은?

■ 이용안내

임대시간	기본 2시간, 1시간 단위로 연장
요금결제	이용일 7일전 까지 결제(7일 이내 예약 시에는 예약 당일 결제)
취소 수수료	• 결제완료 후 계약을 취소 시 취소수수료 발생 • 이용일 기준 7일 이전 : 전액 환불 • 이용일 기준 6일~3일 이전 : 납부금액의 10% • 이용일 기준 2일~1일 이전 : 납부금액의 50% • 이용일 당일 : 환불 없음
회의실/일자 변경	• 사용가능한 회의실이 있는 경우, 사용일 1일 전까지 가능 (해당 역 담당자 전화 신청 필수) • 단, 회의실 임대일 변경, 사용시간 단축은 취소수수료 기준 동일 적용
세금계산서	• 세금계산서 발행을 원하실 경우 반드시 법인 명의로 예약하여 사업자등록번호 입력 • 현금영수증 발행 후에는 세금계산서 변경발행 불가

■ 회의실 이용 시 준수사항
 – 회의실 사용자는 공사의 승인 없이 다음 행위를 할 수 없습니다.
  1. 공중에 대하여 불쾌감을 주거나 또는 통로, 기타 공용시설에 간판, 광고물의 설치, 게시, 부착 또는 각종기기의 설치 행위
  2. 폭발물, 위험성 있는 물체 또는 인체에 유해하고 불쾌감을 줄 우려가 있는 물품 반입 및 보관행위
  4. 동의 없이 시설물의 이동, 변경 배치행위
  5. 동의 없이 장비, 중량물을 반입하는 등 제반 금지행위
  6. 공공질서 및 미풍양식을 위해하는 행위
  7. 알콜성 음료의 판매 및 식음행위
  8. 흡연행위 및 음식물 등 반입행위
  9. 임대의 위임 또는 재임대

① 3일 후에 회의 일정이 잡혔다면 당일 결제로 회의실을 예약해야 한다.
② 다다음주 상사의 귀국일로 예정된 회의가 상사의 출장 일정이 연기되었을 시 별도의 수수료 없이 연기 가능하다.
③ 불가피하게 회의가 지연될 시에는 30분 연장하여 사용이 가능하다.
④ 법인 명의로 예약하고 사업자등록번호를 입력하여 세금계산서를 발행할 수 있다.
⑤ 회의실 내에서 알콜성 음료를 마시거나 흡연은 불가능하다.

(Tip) ③ 회의실 사용 연장은 1시간 단위로 가능하다.

4 다음을 읽고 이해한 내용을 기술한 것 중 적절하지 않은 것은?

> 제00조
> ① 증인신문은 증인을 신청한 당사자가 먼저 하고, 다음에 다른 당사자가 한다.
> ② 재판장은 제1항의 신문이 끝난 뒤에 신문할 수 있다.
> ③ 재판장은 제1항과 제2항의 규정에 불구하고 언제든지 신문할 수 있다.
> ④ 재판장은 당사자의 의견을 들어 제1항과 제2항의 규정에 따른 신문의 순서를 바꿀
>   수 있다.
> ⑤ 당사자의 신문이 중복되거나 쟁점과 관계가 없는 때, 그 밖에 필요한 사정이 있는 때
>   에 재판장은 당사자의 신문을 제한할 수 있다.
> ⑥ 합의부원은 재판장에게 알리고 신문할 수 있다.
> 제00조
> ① 증인은 따로따로 신문하여야 한다.
> ② 신문하지 않은 증인이 법정 안에 있을 때에는 법정에서 나가도록 명하여야 한다. 다
>   만 필요하다고 인정한 때에는 신문할 증인을 법정 안에 머무르게 할 수 있다.
> 제00조 재판장은 필요하다고 인정한 때에는 증인 서로의 대질을 명할 수 있다.
> 제00조 증인은 서류에 의하여 진술하지 못한다. 다만 재판장이 허가하면 그러하지 아니
> 하다.

① 재판장은 당사자의 신문 기회를 통제할 수 있다.

② 증인신문의 원칙은 증인을 신청한 당사자가 우선적으로 신문하는 것이다.

③ 재판장은 개인 권한으로 언제든지 증인을 심문할 수 있다.

④ 신문하지 않은 증인은 절대 법정 안에 들어올 수 없다.

⑤ 증인이 서로 대질하기 위해서는 재판장이 그 필요성을 인지해야 한다.

 ④ 신문하지 않은 증인은 원칙적으로 법정에 들어올 수 없고 법정 안에 있을시 나가도록
명하여야 하지만 필요하다고 인정될 때에는 법정안에 머무르게 할 수 있다.

5 다음은 A 출판사 B 대리의 업무보고서이다. 이 업무보고서를 통해 알 수 있는 내용이 아닌 것은?

업무 내용	비고
09:10~10:00 [실내 인테리어] 관련 신간 도서 저자 미팅	※ 외주 업무 진행 보고
10:00~12:30 시장 조사(시내 주요 서점 방문)	1. [보세사] 원고 도착
12:30~13:30 점심식사	2. [월간 무비스타] 영화평론 의뢰
13:30~17:00 시장 조사 결과 분석 및 보고서 작성	
17:00~18:00 영업부 회의 참석	※ 중단 업무
※ 연장근무 1. 문화의 날 사내 행사 기획 회의	1. [한국어교육능력] 기출문제 분석 2. [관광통역안내사] 최종 교정

① B 대리는 A 출판사 영업부 소속이다.

② [월간 무비스타]에 실리는 영화평론은 A 출판사 직원이 쓴 글이 아니다.

③ B 대리는 시내 주요 서점을 방문하고 보고서를 작성하였다.

④ A 출판사에서는 문화의 날에 사내 행사를 진행할 예정이다.

⑤ B 대리의 현재 중단 업무는 2개이다.

(Tip) ① B 대리가 영업부 회의에 참석한 것은 사실이나, 해당 업무보고서만으로 A 출판사 영업부 소속이라고 단정할 수는 없다.

6 다음 보기를 참조 할 때 밑줄 친 내용과 유사한 예를 찾을 수 없는 것은?

> 진수는 무척 황송한 듯 한쪽 눈을 찍 감으면서 고등어와 지팡이를 든 두 팔로 아버지의 굵은 목덜미를 부둥켜안았다. 만도는 아랫배에 힘을 주며 '끙!' 하고 일어났다. 아랫도리가 약간 후들거렸으나 걸어갈 만은 했다. 외나무다리 위로 조심조심 발을 내디디며 만도는 속으로, 이제 <u>새파랗게 젊은 놈</u>이 벌써 이게 무슨 꼴이고. 세상을 잘못 만나서 진수 니 신세도 참 똥이다. 똥. 이런 소리를 주워섬겼고 아버지의 등에 업힌 진수는 곧장 미안스러운 얼굴을 하며, '나꺼정 이렇게 되다니, 아부지도 참 복도 더럽게 없지. 차라리 내가 죽어 버렸다면 나았을 낀데…….' 하고 중얼거렸다.

> 〈보기〉
> 두 개 이상의 단어로 이루어져 있으면서 그 단어들의 의미만으로는 전체의 의미를 알 수 없는, 특수한 의미를 나타내는 어구(語句). '발이 넓다'는 '사교적이어서 아는 사람이 많다.'를 뜻하는 것 따위이다

① 바깥에 나갔다 오면 손을 씻으렴.
② 손자들이 재롱부리는 모습이 눈에 밟히네.
③ 문제 해결을 위해서 우리 모두 머리를 맞대자.
④ 폭설로 승객 6백여 명이 열차 안에서 발이 묶였다.
⑤ 어머니가 돌아오기만을 목을 빼고 기다렸다.

 밑줄 친 문장은 관용구가 사용된 문장이다. ①에서 손을 씻는 것은 '부정적인 일이나 찜찜한 일에 대하여 관계를 청산하다'는 관용적 표현이 아닌 실제로 손을 씻는 것을 말하는 표현이다.

7 다음은 항공보안 자율신고제도의 FAQ이다. 잘못 이해한 사람은?

Ⓠ 누가 신고하나요?

Ⓐ 누구든지 신고할 수 있습니다.
- 승객(공항이용자) : 여행 중에 항공보안에 관한 불편사항 및 제도개선에 필요한 내용 등을 신고해 주세요.
- 보안업무 종사자 : 업무 수행 중에 항공보안 위해요인 및 항공보안을 해칠 우려가 있는 사항 등을 신고해 주세요.
- 일반업무 종사자 : 공항 및 항공기 안팎에서 업무 수행 중에 항공보안 분야에 도움이 될 사항 등을 신고해 주세요.

Ⓠ 무엇을 신고하나요?

Ⓐ 항공보안 관련 내용은 무엇이든지 가능합니다.
- 항공기내 반입금지 물품이 보호구역(보안검색대 통과 이후 구역) 또는 항공기 안으로 반입된 경우
- 승객과 승객이 소지한 휴대물품 등에 대해 보안검색이 미흡하게 실시된 경우
- 상주직원과 그 직원이 소지한 휴대물품 등에 대해 보안검색이 미흡하게 실시된 경우
- 검색 받은 승객과 받지 않은 승객이 섞이는 경우
- X-ray 및 폭발물흔적탐지장비 등 보안장비가 정상적으로 작동이 되지 않은 상태로 검색이 된 경우
- 공항운영자의 허가를 받지 아니하고 보호구역에 진입한 경우
- 항공기 안에서의 소란 · 흡연 · 폭언 · 폭행 · 성희롱 등 불법행위가 발생된 경우
- 항공보안 기준 위반사항을 인지하거나 국민불편 해소 및 제도개선이 필요한 경우

Ⓠ 신고자의 비밀은 보장되나요?

Ⓐ 「항공보안법」 제33의2에 따라 다음과 같이 신고자와 신고내용이 철저히 보호됩니다.
- 누구든지 자율신고 내용 등을 이유로 신고자에게 불이익한 조치를 하는 경우 1천만 원 이하 과태료 부과
- 신고자의 의사에 반하여 개인정보를 공개할 수 없으며, 신고내용은 보안사고 예방 및 항공보안 확보 목적 이외의 용도로 사용금지

Ⓠ 신고한 내용은 어디에 활용되나요?

Ⓐ 신고내용은 위험분석 및 평가와 개선대책 마련을 통해 국가항공보안 수준을 향상시키는데 활용됩니다.

Ⓠ 마시던 음료수는 보안검색대를 통과할 수 있나요?

Ⓐ 국제선을 이용하실 때에는 100ml 이하 용기에 한해 투명지퍼백(1L)에 담아야 반입이 가능합니다.

---

① 甲 : 공항직원이 아니라도 공항이용자라면 누구든지 신고가 가능하군.

② 乙 : 기내에서 담배를 피우는 사람을 발견하면 신고해야겠네.

③ 丙 : 자율신고자에게 불이익한 조치를 하면 1천만 원 이하의 과태료에 처해질 수 있군.

④ 丁 : 500ml 물병에 물이 100ml 이하로 남았을 경우 1L 투명지퍼백에 담으면 국제선에 반입이 가능하네.

⑤ 戊 : 자율신고를 통해 국가항공보안 수준을 향상시키려는 좋은 제도구나.

 ④ 100ml 이하 용기에 한함으로 500ml 물병에 들어있는 물은 국제선 반입이 불가능하다.

8 다음은 '저출산 문제 해결 방안'에 대한 글을 쓰기 위한 개요이다. ㉠에 들어갈 내용으로 가장 적절한 것은?

> Ⅰ. 서론 : 저출산 문제의 심각성
> Ⅱ. 본론
>   1. 저출산 문제의 원인
>   ① 출산과 양육에 대한 부담 증가
>   ② 직장 일과 육아 병행의 어려움
>   2. 저출산 문제의 해결 방안
>   ① 출산과 양육에 대한 사회적 책임 강화
>   ② (㉠   )
> Ⅲ. 결론 : 해결 방안의 적극적 실천 당부

① 저출산 실태의 심각성

② 미혼율 증가와 1인가구 증가

③ 저출산으로 인한 각종 사회문제 발생

④ 출산율 감소 원인

⑤ 가정을 배려하는 직장 문화 조성

저출산 문제의 원인으로 '직장 일과 육아 병행의 어려움'이 있으므로 해결 방안으로 '가정을 배려하는 직장 문화 조성'이 들어가야 적절하다.

┃9~10┃ 다음은 어느 회사 약관의 일부이다. 약관을 읽고 물음에 답하시오.

제6조(보증사고)

① 보증사고라 함은 아래에 열거된 보증사고 사유 중 하나를 말합니다.

　1. 보증채권자가 전세계약기간 종료 후 1월까지 정당한 사유 없이 전세보증금을 반환받지 못하였을 때

　2. 전세계약 기간 중 전세목적물에 대하여 경매 또는 공매가 실시되어, 배당 후 보증채권자가 전세보증금을 반환받지 못하였을 때

② 제1항 제1호의 보증사고에 있어서는 전세계약기간이 갱신(묵시적 갱신을 포함합니다)되지 않은 경우에 한합니다.

제7조(보증이행 대상이 아닌 채무)

보증회사는 다음 각 호의 어느 하나에 해당하는 사유가 있는 경우에는 보증 채무를 이행하지 아니합니다.

　1. 천재지변, 전쟁, 내란 기타 이와 비슷한 사정으로 주채무자가 전세계약을 이행하지 못함으로써 발생한 채무

　2. 주채무자의 전세보증금 반환의무 지체에 따른 이자 및 지연손해금

　3. 주채무자가 실제 거주하지 않는 명목상 임차인 등 정상계약자가 아닌 자에게 부담하는 채무

　4. 보증채권자가 보증채무이행을 위한 청구서류를 제출하지 아니하거나 협력의무를 이행하지 않는 등 보증채권자의 책임 있는 사유로 발생하거나 증가된 채무 등

제9조(보증채무 이행청구시 제출서류)

① 보증채권자가 보증채무의 이행을 청구할 때에는 보증회사에 다음의 서류를 제출하여야 합니다.

　1. 보증채무이행청구서

　2. 신분증 사본

　3. 보증서 또는 그 사본(보증회사가 확인 가능한 경우에는 생략할 수 있습니다)

　4. 전세계약이 해지 또는 종료되었음을 증명하는 서류

　5. 명도확인서 또는 퇴거예정확인서

　6. 배당표 등 전세보증금 중 미수령액을 증명하는 서류(경·공매시)

　7. 회사가 요구하는 그 밖의 서류

② 보증채권자는 보증회사로부터 전세계약과 관계있는 서류사본의 교부를 요청받은 때에는 이에 응하여야 합니다.

③ 보증채권자가 제1항 내지 제2항의 서류 중 일부를 누락하여 이행을 청구한 경우 보증회사는 서면으로 기한을 정하여 서류보완을 요청할 수 있습니다.

제18조(분실·도난 등)

보증채권자는 이 보증서를 분실·도난 또는 멸실한 경우에는 즉시 보증회사에 신고하여야 합니다. 만일 신고하지 아니함으로써 일어나는 제반 사고에 대하여 보증회사는 책임을 부담하지 아니합니다.

---

9 이 회사의 사원 L은 약관을 읽고 질의응답에 답변을 했다. 질문에 대한 답변으로 옳지 않은 것은?

① Q : 2년 전세 계약이 만료되고 묵시적으로 계약이 연장되었는데, 이 경우도 보증사고에 해당하는 건가요?

A : 묵시적으로 전세계약기간이 갱신된 경우에는 보증사고에 해당하지 않습니다.

② Q : 보증서를 분실하였는데 어떻게 해야 하나요?

A : 즉시 보증회사에 신고하여야 합니다. 그렇지 않다면 제반 사고에 대하여 보증회사는 책임지지 않습니다.

③ Q : 주채무자가 전세보증금 반환의무를 지체하는 바람에 생긴 지연손해금도 보증회사에서 이행하는 건가요?

A : 네. 주채무자의 전세보증금 반환의무 지체에 따른 이자 및 지연손해금도 보증 채무를 이행하고 있습니다.

④ Q : 보증회사에 제출해야 하는 서류는 어떤 것들이 있나요?

A : 보증채무이행청구서, 신분증 사본, 보증서 또는 그 사본, 전세계약이 해지 또는 종료되었음을 증명하는 서류, 명도확인서 또는 퇴거예정확인서, 배당표 등 전세보증금중 미수령액을 증명하는 서류(경·공매시) 등이 있습니다.

⑤ Q : 여름 홍수로 인해서 주채무자가 전세계약을 이행하지 못하고 있습니다. 이 경우에도 보증회사가 보증 채무를 이행하는 건가요?

A : 천재지변의 사유가 있는 경우에는 보증 채무를 이행하지 아니합니다.

(Tip) ③ 주채무자의 전세보증금 반환의무 지체에 따른 이자 및 지연손해금은 보증 채무를 이행하지 아니한다(제7조 제2호).

10 다음과 같은 상황이 발생하여 적용되는 약관을 찾아보려고 한다. 적용되는 약관의 조항과 그에 대한 대응방안으로 옳은 것은?

> 보증채권자인 A는 보증채무 이행을 청구하기 위하여 보증채무이행청구서, 신분증 사본, 보증서 사본, 명도확인서를 제출하였다. 이를 검토해 보던 사원 L은 A가 전세계약이 해지 또는 종료되었음을 증명하는 서류를 제출하지 않은 것을 알게 되었다. 이 때, 사원 L은 어떻게 해야 하는가?

① 제9조 제2항, 청구가 없었던 것으로 본다.
② 제9조 제2항, 기간을 정해 서류보완을 요청한다.
③ 제9조 제3항, 청구가 없었던 것으로 본다.
④ 제9조 제3항, 기간을 정해 서류보완을 요청한다.
⑤ 제9조 제3항, 처음부터 청구를 다시 하도록 한다.

> (Tip) 보증채권자가 서류 중 일부를 누락하여 이행을 청구한 경우 보증회사는 서면으로 기한을 정하여 서류보완을 요청할 수 있다.

11 다음 글의 밑줄 친 부분을 고쳐 쓰기 위한 방안으로 적절하지 않은 것은?

> 봉사는 자발적으로 이루어지는 것이므로 원칙적으로 아무런 보상이 주어지지 않는다. ㉠그리고 적절한 칭찬이 주어지면 자발적 봉사자들의 경우에도 더욱 적극적으로 활동하게 된다고 한다. ㉡그러나 이러한 칭찬 대신 일정액의 보상을 제공하면 어떻게 될까? ㉢오히려 봉사자들의 동기는 약화된다고 한다. ㉣나는 여름방학 동안에 봉사활동을 많이 해 왔다. 왜냐하면 봉사에 대해 주어지는 금전적 보상은 봉사자들에게 그릇된 메시지를 전달하기 때문이다. 봉사에 보수가 주어지면 봉사자들은 다른 봉사자들도 무보수로는 일하지 않는다고 생각할 것이고 언제나 보수를 기대하게 된다. 보수를 기대하게 되면 그것은 봉사라고 하기 어렵다. ㉤즉, 자발적 봉사가 사라진 자리를 이익이 남는 거래가 차지하고 만다.

① ㉠은 앞의 문장과는 상반된 내용이므로 '하지만'으로 고쳐 쓴다.

② ㉡에서 만일의 상황을 가정하므로 '그러나'는 '만일'로 고쳐 쓴다.

③ ㉢'오히려'는 뒤 내용이 일반적 예상과는 다른 결과가 될 것임을 암시하는데, 이는 적절하므로 그대로 둔다.

④ ㉣은 글의 내용과는 관련 없는 부분이므로 삭제한다.

⑤ ㉤의 '즉'은 '예를 들면'으로 고쳐 쓴다.

> (Tip) ⑤ '즉'은 옳게 쓰여진 것으로 고쳐 쓰면 안 된다.

12 다음 자료는 H전자 50주년 기념 프로모션에 대한 안내문이다. 안내문을 보고 이해한 내용으로 틀린 사람을 모두 고른 것은?

H전자 50주년 기념행사 안내

  50년이라는 시간동안 저희 H전자를 사랑해주신 고객여러분들께 감사의 마음을 전하고자 아래와 같이 행사를 진행합니다. 많은 이용 부탁드립니다.

– 아래 –

1. 기간 : 20××년 12월 1일~ 12월 15일
2. 대상 : 전 구매고객
3. 내용 : 구매 제품별 혜택 상이

제품명		혜택	비고
노트북	H-100	• 15% 할인	현금결제 시 할인 금액의 5% 추가 할인
	H-105	• 2년 무상 A/S • 사은품 : 노트북 파우치 or 5GB USB(택1)	
세탁기	H 휘롬	• 20% 할인 • 사은품 : 세제 세트, 고급 세탁기커버	전시상품 구매 시 할인 금액의 5% 추가 할인
TV	스마트 H TV	• 46in 구매시 LED TV 21.5in 무상 증정	
스마트폰	H-Tab20	• 10만 원 할인(H카드 사용 시) • 사은품 : 샤오밍 10000mAh 보조배터리	–
	H-V10	• 8만 원 할인(H카드 사용 시) • 사은품 : 샤오밍 5000mAh 보조배터리	–

4. 기타 : 기간 내에 H카드로 매장 방문 20만 원 이상 구매고객에게 1만 서비스 포인트를 더 드립니다.
5. 추첨행사 안내 : 매장 방문고객 모두에게 추첨권을 드립니다(1인 1매).

등수	상품
1등상(1명)	H캠-500D
2등상(10명)	샤오밍 10000mAh 보조배터리
3등상(500명)	스타베네 상품권(1만 원)

※ 추첨권 당첨자는 20××년 12월 25일 www.H-digital.co.kr에서 확인하실 수 있습니다.

> ⊙ 수미 : H-100 노트북을 현금으로 사면 20%나 할인 받을 수 있구나.
> ⓛ 병진 : 스마트폰 할인을 받으려면 H카드가 있어야 해.
> ⓒ 지수 : 46in 스마트 H TV를 사면 같은 기종의 작은 TV를 사은품으로 준대.
> ⓡ 효정 : H전자에서 할인 혜택을 받으려면 H카드나 현금만 사용해야 하나봐.

① 수미
② 병진, 지수
③ 수미, 효정
④ 수미, 병진, 효정
⑤ 수미, 지수, 효정

⊙ 15% 할인 후 가격에서 5%가 추가로 할인되는 것이므로 20%보다 적게 할인된다.
ⓛ 위 안내문과 일치한다.
ⓒ 같은 기종이 아닌 LED TV가 증정된다.
ⓡ 노트북, 세탁기, TV는 따로 H카드를 사용해야 한다는 항목이 없으므로 옳지 않다.

Answer↪ 12.⑤

▌13~14▐ 다음 글을 순서대로 바르게 배열한 것을 고르시오.

13

> ㉠ 이에 대표적인 것은 대장균이다.
>
> ㉡ 그렇기 때문에 대장균이 속해 있는 비슷한 세균군을 모두 검사하여 분변오염 여부를 판단하고, 이 세균군을 총대장균군이라고 한다.
>
> ㉢ 식수가 분변으로 오염되어 있다면 분변에 있는 병원체 수와 비례하여 존재하는 비병원성 세균을 지표생물로 이용한다.
>
> ㉣ 그러나 온혈동물에게서 배설되는 비슷한 종류의 다른 세균들을 배제하고 대장균만을 측정하기는 어렵다.
>
> ㉤ 대장균은 그 기원이 전부 동물의 배설물에 의한 것이므로, 시료에서 대장균의 균체 수가 일정 기준보다 많이 검출되면 그 시료에는 인체에 유해할 만큼의 병원체도 존재한다고 추정할 수 있다.

① ㉠ – ㉢ – ㉣ – ㉡ – ㉤

② ㉡ – ㉣ – ㉢ – ㉤ – ㉠

③ ㉡ – ㉤ – ㉣ – ㉠ – ㉢

④ ㉢ – ㉠ – ㉤ – ㉣ – ㉡

⑤ ㉢ – ㉠ – ㉣ – ㉤ – ㉡

 ㉢ 지표생물로 이용하는 비병원성 생물→㉠ 대표적인 비병원성 생물→㉤ 대장균으로 병원체 추정→㉣ 예외적인 예인 온혈동물→㉡ 온혈동물의 대장균측정

14

> ㉠ 임금이 상승하면 직장 밖 활동에 들어가는 시간의 비용이 늘어난다.
>
> ㉡ 따라서 임금이 늘어난 만큼 일 이외의 활동에 들어가는 시간의 비용도 함께 늘어난 다는 것이다.
>
> ㉢ 스웨덴의 경제학자 스테판 린더는 서구인들이 엄청난 경제성장을 이루고도 여유를 누리지 못하는 이유를 가변적인 시간의 비용을 이용해 논증한다.
>
> ㉣ 경제가 성장하면 사람들의 시간을 쓰는 방식도 달라진다.
>
> ㉤ 일하는 데 쓸 수 있는 시간을 영화나 책을 보는 데 소비하면 그만큼의 임금을 포기 하는 것이다.

① ㉠ – ㉣ – ㉢ – ㉡ – ㉤

② ㉠ – ㉢ – ㉣ – ㉡ – ㉤

③ ㉢ – ㉣ – ㉠ – ㉤ – ㉡

④ ㉢ – ㉠ – ㉣ – ㉤ – ㉡

⑤ ㉣ – ㉡ – ㉠ – ㉢ – ㉤

 ㉢ 스테판 린더의 주장 – ㉣ 경제 성장에 따라 시간의 이용 방식이 변화함 – ㉠ 임금의 상 승이 시간의 비용을 증대 시킴 – ㉤ 시간의 소비가 임금의 포기와 이어지게 됨 – ㉡ 다시 말해 임금의 증가는 시간의 비용도 증가시킴

Answer⤚→ 13.④ 14.③

15 다음 글을 통해 답을 찾을 수 없는 질문은?

> 사진은 자신의 주관대로 끌고 가야 한다. 일정한 규칙이 없는 사진 문법으로 의사 소통을 하고자 할 때 필요한 것은 대상이 되는 사물의 객관적 배열이 아니라 주관적 조합이다. 어떤 사물을 어떻게 조합해서 어떤 생각이나 느낌을 나타내는가 하는 것은 작가의 주관적 판단에 의할 수밖에 없다. 다만 철저하게 주관적으로 엮어야 한다는 것만은 확실하다.
>
> 주관적으로 엮고, 사물을 조합한다고 해서 소위 '만드는 사진'처럼 합성을 하고 이중 촬영을 하라는 뜻은 아니다. 특히 요즈음 디지털 사진이 보편화되면서 포토샵을 이용한 합성이 많이 보이지만, 그런 것을 권하려는 것이 아니다. 사물을 있는 그대로 찍되, 주위 환경과 어떻게 어울리게 하여 어떤 의미로 살려 낼지를 살펴서 그들끼리 연관을 지을 줄 아는 능력을 키우라는 뜻이다.
>
> 사람들 중에는 아직도 사진이 객관적인 매체라고 오해하는 사람들이 퍽 많다. 그러나 사진의 형태만 보면 객관적일 수 있지만, 내용으로 들어가 보면 객관성은 한 올도 없다. 어떤 대상을 찍을 것인가 하는 것부터가 주관적인 선택 행위이다. 아름다움을 표현하기 위해서 꽃을 찍는 사람이 있는가 하면 꽃 위를 나는 나비를 찍는 사람도 있을 것이고 그 곁의 여인을 찍는 사람도 있을 것이다. 이처럼 어떤 대상을 택하는가 하는 것부터가 주관인 작업이며, 이것이 사진이라는 것을 머리에 새겨 두고 사진에 임해야 한다. 특히 그 대상을 어떻게 찍을 것인가로 들어가면 이제부터는 전적으로 주관적인 행위일 수밖에 없다. 렌즈의 선택, 셔터 스피드나 조리개 값의 결정, 대상과의 거리 정하기 등 객관적으로는 전혀 찍을 수 없는 것이 사진이다. 그림이나 조각만이 주관적 예술은 아니다.
>
> 때로 객관적이고자 하는 마음으로 접근할 수도 있기는 하다. 특히 다큐멘터리 사진의 경우 상황을 객관적으로 파악, 전달하고자 하는 마음은 이해가 되지만, 어떤 사람도 완전히 객관적으로 접근할 수는 없다. 그 객관이라는 것도 그 사람 입장에서의 객관이지 절대적 객관이란 이 세상에 있을 수가 없는 것이다. 더구나 예술로서의 사진으로 접근함에 있어서야 말할 것도 없는 문제이다. 객관적이고자 하는 시도도 과거의 예술에서 있기는 했지만, 그 역시 객관적이고자 실험을 해 본 것일 뿐 객관적 예술을 이루었다는 것은 아니다.
>
> 예술이 아닌 단순 매체로서의 사진이라 해도 객관적일 수는 없다. 그 이유는 간단하다. 사진기가 저 혼자 찍으면 모를까, 찍는 사람이 있는 한 그 사람의 생각과 느낌은 어떻게든지 그 사진에 작용을 한다. 하다못해 무엇을 찍을 것인가 하는 선택부터가 주관적인 행위이다. 더구나 예술로서, 창작으로서의 사진은 주관을 배제하고는 존재조차 할 수 없다는 사실을 깊이 새겨서, 언제나 '나는 이렇게 보았다. 이렇게 생각한다. 이렇게 느꼈다.'라는 점에 충실하도록 노력해야 할 것이다.

① 사진의 주관성을 염두에 두어야 하는 까닭은 무엇인가?

② 사진으로 의사 소통을 하고자 할 때 필요한 것은 무엇인가?

③ 단순 매체로서의 사진도 객관적일 수 없는 까닭은 무엇인가?

④ 사진의 객관성을 살리기 위해서는 구체적으로 어떤 작업을 해야 하는가?

⑤ 사진을 찍을 때 사물을 주관적으로 엮고 조합하라는 것은 어떤 의미인가?

 ④ 이 글에서는 사진의 주관성에 대해 설명하면서 주관적으로 사진을 찍어야 함을 강조하고 있을 뿐, 사진을 객관적으로 찍으려면 어떻게 작업해야 한다는 구체적인 정보는 나와 있지 않다.

16 다음은 주문과 다른 물건을 배송 받은 Mr. Hopkins에게 보내는 사과문이다. 순서를 바르게 나열한 것은?

> Dear Mr. Hopkins
>
> a. We will send you the correct items free of delivery charge.
>
> b. We are very sorry to hear that you received the wrong order.
>
> c. Once again, please accept our apologies for the inconvenience, and we look forward to serving you again in the future.
>
> d. Thank you for your letter dated October 23 concerning your recent order.
>
> e. Apparently, this was caused by a processing error.

① c − e − a − d − b

② d − b − e − a − c

③ b − c − a − e − d

④ e − a − b − d − c

⑤ a − e − d − b − c

 「Mr. Hopkins에게

d. 당신의 최근 주문에 관한 10월 23일의 편지 감사합니다.

b. 당신이 잘못된 주문을 받았다니 매우 유감스럽습니다.

e. 듣자 하니, 이것은 프로세싱 오류로 인해 야기되었습니다.

a. 우리는 무료배송으로 당신에게 정확한 상품을 보낼 것입니다.

c. 다시 한 번, 불편을 드린 것에 대한 저희의 사과를 받아주시길 바라오며, 장래에 다시 서비스를 제공할 수 있기를 기대합니다.」

Answer → 15.④ 16.②

17 다음은 안전한 스마트뱅킹을 위한 스마트폰 정보보호 이용자 6대 안전수칙이다. 다음 안전수칙에 따르지 않은 행동은?

1. 의심스러운 애플리케이션 다운로드하지 않기
   스마트폰용 악성코드는 위·변조된 애플리케이션에 의해 유포될 가능성이 있습니다. 따라서 의심스러운 애플리케이션의 다운로드를 자제하시기 바랍니다.
2. 신뢰할 수 없는 사이트 방문하지 않기
   의심스럽거나 알려지지 않은 사이트를 방문할 경우 정상 프로그램으로 가장한 악성 프로그램이 사용자 몰래 설치될 수 있습니다. 인터넷을 통해 단말기가 악성코드에 감염되는 것을 예방하기 위해서 신뢰할 수 없는 사이트에는 방문 하지 않도록 합니다.
3. 발신인이 불명확하거나 의심스러운 메시지 및 메일 삭제하기
   멀티미디어메세지(MMS)와 이메일은 첨부파일 기능을 제공하기 때문에 스마트폰 악성코드를 유포하기 위한 좋은 수단으로 사용되고 있습니다. 해커들은 게임이나 공짜 경품지급, 혹은 유명인의 사생활에 대한 이야기 등 자극적이거나 흥미로운 내용을 전달하여 사용자를 현혹하는 방법으로 악성코드를 유포하고 있습니다. 발신인이 불명확하거나 의심스러운 메시지 및 메일은 열어보지 마시고 즉시 삭제하시기 바랍니다.
4. 블루투스 등 무선인터페이스는 사용 시에만 켜놓기
   지금까지 국외에서 발생한 스마트폰 악성코드의 상당수가 무선인터페이스의 일종인 블루투스(Bluetooth) 기능을 통해 유포된 것으로 조사되고 있습니다. 따라서 블루투스나 무선랜을 사용하지 않을 경우에는 해당 기능을 비활성화(꺼놓음) 하는 것이 필요합니다. 이로써 악성코드 감염 가능성을 줄일 뿐만 아니라 단말기의 불필요한 배터리 소모를 막을 수 있습니다.
5. 다운로드한 파일은 바이러스 유무를 검사한 후 사용하기
   스마트폰용 악성프로그램은 인터넷을 통해 특정 프로그램이나 파일에 숨겨져 유포될 수 있으므로, 프로그램이나 파일을 다운로드하여 실행하고자 할 경우 가급적 스마트폰용 백신프로그램으로 바이러스 유무를 검사한 후 사용하는 것이 좋습니다.
6. 비밀번호 설정 기능을 이용하고 정기적으로 비밀번호 변경하기
   단말기를 분실 혹은 도난당했을 경우 개인정보가 유출되는 것을 방지하기 위하여 단말기 비밀번호를 설정하여야 합니다. 또한 단말기를 되찾은 경우라도 악의를 가진 누군가에 의해 악성코드가 설치될 수 있기 때문에 비밀번호 설정은 중요합니다. 제품출시 시 기본으로 제공되는 비밀번호(예 : "0000")를 반드시 변경하여 사용하시기 바라며, 비밀번호를 설정할 때에는 유추하기 쉬운 비밀번호(예 : "1111", "1234" 등)는 사용하지 않도록 합니다.

① 봉순이는 유명인 A씨에 대한 사생활 내용이 담긴 MMS를 받아서 열어보고선 삭제했다.
② 형식이는 개인정보 유출을 방지하기 위해 1개월에 한번 씩 비밀번호를 변경하고 있다.
③ 음악을 즐겨듣는 지수는 블루투스를 사용하지 않을 때에는 항상 블루투스를 꺼놓는다.
④ 평소 의심이 많은 봉기는 신뢰할 수 없는 사이트는 절대 방문하지 않는다.
⑤ 해진이는 스마트폰으로 파일을 다운로드 한 경우는 반드시 바이러스 유무를 검사한 후 사용한다.

18 다음 ㉠, ㉡에 들어갈 내용으로 올바르게 짝지어진 것은?

> 현행 「독점규제 및 공정거래에 관한 법률」(이하 "공정거래법") 집행의 큰 문제점 중의 하나는 제재는 많으나 피해기업에 대한 배상은 쉽지가 않다는 점이다. 과징금제도는 제재와 부당이득환수의 목적이 있으나 금전적으로는 부당이득을 피해자가 아닌 국가가 환수하는 구조이다. 공정거래법 위반으로 인해 피해를 입은 자가 공정거래위원회에 신고하여 가해기업에게 거액의 과징금이 부과된다 하더라도 과징금은 국고로 편입되어 버리기 때문에 피해자에 대한 배상은 별도의 민사소송을 제기하여야 한다.
>
> 그런데 민사소송은 절차가 복잡하고 시간이 많이 소요될 뿐만 아니라 미국식의 당연위법원칙, 약자에게 관대한 경향이 있는 배심원 제도, 증거개시제도(discovery) 등이 도입되어 있지 않기 때문에 경제적 약자가 경제적 강자를 상대로 소송을 제기하여 승소하는 것은 쉽지 않다. 미국에서도 사적 집행으로서의 손해배상소송이 급증한 것은 1960년대 이후이며 1977년에 절정이었는데, 당연위법원칙이나 배심원 제도 등이 주요 원인으로 지적되고 있다. 반면 1980년대 들어서는 당연위법원칙의 후퇴, 시카고학파의 영향에 따른 경제분석 강화 등으로 손해배상소송이 (㉠)
>
> 결국, 피해자의 신고 후 공정거래위원회가 조사하여 거액의 과징금을 부과한다 하더라도 피해자는 그 결과에 만족하지 못하는 경우가 생기게 되고 그렇게 되면 공정거래절차의 효용성이 크게 (㉡) 국민의 불신이 높아질 수밖에 없다. 따라서 피해자의 실질적인 구제를 위하여서는 별도의 민사소송 제기 없이 공정거래위원회의 결정에 의해 손해배상명령을 직접 내리는 것이 효율적이라는 주장이 과거에도 간헐적으로 제기되어 왔다. 하지만 이러한 제도는 외국에서도 사례를 찾아보기 어려울 뿐만 아니라 우리나라의 법체계에 있어서도 너무나 독특한 것이기 때문에 정부 안팎에서만 논의가 되었을 뿐이다.

	㉠	㉡
①	늘어났다.	떨어지고
②	늘어났다.	올라가고
③	줄어들었다.	올라가고
④	줄어들었다.	떨어지고
⑤	유지되었다.	떨어지고

 ㉠ 미국에서 손해배상소송이 급증한 것은 당연위법원칙이나 배심원 제도 때문이었는데 1980년대 들어서 당연위법원칙이 후퇴하였으므로 손해배상소송이 줄어들었다.
㉡ 가해자에게 과징금을 부과한다 하더라도 국고로 편입되기 때문에 피해자는 만족하지 못하게 되며 공정거래절차의 효용성이 크게 떨어지고 국민의 불신이 높아진다.

Answer↪ 17.① 18.④

19 다음 글의 핵심적인 논지를 바르게 정리한 것은?

주먹과 손바닥으로 상징되는 이항 대립 체계는 롤랑 바르트도 지적하고 있듯이 서구 문화의 뿌리를 이루고 있는 기본 체계이다. 천사와 악마, 영혼과 육신, 선과 악, 괴물을 죽여야 공주와 행복한 결혼을 한다는 이른바 세인트 조지 콤플렉스가 바로 서구 문화의 본질이었다고 할 수 있다. 그러니까 서양에는 이항 대립의 중간항인 가위가 결핍되어 있었던 것이다. 주먹과 보자기만 있는 대립항에서는 어떤 새로운 변화도 일어나지 않는다. 항상 이기는 보자기와 지는 주먹의 대립만이 존재한다.

서양에도 가위바위보와 같은 민속놀이가 있긴 하지만 그것은 동아시아에서 들어온 것이라고 한다. 그들은 이런 놀이를 들여옴으로써 서양 문화가 논리적 배중률이니 모순율이니 해서 극력 배제하려고 했던 가위의 힘, 말하자면 세 손가락은 닫혀 있고 두 손가락은 펴 있는 양쪽의 성질을 모두 갖춘 중간항을 발견하였다. 열려 있으면서도 닫혀 있는 가위의 존재, 그 때문에 이항 대립의 주먹과 보자기의 세계에 새로운 생기와 긴장감이 생겨난다. 주먹은 가위를 이기고 가위는 보자기를 이기며 보자기는 주먹을 이기는, 그 어느 것도 정상에 이를 수 없으며 그 어느 것도 밑바닥에 깔리지 않는 서열 없는 관계가 형성되는 것이다.

유교에서 말하는 중용(中庸)도 가위의 기호 체계로 보면 정태론이 아니라 강력한 동태적 생성력으로 해석될 수 있을 것이다. 그것은 단순한 균형이나 조화가 아니라 주먹과 보자기의 가치 시스템을 파괴하고 새로운 질서를 끌어내는 혁명의 원리라고도 볼 수 있다. 〈역경(易經)〉을 서양 사람들이 변화의 서(書)라고 부르듯이 중용 역시 변화를 전제로 한 균형이며 조화라는 것을 잊어서는 안 된다. 쥐구멍에도 볕들 날이 있다는 희망은 이와 같이 변화의 상황에서만 가능한 꿈이라고 할 수 있다.

요즘 서구에서 일고 있는 '제3의 길'이란 것은 평등과 자유가 이항 대립으로 치닫고 있는 것을 새로운 가위의 패러다임으로 바꾸려는 시도라고 풀이할 수 있다. 지난 냉전 체제는 바로 정치 원리인 평등을 극단적으로 추구하는 구소련의 체제와 경제 원리인 자유를 극대화한 미국 체제의 충돌이었다고 할 수 있다. 이 '바위-보'의 대립 구조에 새로운 가위가 끼어들면서 구소련은 붕괴하고 자본주의는 승리라기보다 새로운 패러다임의 전환점에 서 있게 된 것이다. 새 천년의 21세기는 새로운 게임, 즉 가위바위보의 게임으로 상징된다고도 볼 수 있다. 화식과 생식의 요리 모델밖에 모르는 서구 문화에 화식(火食)도 생식(生食)도 아닌 발효식의 한국 김치가 들어가게 되면 바로 그러한 가위 문화가 생겨나게 되는 것이다.

역사학자 홉스봄의 지적대로 20세기는 극단의 시대였다. 이런 대립적인 상황이 열전이나 냉전으로 나타나 1억 8천만 명의 전사자를 낳는 비극을 만들었다. 전쟁만이 아니라 정신과 물질의 양극화로 환경은 파괴되고 세대의 갈등과 양성의 대립은 가족의 붕괴, 윤리의 붕괴를 일으키고 있다. 원래 예술과 기술은 같은 것이었으나 그것이 양극화되어 이상과 현실의 간극처럼 되고 인간 생활의 균형을 깨뜨리고 말았다. 이런 위기에서 벗어나기 위해 우리는 주먹과 보자기의 대립을 조화시키고 융합하는 방법을 찾아야 할 것이다.

① 예술과 기술의 조화를 이룬 발전을 이루어야 한다.

② 미래의 사회는 자유와 평등을 함께 구현하여야 한다.

③ 동양 문화의 장점을 살려 새로운 문화를 창조해야 한다.

④ 이분법적인 사고에서 벗어나 새로운 발상을 하여야 한다.

⑤ 냉전 시대의 해체로 화합과 조화의 자세가 요구되고 있다.

 ④ 이분법적인 사고를 바탕으로 한 이항 대립의 한계(서구 문화)를 극복하고, 새로운 패러다임(중간항의 존재)으로 전환해야 한다는 논지를 전개하고 있다.

20 다음은 은행을 사칭한 대출 주의 안내문이다. 이에 대한 설명으로 옳지 않은 것은?

> **항상 OO은행을 이용해 주시는 고객님께 감사드립니다.**
>
> 최근 OO은행을 사칭하면서 대출 협조문이 Fax로 불특정 다수에게 발송되고 있어 각별한 주의가 요망됩니다. OO은행은 절대로 Fax를 통해 대출 모집을 하지 않으니 아래의 Fax 발견시 즉시 폐기하시기 바랍니다.
>
> > 아래 내용을 검토하시어 자금문제로 고민하는 대표이하 직원 여러분들에게 저의 은행의 금융정보를 공유할 수 있도록 업무협조 부탁드립니다.
> >
> > 수신 : 직장인 및 사업자
> > 발신 : OO은행 여신부
> > 여신상담전화번호 : 070-xxxx-xxxx
> >
> > | 대상 | 직장인 및 개인/법인 사업자 |
> > |---|---|
> > | 금리 | 개인신용등급적용 (최저 4.8~) |
> > | 연령 | 만 20세~만 60세 |
> > | 상환 방식 | 1년만기일시상환, 원리금균등분할상환 |
> > | 대출 한도 | 100만원~1억원 |
> > | 대출 기간 | 12개월~최장 60개월까지 설정가능 |
> > | 서류 안내 | 공통서류 – 신분증
직장인 – 재직, 소득서류
사업자 – 사업자 등록증, 소득서류 |
>
> ※ 기타사항
> • 본 안내장의 내용은 법률 및 관련 규정 변경시 일부 변경될 수 있습니다.
> • 용도에 맞지 않을 시, 연락 주시면 수신거부 처리 해드리겠습니다.
>
> 현재 OO은행을 사칭하여 문자를 보내는 불법업체가 기승입니다. OO은행에서는 본 안내장 외엔 문자를 발송치 않으니 이점 유의하시어 대처 바랍니다.

① Fax 수신문에 의하면 최대 대출 한도는 1억원까지이다.
② Fax로 수신되는 대출 협조문은 OO은행에서 보낸 것이 아니다.
③ 대출 주의 안내문은 수신거부 처리가 가능하다.
④ Fax로 수신되는 대출 협조문은 즉시 폐기하여야 한다.
⑤ OO은행에서는 대출 협조문을 문자로 발송한다.

(Tip) ⑤ OO은행에서는 본 안내장 외엔 문자를 발송하지 않는다.

21 다음은 고령화 시대의 노인 복지 문제라는 제목으로 글을 쓰기 위해 수집한 자료이다. 자료를 모두 종합하여 설정할 수 있는 논지 전개 방향으로 가장 적절한 것은?

㉠ 노령화 지수 추이(통계청)

연도	1990	2000	2010	2020	2030
노령화 지수	20.0	34.3	62.0	109.0	186.6

※ 노령화 지수 : 유년인구 100명당 노령인구

㉡ 경제 활동 인구 한 명당 노인 부양 부담이 크게 증가할 것으로 예상된다. 노인 인구에 대한 의료비 증가로 건강 보험 재정도 위기 상황에 처할 수 있을 것으로 보인다. 향후 노인 요양 시설 및 재가(在家) 서비스를 위해 부담해야 할 투자비용도 막대하다.

– 00월 00일 ○○뉴스 중

㉢ 연금 보험이나 의료 보험 같은 혜택도 중요하지만 우리 같은 노인이 경제적으로 독립할 수 있도록 일자리를 만들어 주는 것이 더 중요한 것 같습니다.

– 정년 퇴직자의 인터뷰 중 –

---

① 노인 인구의 증가 속도에 맞춰 노인 복지 예산 마련이 시급한 상황이다. 노인 복지 예산을 마련하기 위한 구체적 방안은 무엇인가?

② 노인 인구의 급격한 증가로 여러 가지 사회 문제가 나타날 것으로 예상된다. 이러한 상황의 심각성을 사람들에게 어떻게 인식시킬 것인가?

③ 노인 인구의 증가가 예상되면서 노인 복지 대책 또한 절실히 요구되고 있다. 이러한 상황에서 노인 복지 정책의 바람직한 방향은 무엇인가?

④ 노인 인구가 증가하면서 노인 복지 정책에 대한 노인들의 불만도 높아지고 있다. 이러한 불만을 해소하기 위해서 정부는 어떠한 노력을 해야 하는가?

⑤ 현재 정부의 노인 복지 정책이 마련되어 있기는 하지만 실질적인 복지 혜택으로 이어지지 않고 있다. 이러한 현상이 나타나게 된 근본 원인은 무엇인가?

Tip ㉠㉡을 통해 노인인구 증가에 대한 문제제기를 제기하고, ㉢을 통해 노인 복지 정책의 바람직한 방향을 금전적인 복지보다는 경제적인 독립, 즉 일자리 창출 등으로 잡아야 한다고 논지를 전개해야 한다.

22 다음은 라디오 대담의 일부이다. 대담 참여자의 말하기 방식에 대한 설명으로 적절하지 않은 것은?

> 진행자 : 청취자 여러분, 안녕하세요. 오늘은 ○○ 법률 연구소에 계신 법률 전문가를 모시고 생활 법률 상식을 배워보겠습니다. 안녕하세요?
>
> 전문가 : 네, 안녕하세요. 오늘은 '정당행위'에 대해 말씀드리고자 합니다. 먼저 여러분께 문제 하나 내 보겠습니다. 만약 스파이더맨이 도시를 파괴하려는 악당들과 싸우다 남의 건물을 부쉈다면, 부서진 건물은 누가 배상해야 할까요?
>
> 진행자 : 일반적인 경우라면 건물을 부순 사람이 보상해야겠지만, 이런 경우에 정의를 위해 악당과 싸운 스파이더맨에게 보상을 요구하는 것은 좀 지나친 것 같습니다.
>
> 전문가 : 청취자 여러분들도 이와 비슷한 생각을 하실 것 같은데요, 이런 경우에는 스파이더맨의 행위를 악당으로부터 도시를 지키기 위한 행위로 보고 민법 761조 1항에 의해 배상책임을 면할 수 있도록 하고 있습니다. 이때 스파이더맨의 행위를 '정당행위'라고 합니다.
>
> 진행자 : 아, 그러니까 악당으로부터 도시를 지키기 위해 싸운 스파이더맨의 행위가 '정당행위'이고, 정당행위로 인한 부득이한 손해는 배상할 필요가 없다는 뜻이군요.
>
> 전문가 : 네, 맞습니다. 그래야 스파이더맨의 경우처럼 불의를 보고 나섰다가 오히려 손해를 보는 일이 없겠죠.
>
> 진행자 : 그런데 문득 이런 의문이 드네요. 만약 스파이더맨에게 배상을 받을 수 없다면 건물 주인은 누구에게 배상을 받을 수 있을까요?
>
> 전문가 : 그래서 앞서 말씀드린 민법 동일 조항에서는 정당행위로 인해 손해를 입은 사람이 애초에 불법행위를 저질러 손해의 원인을 제공한 사람에게 배상을 청구할 수 있도록 하고 있습니다. 즉 건물 주인은 악당에게 손해배상을 청구할 수 있습니다.

① 진행자는 화제와 관련된 질문을 던지며 대담을 진전시키고 있다.
② 진행자는 전문가가 한 말의 핵심 내용을 재확인함으로써 청취자들의 이해를 돕고 있다.
③ 전문가는 청취자가 관심을 가질 질문을 던져 화제에 집중도를 높이고 있다.
④ 전문가는 구체적인 법률 근거를 제시하여 신뢰성을 높이고 있다.
⑤ 전문가는 추가적인 정보를 제시함으로써 진행자의 오해를 바로 잡고 있다.

 제시문은 라디오 대담 상황으로, 진행자와 전문가의 대담을 통해 '정당행위'의 개념과 배상책임 면제에 관한 법리를 쉽게 설명해 주고 있다. 전문가는 마지막 말에서 추가적인 정보를 제시하고 있지만 그것을 통해 진행자의 오해를 바로잡고 있는 것은 아니다.

23 문화체육관광부 홍보팀에 근무하는 김문화씨는 '탈춤'에 관한 영상물을 제작하는 프로젝트를 맡게
되었다. 제작계획서 중 다음의 제작 회의 결과가 제대로 반영되지 않은 것은?

- 제목 : 탈춤 체험의 기록임이 나타나도록 표현
- 주 대상층 : 탈춤에 무관심한 젊은 세대
- 내용 : 실제 경험을 통해 탈춤을 알아가고 가까워지는 과정을 보여 주는 동시에 탈춤에
  대한 정보를 함께 제공
- 구성 : 간단한 이야기 형식으로 구성
- 전달방식 : 정보들을 다양한 방식으로 전달

〈제작계획서〉			
제목	'기획 특집 – 탈춤 속으로 떠나는 10일간의 여행'		①
제작 의도	젊은 세대에게 우리 고유의 문화유산인 탈춤에 대한 관심을 불러 일으킨다.		②
전체 구성	중심 얼개	• 대학생이 우리 문화 체험을 위해 탈춤이 전승되는 마을을 찾아 가는 상황을 설정한다. • 탈춤을 배우기 시작하여 마지막 날에 공연으로 마무리한다는 줄 거리로 구성한다.	③
	보조 얼개	탈춤에 대한 정보를 별도로 구성하여 중간 중간에 삽입한다.	
전달 방식	해설	내레이션을 통해 탈춤에 대한 학술적 이견들을 깊이 있게 제시하 여 탈춤에 조예가 깊은 시청자들의 흥미를 끌도록 한다.	④
	영상 편집	• 탈에 대한 정보를 시각 자료로 제시한다. • 탈춤의 종류, 지역별 탈춤의 특성 등에 대한 그래픽 자료를 보 여 준다. • 탈춤 연습 과정과 공연 장면을 현장감 있게 보여 준다.	⑤

 ④ 해당 영상물의 제작 의도는 탈춤에 무관심한 젊은 세대를 대상으로 하여 우리 고유의
문화유산인 탈춤에 대한 관심을 불러일으키기 위한 것이다. 따라서 탈춤에 대한 학술적 이
견들을 깊이 있게 제시하는 것은 제작 의도와 맞지 않는다.

┃24~25┃ 다음은 어느 공항의 〈교통약자 공항이용안내〉의 일부이다. 이를 읽고 물음에 답하시오.

패스트트랙

- Fast Track을 이용하려면 교통약자(보행장애인, 7세 미만 유소아, 80세 이상 고령자, 임산부, 동반 여객 2인 포함)는 본인이 이용하는 항공사의 체크인카운터에서 이용대상자임을 확인 받고 'Fast Track Pass'를 받아 Fast Track 전용출국장인 출국장 1번, 6번 출국장입구에서 여권과 함께 제시하면 됩니다.
- 인천공항 동편 전용출국통로(Fast Track, 1번 출국장), 오전7시 ~ 오후7시까지 운영 중이며, 운영 상의 미비점을 보완하여 정식운영(동·서편, 전 시간 개장)을 개시할 예정에 있습니다.

휠체어 및 유모차 대여

공항 내 모든 안내데스크에서 휠체어 및 유모차를 필요로 하는 분께 무료로 대여하여 드리고 있습니다.

장애인 전용 화장실

- 여객터미널 내 화장실마다 최소 1실의 장애인 전용화장실이 있습니다.
- 장애인분들의 이용 편의를 위하여 넓은 출입구와 내부공간, 버튼식자동문, 비상벨, 센서작동 물내림 시설을 설치하였으며 항상 깨끗하게 관리하여 편안한 공간이 될 수 있도록 하고 있습니다.

주차대행 서비스

- 공항에서 허가된 주차대행 서비스(유료)를 이용하시면 보다 편리하고 안전하게 차량을 주차하실 수 있습니다.
- 경차, 장애인, 국가유공자의 경우 할인된 금액으로 서비스를 이용하실 수 있습니다.

장애인 주차 요금 할인

주차장 출구의 유인부스를 이용하는 장애인 차량은 장애인증을 확인 후 일반주차요금의 50%를 할인 하여 드리고 있습니다.

휠체어 리프트 서비스

- 장기주차장에서 여객터미널까지의 이동이 불편한 장애인, 노약자 등 교통약자의 이용 편의 증진을 위해 무료 이동 서비스를 제공하여 드리고 있습니다.
- 여객터미널↔장기주차장, 여객터미널↔화물터미널행의 모든 셔틀버스에 휠체어 탑승리프트를 설치, 편안하고 안전하게 모시고 있습니다.

24 다음 교통약자를 위한 서비스 중 무료로 이용할 수 있는 서비스만으로 묶인 것은?

① 주차대행 서비스, 장애인 전용 화장실 이용

② 장애인 차량 주차, 휠체어 및 유모차 대여

③ 휠체어 및 유모차 대여, 휠체어 리프트 서비스

④ 휠체어 및 유모차 대여, 주차대행 서비스

⑤ 장애인 차량 주차, 휠체어 리프트 서비스

 ①④ 주차대행 서비스가 유료이다.
②⑤ 장애인 차량은 장애인증 확인 후 일반주차요금의 50%가 할인된다.

25 Fast Track 이용 가능한 교통약자가 아닌 사람은?

① 80세 고령자　　　　　　　　② 임산부

③ 보행장애인　　　　　　　　　④ 8세 아동

⑤ 6세 유아

Fast Track 이용 가능한 교통약자는 보행장애인, 7세 미만 유소아, 80세 이상 고령자, 임산부, 동반여객 2인이다.

02 문제해결능력

---

1 **문제와 문제해결**

(1) 문제의 정의와 분류

① 정의 … 문제란 업무를 수행함에 있어서 답을 요구하는 질문이나 의논하여 해결해야 되는 사항이다.

② 문제의 분류

구분	창의적 문제	분석적 문제
문제제시 방법	현재 문제가 없더라도 보다 나은 방법을 찾기 위한 문제 탐구→문제 자체가 명확하지 않음	현재의 문제점이나 미래의 문제로 예견될 것에 대한 문제 탐구→문제 자체가 명확함
해결방법	창의력에 의한 많은 아이디어의 작성을 통해 해결	분석, 논리, 귀납과 같은 논리적 방법을 통해 해결
해답 수	해답의 수가 많으며, 많은 답 가운데 보다 나은 것을 선택	답의 수가 적으며 한정되어 있음
주요특징	주관적, 직관적, 감각적, 정성적, 개별적, 특수성	객관적, 논리적, 정량적, 이성적, 일반적, 공통성

(2) 업무수행과정에서 발생하는 문제 유형

① 발생형 문제(보이는 문제) … 현재 직면하여 해결하기 위해 고민하는 문제이다. 원인이 내재되어 있기 때문에 원인지향적인 문제라고도 한다.
  ㉠ 일탈문제 : 어떤 기준을 일탈함으로써 생기는 문제
  ㉡ 미달문제 : 어떤 기준에 미달하여 생기는 문제

② 탐색형 문제(찾는 문제) … 현재의 상황을 개선하거나 효율을 높이기 위한 문제이다. 방치할 경우 큰 손실이 따르거나 해결할 수 없는 문제로 나타나게 된다.
  ㉠ 잠재문제 : 문제가 잠재되어 있어 인식하지 못하다가 확대되어 해결이 어려운 문제
  ㉡ 예측문제 : 현재로는 문제가 없으나 현 상태의 진행 상황을 예측하여 찾아야 앞으로 일어날 수 있는 문제가 보이는 문제
  ㉢ 발견문제 : 현재로서는 담당 업무에 문제가 없으나 선진기업의 업무 방법 등 보다 좋은 제도나 기법을 발견하여 개선시킬 수 있는 문제

③ 설정형 문제(미래 문제) ··· 장래의 경영전략을 생각하는 것으로 앞으로 어떻게 할 것인가 하는 문제이다. 문제해결에 창조적인 노력이 요구되어 창조적 문제라고도 한다.

예제 1

D회사 신입사원으로 입사한 귀하는 신입사원 교육에서 업무수행과정에서 발생하는 문제 유형 중 설정형 문제를 하나씩 찾아오라는 지시를 받았다. 이에 대해 귀하는 교육받은 내용을 다시 복습하려고 한다. 설정형 문제에 해당하는 것은?

① 현재 직면하여 해결하기 위해 고민하는 문제
② 현재의 상황을 개선하거나 효율을 높이기 위한 문제
③ 앞으로 어떻게 할 것인가 하는 문제
④ 원인이 내재되어 있는 원인지향적인 문제

[출제의도]
업무수행 중 문제가 발생하였을 때 문제 유형을 구분하는 능력을 측정하는 문항이다.
[해설]
업무수행과정에서 발생하는 문제 유형으로는 발생형 문제, 탐색형 문제, 설정형 문제가 있으며 ①④는 발생형 문제이며 ②는 탐색형 문제, ③이 설정형 문제이다.

답 ③

---

(3) 문제해결

① **정의** ··· 목표와 현상을 분석하고 이 결과를 토대로 과제를 도출하여 최적의 해결책을 찾아 실행 · 평가해 가는 활동이다.

② **문제해결에 필요한 기본적 사고**
   ㉠ **전략적 사고** : 문제와 해결방안이 상위 시스템과 어떻게 연결되어 있는지를 생각한다.
   ㉡ **분석적 사고** : 전체를 각각의 요소로 나누어 그 의미를 도출하고 우선순위를 부여하여 구체적인 문제해결방법을 실행한다.
   ㉢ **발상의 전환** : 인식의 틀을 전환하여 새로운 관점으로 바라보는 사고를 지향한다.
   ㉣ **내 · 외부자원의 활용** : 기술, 재료, 사람 등 필요한 자원을 효과적으로 활용한다.

③ **문제해결의 장애요소**
   ㉠ 문제를 철저하게 분석하지 않는 경우
   ㉡ 고정관념에 얽매이는 경우
   ㉢ 쉽게 떠오르는 단순한 정보에 의지하는 경우
   ㉣ 너무 많은 자료를 수집하려고 노력하는 경우

④ 문제해결방법

    ㉠ **소프트 어프로치** : 문제해결을 위해서 직접적인 표현보다는 무언가를 시사하거나 암시를 통하여 의사를 전달하여 문제해결을 도모하고자 한다.

    ㉡ **하드 어프로치** : 상이한 문화적 토양을 가지고 있는 구성원을 가정하고, 서로의 생각을 직설적으로 주장하고 논쟁이나 협상을 통해 서로의 의견을 조정해 가는 방법이다.

    ㉢ **퍼실리테이션(facilitation)** : 촉진을 의미하며 어떤 그룹이나 집단이 의사결정을 잘 하도록 도와주는 일을 의미한다.

2 문제해결능력을 구성하는 하위능력

(1) 사고력

① **창의적 사고** … 개인이 가지고 있는 경험과 지식을 통해 새로운 가치 있는 아이디어를 산출하는 사고능력이다.

    ㉠ 창의적 사고의 특징

       • 정보와 정보의 조합

       • 사회나 개인에게 새로운 가치 창출

       • 창조적인 가능성

| 예제 2

M사 홍보팀에서 근무하고 있는 귀하는 입사 5년차로 창의적인 기획안을 제출하기로 유명하다. S부장은 이번 신입사원 교육 때 귀하에게 창의적인 사고란 무엇인지 교육을 맡아달라고 부탁하였다. 창의적인 사고에 대한 귀하의 설명으로 옳지 않은 것은?

① 창의적인 사고는 새롭고 유용한 아이디어를 생산해 내는 정신적인 과정이다.

② 창의적인 사고는 특별한 사람들만이 할 수 있는 대단한 능력이다.

③ 창의적인 사고는 기존의 정보들을 특정한 요구조건에 맞거나 유용하도록 새롭게 조합시킨 것이다.

④ 창의적인 사고는 통상적인 것이 아니라 기발하거나, 신기하며 독창적인 것이다.

[출제의도]
창의적 사고에 대한 개념을 정확히 파악하고 있는지를 묻는 문항이다.
[해설]
흔히 사람들은 창의적인 사고에 대해 특별한 사람들만이 할 수 있는 대단한 능력이라고 생각하지만 그리 대단한 능력이 아니며 이미 알고 있는 경험과 지식을 해체하여 다시 새로운 정보로 결합하여 가치 있는 아이디어를 산출하는 사고라고 할 수 있다.

답 ②

ⓒ 발산적 사고 : 창의적 사고를 위해 필요한 것으로 자유연상법, 강제연상법, 비교발상법 등을 통해 개발할 수 있다.

구분	내용
자유연상법	생각나는 대로 자유롭게 발상 ex) 브레인스토밍
강제연상법	각종 힌트에 강제적으로 연결 지어 발상 ex) 체크리스트
비교발상법	주제의 본질과 닮은 것을 힌트로 발상 ex) NM법, Synectics

Point 》 브레인스토밍
  ㉠ 진행방법
    • 주제를 구체적이고 명확하게 정한다.
    • 구성원의 얼굴을 볼 수 있는 좌석 배치와 큰 용지를 준비한다.
    • 구성원들의 다양한 의견을 도출할 수 있는 사람을 리더로 선출한다.
    • 구성원은 다양한 분야의 사람들로 5~8명 정도로 구성한다.
    • 발언은 누구나 자유롭게 할 수 있도록 하며, 모든 발언 내용을 기록한다.
    • 아이디어에 대한 평가는 비판해서는 안 된다.
  ㉡ 4대 원칙
    • 비판엄금(Support) : 평가 단계 이전에 결코 비판이나 판단을 해서는 안 되며 평가는 나중까지 유보한다.
    • 자유분방(Silly) : 무엇이든 자유롭게 말하고 이런 바보 같은 소리를 해서는 안 된다는 등의 생각은 하지 않아야 한다.
    • 질보다 양(Speed) : 질에는 관계없이 가능한 많은 아이디어들을 생성해내도록 격려한다.
    • 결합과 개선(Synergy) : 다른 사람의 아이디어에 자극되어 보다 좋은 생각이 떠오르고, 서로 조합하면 재미있는 아이디어가 될 것 같은 생각이 들면 즉시 조합시킨다.

② 논리적 사고 … 사고의 전개에 있어 전후의 관계가 일치하고 있는가를 살피고 아이디어를 평가하는 사고능력이다.

  ㉠ 논리적 사고를 위한 5가지 요소 : 생각하는 습관, 상대 논리의 구조화, 구체적인 생각, 타인에 대한 이해, 설득

  ㉡ 논리적 사고 개발 방법

    • 피라미드 구조 : 하위의 사실이나 현상부터 사고하여 상위의 주장을 만들어가는 방법
    • so what기법 : '그래서 무엇이지?'하고 자문자답하여 주어진 정보로부터 가치 있는 정보를 이끌어 내는 사고 기법

③ 비판적 사고 … 어떤 주제나 주장에 대해서 적극적으로 분석하고 종합하며 평가하는 능동적인 사고이다.

  ㉠ 비판적 사고 개발 태도 : 비판적 사고를 개발하기 위해서는 지적 호기심, 객관성, 개방성, 융통성, 지적 회의성, 지적 정직성, 체계성, 지속성, 결단성, 다른 관점에 대한 존중과 같은 태도가 요구된다.

ⓛ 비판적 사고를 위한 태도
- 문제의식 : 비판적인 사고를 위해서 가장 먼저 필요한 것은 바로 문제의식이다. 자신이 지니고 있는 문제와 목적을 확실하고 정확하게 파악하는 것이 비판적인 사고의 시작이다.
- 고정관념 타파 : 지각의 폭을 넓히는 일은 정보에 대한 개방성을 가지고 편견을 갖지 않는 것으로 고정관념을 타파하는 일이 중요하다.

(2) 문제처리능력과 문제해결절차

① 문제처리능력 … 목표와 현상을 분석하고 이를 토대로 문제를 도출하여 최적의 해결책을 찾아 실행·평가하는 능력이다.

② 문제해결절차 … 문제 인식 → 문제 도출 → 원인 분석 → 해결안 개발 → 실행 및 평가
ⓞ 문제 인식 : 문제해결과정 중 'waht'을 결정하는 단계로 환경 분석 → 주요 과제 도출 → 과제 선정의 절차를 통해 수행된다.
- 3C 분석 : 환경 분석 방법의 하나로 사업환경을 구성하고 있는 요소인 자사(Company), 경쟁사(Competitor), 고객(Customer)을 분석하는 것이다.

┃ 예제 3

L사에서 주력 상품으로 밀고 있는 TV의 판매 이익이 감소하고 있는 상황에서 귀하는 B부장으로부터 3C분석을 통해 해결방안을 강구해 오라는 지시를 받았다. 다음 중 3C에 해당하지 않는 것은?

① Customer
② Company
③ Competitor
④ Content

[출제의도]
3C의 개념과 구성요소를 정확히 숙지하고 있는지를 측정하는 문항이다.
[해설]
3C 분석에서 사업 환경을 구성하고 있는 요소인 자사(Company), 경쟁사(Competitor), 고객을 3C(Customer)라고 한다. 3C 분석에서 고객 분석에서는 '고객은 자사의 상품·서비스에 만족하고 있는지를, 자사 분석에서는 '자사가 세운 달성목표와 현상 간에 차이가 없는지를 경쟁사 분석에서는 '경쟁기업의 우수한 점과 자사의 현상과 차이가 없는지'에 대한 질문을 통해서 환경을 분석하게 된다.

답 ④

- SWOT 분석 : 기업내부의 강점과 약점, 외부환경의 기회와 위협요인을 분석·평가하여 문제해결 방안을 개발하는 방법이다.

		내부환경요인	
		강점(Strengths)	약점(Weaknesses)
외부환경요인	기회 (Opportunities)	SO 내부강점과 외부기회 요인을 극대화	WO 외부기회를 이용하여 내부약점을 강점으로 전환
	위협 (Threat)	ST 외부위협을 최소화하기 위해 내부 강점을 극대화	WT 내부약점과 외부위협을 최소화

ⓛ 문제 도출 : 선정된 문제를 분석하여 해결해야 할 것이 무엇인지를 명확히 하는 단계로, 문제 구조 파악 → 핵심 문제 선정 단계를 거쳐 수행된다.

- Logic Tree : 문제의 원인을 파고들거나 해결책을 구체화할 때 제한된 시간 안에서 넓이와 깊이를 추구하는데 도움이 되는 기술로 주요 과제를 나무모양으로 분해·정리하는 기술이다.

ⓒ 원인 분석 : 문제 도출 후 파악된 핵심 문제에 대한 분석을 통해 근본 원인을 찾는 단계로 Issue 분석 → Data 분석 → 원인 파악의 절차로 진행된다.

ⓔ 해결안 개발 : 원인이 밝혀지면 이를 효과적으로 해결할 수 있는 다양한 해결안을 개발하고 최선의 해결안을 선택하는 것이 필요하다.

ⓜ 실행 및 평가 : 해결안 개발을 통해 만들어진 실행계획을 실제 상황에 적용하는 활동으로 실행계획 수립 → 실행 → Follow-up의 절차로 진행된다.

예제 4

C사는 최근 국내 매출이 지속적으로 하락하고 있어 사내 분위기가 심상치 않다. 이에 대해 Y부장은 이 문제를 극복하고자 문제처리 팀을 구성하여 해결방안을 모색하도록 지시하였다. 문제처리 팀의 문제해결 절차를 올바른 순서로 나열한 것은?

① 문제 인식 → 원인 분석 → 해결안 개발 → 문제 도출 → 실행 및 평가
② 문제 도출 → 문제 인식 → 해결안 개발 → 원인 분석 → 실행 및 평가
③ 문제 인식 → 원인 분석 → 문제 도출 → 해결안 개발 → 실행 및 평가
④ 문제 인식 → 문제 도출 → 원인 분석 → 해결안 개발 → 실행 및 평가

[출제의도]
실제 업무 상황에서 문제가 일어났을 때 해결 절차를 알고 있는지를 측정하는 문항이다.
[해설]
일반적인 문제해결절차는 '문제 인식 → 문제 도출 → 원인 분석 → 해결안 개발 → 실행 및 평가로 이루어진다.

답 ④

02 출제예상문제

1 국내 대학(원) 재학생 학자금 대출 조건이 다음과 같을 때, 옳지 않은 것은? (단, 甲~丁은 국내 대학(원)의 재학생이다)

〈국내 대학(원) 재학생 학자금 대출 조건〉

구분		X학자금 대출	Y학자금 대출
신청 대상	신청연령	35세 이하	55세 이하
	성적기준	직전 학기 12학점 이상 이수 및 평균 C학점 이상 (단, 장애인, 졸업학년인 경우 이수학점 기준 면제)	직전 학기 12학점 이상 이수 및 평균 C학점 이상 (단, 대학원생, 장애인, 졸업학년인 경우 이수학점 기준 면제)
	가구 소득기준	소득 1~8분위	소득 9, 10분위
	신용요건	제한 없음	금융채무불이행자, 저신용자 대출 불가
대출 한도	등록금	학기당 소요액 전액	학기당 소요액 전액
	생활비	학기당 150만 원	학기당 100만 원
상환 사항	상환 방식 (졸업 후)	• 기준소득을 초과하는 소득 발생 이전 : 유예 • 기준소득을 초과하는 소득 발생 이후 : 기준소득 초과분의 20%를 원천 징수	• 졸업 직후 매월 상환 • 원금균등분할상환과 원리금균등분할상환 중 선택

① 35세로 소득 9분위인 대학원생 甲이 직전 학기에 10학점을 이수하여 평균 B학점을 받았을 경우 Y학자금 대출을 받을 수 있다.

② 丁은 졸업 후 3년간 기준소득을 초과하는 소득이 발생하지 않았으나 학자금 대출금을 매월 상환하고 있다면 乙은 Y학자금 대출을 받았을 것이다.

③ 50세로 소득 9분위인 대학생 丙(장애인)은 신용 요건에 관계없이 Y학자금 대출을 받을 수 있다.

④ 대출금액이 동일하고 졸업 이전 기준소득을 초과하는 소득이 발생되었다고 해도 X학자금 대출과 Y학자금 대출을 상환의무가 발생하지 않는다.

⑤ X학자금 대출 대상이 된 丁의 한 학기 등록금이 300만 원일 때, 한 학기당 최대 450만 원을 대출받을 수 있다.

 ③ Y학자금 대출은 장애인일 경우 이수학점 기준은 면제되지만 신용요건은 충족해야하므로 丙이 금융채무불이행자, 저신용자일 경우 대출이 불가능하다.
① 35세로 소득 9분위인 대학원생 甲은 이수학점 기준 면제대상으로 Y학자금 대출을 받을 수 있다.
② 기준소득에 상관없이 졸업직후 대출금을 상환하는 방식은 Y학자금 대출이다.
④ X학자금 대출과 Y학자금 대출의 상환 방식은 졸업 후에 행하는 것으로 졸업 이전에는 상환의무가 발생하지 않는다.
⑤ 丁은 한 학기 소요액 전액인 300만원과 생활비 150만 원으로 총 450만 원을 대출 대출받을 수 있다.

2 다음 글을 근거로 판단할 때 옳지 않은 것은?

□□학과는 지망자 5명(A~E) 중 한 명을 교환학생으로 추천하기 위하여 각각 5회의 평가를 실시하고, 그 결과에 바탕을 둔 추첨을 하기로 했다. 평가 및 추첨 방식과 현재까지 진행된 평가 결과는 아래와 같다.

- 매 회 100점 만점으로 10점 단위의 점수를 매기며, 100점을 얻은 지망자에게는 5장의 카드, 90점을 얻은 지망자에게는 2장의 카드, 80점을 얻은 지망자에게는 1장의 카드를 부여한다. 70점 이하를 얻은 지망자에게는 카드를 부여하지 않는다.
- 5회 평가 이후 각 지망자는 자신이 받은 모든 카드에 본인의 이름을 적고, 추첨함에 넣는다. 다만 5번의 평가의 총점이 400점 미만인 지망자는 본인의 카드를 추첨함에 넣지 못한다.
- □□학과장은 추첨함에서 한 장의 카드를 무작위로 뽑아 카드에 이름이 적힌 지망자를 □□학과의 교환학생으로 추천한다.

구분	1회	2회	3회	4회	5회
A	90	90	90	90	
B	80	80	70	70	
C	90	70	90	70	
D	70	70	70	70	
E	80	80	90	80	

① 5회에서 B만 100점을 받는다고 해도 A가 5회에서 50점 이상 점수를 받는다면 A보다 추천될 확률이 낮다.

② C가 5회에서 90점만 받아도 E보다 추천될 확률이 높아진다.

③ D는 5회 평가 점수와 관계없이 추첨함에 카드를 넣지 못한다.

④ 5회에 모두가 같은 점수를 받는다면 A가 추천될 확률이 가장 높다.

⑤ 각 회마다 1~3등에게 3~1장의 카드를 주고 동점자에게도 같은 수의 카드를 준다고 해도 4회까지 카드의 수가 가장 적은 사람은 변하지 않는다.

② C와 E는 4회까지 4장, 5장의 카드를 확보했다. C가 5회차에 2장의 카드를 추가하게 되면 6장으로 4회의 E보다는 카드가 많지만 E가 5회차에 80점 이상의 점수를 획득할 경우 E의 카드는 6장 이상이 되므로 C가 E보다 추천될 확률이 높다고 할 수 없다.

① 5회에서 B만 100점을 받아 5장의 카드를 받아도 B의 총 카드는 7장이며, A는 5회에 카드를 받지 못하더라도 이미 8장의 카드를 확보하고 있어 40점 이상 점수를 받아 총점이 400점만 넘으면 B보다 추천될 확률이 높다.

③ D는 5회 점수와 상관없이 총점이 400점을 넘지 못하여 추첨함에 카드를 넣을 수 없다.

④ 5회에 모두 같은 점수를 받는다면 전원이 추가되는 카드 수가 같으므로 4회까지 획득한 카드의 수가 가장 많은 A가 추천될 확률이 가장 높다.

⑤ 원래 방식을 따라도 D가 0장으로 카드 수가 가장 적고, 변경된 방식을 따라도 5장으로 가장 적은 카드를 받게 된다.

3 다음은 ◇◇통신사의 VIP혜택이 다음과 같고 甲은 다음의 혜택을 항상 최대로 이용하며 무료 예매혜택을 우선적으로 사용하였다. 甲은 항상 엄마와 함께 영화를 보며 지난해 총 13회 영화 관람을 했는데 7월과 9월에는 영화를 보지 못하였고 하반기에 한 달에 두 번 영화관을 찾은 달은 1번 뿐이었다. 지난해 甲이 영화예매에 사용한 총액은 얼마인가? 단, 엄마는 통신사의 회원이 아니며 모든 비용은 甲이 지불하였다.(성인 영화 티켓은 모든 영화관에서 12,000원이다.)

〈VIP혜택〉
- 연 6회 무료(VIP 무료 영화 혜택 월 1회 1매 제한)
- 6회 소진 후 영화관 별 별도 할인 혜택 참여 가능

〈이용가능 극장〉
가나 시네마, 다라 시네마, 마바 시네마

〈상세안내〉
- 통신사 홈페이지 또는 App에서 예매시(마바 시네마 홈페이지 가능)
- 중복 할인 제외, 특별관 및 특별 컨텐츠 제외
- T멤버십 홈페이지/App에서 VIP무료 예매 시, 예매수수료 무료
- VIP 무료 예매에 한하여 예매수수료는 없으며, 그 외 일반 예매는 1매당 500원 부과
  - VIP 무료 1장+일반 예매 1장 시, VIP무료 1장의 예매수수료는 무료, 일반 예매 1장은 500원 일반결제
- 영화 예매 1일 예매 한도 (무료예매 이외 혜택)
- 가나 시네마 : 1일 2매 1천원 할인(일 무제한)
- 다라 시네마 : 무료 예매 비이용 달 3천원 할인(월 2회, 일 1매)
- 마바 시네마 : 1매당 2천원 할인(일 최대 1매 가능)
- 예매 취소 수수료 무료
- 예매 가능 좌석은 멤버십 VIP회원용 좌석으로 극장 별 홈페이지와는 다를 수 있음
- 일부 상영시간의 경우 영화관 요청에 따라 표기되지 않을 수 있음

---

① 189,000
② 192,000
③ 207,000
④ 219,000
⑤ 224,000

> **Tip** 甲은 상반기에 무료영화 혜택을 모두 사용하였으므로, 1~6월 동안 마바 시네마를 이용하여 어머니의 티켓을 구매하는 것이 가장 저렴하다. −10,500×6=63,000원
> 또한 1~6월 동안 2회 더 영화를 관람했으므로 가나 시네마, 마바 시네마 이용 시 두 사람은 총 2,000원의 할인 혜택을 받을 수 있다. −(12,500+12,500−2,000)×2=46,000원
> 하반기에는 총 5회 영화를 관람하였고 다라 시네마를 이용해 3,000원의 할인 혜택을 받을 수 있다. −(12,500+12,500−3000)×5=110,000원

Answer↪ 2.② 3.④

4 다음은 T센터 대강당 사용과 관련한 안내문이다. 이를 참고할 때, 다음 주 금요일 신년 행사에서 장소 섭외 담당자인 A씨가 다음의 안내문을 잘못 이해한 것은?

- **설비 사용료**

구분	장비명		수량	개당 가격	비고
음향 장치	일반 마이크	다이나믹	65개	4,500원	7대 무료, 8대부터 비용
		콘덴서	55개	4,500원	
	고급 마이크		25개	25,000원	건전지 사용자 부담
	써라운드 스피커 시스템		4대	25,000원	1일 1대
촬영 장치	빔 프로젝터		1대	210,000원	1일 1대
	영상 재생 및 녹화 서비스	USB	1개	25,000원	–
		CD	1개	32,000원	–
조명 장치	solo 라이트		2대	6,000원	–
	rail 라이트		10대	55,000원	2개까지 무료

- **주의사항**
- -내부 매점 이외에서 구매한 음식물 반입 엄금(음용수 제외)
- -대관일 하루 전날 사전 점검 및 시설물 설치 가능, 행사 종료 즉시 시설물 철거 요망
- -건물 내 전 지역 금연(실외 경비구역 내 지정 흡연 부스 있음)

- **주차장 안내**
- -행사장 주최 측에 무료 주차권 100장 공급
- -무료 주차권 없을 경우, 행사 종료 후부터 1시간까지 3,000원/이후 30분당 1,000원
- -경차, 장애인 차량 주차 무료

- **기타사항**
- -예약 후, 행사 당일 3일 전 이후 취소 시 기 지급금 20% 수수료 및 향후 대관 불가
- -정치적 목적의 행사, 종교 행사 등과 사회 기피적 모임 및 활동을 위한 대관 불가

① 회사에서 준비해 간 주류와 음료는 이용할 수 없겠군.
② 무료 주차권에 맞춰서 차량 수도 조정하는 게 좋겠어.
③ 다음 주 수요일에 화환이 도착한다고 했으니까 곧장 대강당으로 보내면 되겠군.
④ 마이크는 일반 마이크 5대면 충분하니 추가금은 필요 없겠어.
⑤ 흡연자들에게는 미리 흡연가능 한 곳을 공지해야 겠네.

> **(Tip)** 안내문에서 주의사항으로 시설물 설치는 대관일 하루 전날부터 가능하다고 되어있고 행사는 금요일이므로 화환은 목요일에 보내야 한다.

▎5~6 ▎ 다음은 지방자치단체(지자체) 경전철 사업분석의 결과로서 분야별 문제점을 정리한 것이다. 다음 물음에 답하시오.

분야	문제점
추진주체 및 방식	• 기초지자체 중심(선심성 공약 남발)의 무리한 사업추진으로 인한 비효율 발생 • 지자체의 사업추진 역량부족으로 지방재정 낭비심화 초래 • 종합적 표준지침 부재로 인한 각 지자체마다 개별적으로 추진
타당성 조사 및 계획수립	• 사업주관 지자체의 행정구역만을 고려한 폐쇄적 계획 수립 • 교통수요 예측 및 사업타당성 검토의 신뢰성 · 적정성 부족 • 이해관계자 참여를 통한 사업계획의 정당성 확보 노력 미흡
사업자 선정 및 재원지원	• 토목 및 건설자 위주 지분참여로 인한 고비용 · 저효율 시공 초래 • 민간투자사업 활성화를 위한 한시적 규제유예 효과 미비
노선건설 및 차량시스템 선정	• 건설시공 이익 검토미흡으로 인한 재원낭비 심화 • 국내개발 시스템 도입 활성화를 위한 방안 마련 부족

5 다음 〈보기〉에서 '추진주체 및 방식'의 문제점에 대한 개선방안을 모두 고르면?

〈보기〉
ㄱ 이해관계자 의견수렴 활성화를 통한 사업추진 동력 확보
ㄴ 지자체 역량 강화를 통한 사업관리의 전문성 · 효율성 증진
ㄷ 교통수요 예측 정확도 제고 등 타당성 조사 강화를 위한 여건 조성
ㄹ 경전철 사업관련 업무처리 지침 마련 및 법령 보완
ㅁ 무분별한 해외시스템 도입 방지 및 국산기술 · 부품의 활성화 전략 수립
ㅂ 상위교통계획 및 생활권과의 연계강화를 통한 사업계획의 체계성 확보
ㅅ 시공이익에 대한 적극적 검토를 통해 총사업비 절감 효과 도모

① ㄱㄴ
② ㄴㄹ
③ ㄴㄹㅅ
④ ㄹㅁㅂ
⑤ ㅂㅅ

 ㄴ : '지자체의 사업추진 역량부족으로 지방재정 낭비심화 초래'에 대한 개선방안이다.
ㄹ : '종합적 표준지침 부재로 인한 각 지자체마다 개별적으로 추진'에 대한 개선방안이다.

Answer → 4.③ 5.②

6 다음 〈보기〉에서 '타당성 조사 및 계획수립'의 문제점에 대한 개선방안을 모두 고르면?

> ㉠ 이해관계자 의견수렴 활성화를 통한 사업추진 동력 확보
> ㉡ 지자체 역량 강화를 통한 사업관리의 전문성 · 효율성 증진
> ㉢ 교통수요 예측 정확도 제고 등 타당성 조사 강화를 위한 여건 조성
> ㉣ 경전철 사업관련 업무처리 지침 마련 및 법령 보완
> ㉤ 무분별한 해외시스템 도입 방지 및 국산기술 · 부품의 활성화 전략 수립
> ㉥ 상위교통계획 및 생활권과의 연계강화를 통한 사업계획의 체계성 확보
> ㉦ 시공이익에 대한 적극적 검토를 통해 총사업비 절감 효과 도모

① ㉠㉢㉥

② ㉠㉢㉦

③ ㉡㉢㉤

④ ㉡㉢㉥

⑤ ㉤㉥㉦

  ㉠ : '이해관계자 참여를 통한 사업계획의 정당성 확보 노력 미흡'에 대한 개선방안이다.
　㉢ : '교통수요 예측 및 사업타당성 검토의 신뢰성 · 적정성 부족'에 대한 개선방안이다.
　㉥ : '사업주관 지자체의 행정구역만을 고려한 폐쇄적 계획 수립'에 대한 개선방안이다.

7 다음은 A국의 사업타당성 규정에 대한 자료이다. A국은 다음의 사업 중 타당성 검사가 필요한 사업을 선정하여 기준에 미치지 못하는 사업에 대해 지원을 감축하려한다. 甲~戊 중 검사 대상이 아닌 것은?

> 제○○조(예비타당성조사 대상사업) 신규 사업 중 총사업비가 500억 원 이상이면서 국가의 재정지원 규모가 300억 원 이상인 건설사업, 정보화사업, 국가연구개발사업에 대해 예비타당성조사를 실시한다.
>
> 제△△조(타당성조사의 대상사업과 실시)
> ① 제○○조에 해당하지 않는 사업으로서, 국가 예산의 지원을 받아 지자체·공기업·준정부기관·기타 공공기관 또는 민간이 시행하는 사업 중 완성에 2년 이상이 소요되는 다음 각 호의 사업을 타당성조사 대상사업으로 한다.
>   1. 총사업비가 500억 원 이상인 토목사업 및 정보화사업
>   2. 총사업비가 200억 원 이상인 건설사업
> ② 제1항의 대상사업 중 다음 각 호의 어느 하나에 해당하는 경우에는 타당성조사를 실시하여야 한다.
>   1. 사업추진 과정에서 총사업비가 예비타당성조사의 대상 규모로 증가한 사업
>   2. 사업물량 또는 토지 등의 규모 증가로 인하여 총사업비가 100분의 20 이상 증가한 사업

① 甲사업 : 국가의 재정지원 비율이 50%인 총사업비 550억 원 규모의 신규 건설사업

② 乙사업 : 민간이 시행하는 사업으로 앞으로 완성에 3년 이상의 기간이 소요되는 250억 원 이상의 건설사업

③ 丙사업 : 공기업에서 시행하는 500억 원 이상의 정보화사업으로 완성에 2년 이상 소요 예상

④ 丁사업 : 준정부기관에서 총사업비 400억 원의 건설사업으로 시작하였으나 총사업비가 600억 원으로 증가한 사업

⑤ 戊사업 : 700억 원 대 사업으로 국가 재정지원 비율이 45%인 신규 정보화사업

 ① 甲사업은 국가 재정지원 규모가 275억 원으로 예비타당성조사 대상에 해당하지 않는다.

Answer↪ 6.① 7.①

8 다음의 자료를 보고 A사가 서비스센터를 설립하는 방식과 위치에 대한 설명으로 옳은 것은?

- 휴대폰 제조사 A는 B국에 고객서비스를 제공하기 위해 1개의 서비스센터 설립을 추진하려고 한다.
- 설립방식에는 ㈎방식과 ㈏방식이 있다.
- A사는 {(고객만족도 효과의 현재가치) − (비용의 현재 가치)}의 값이 큰 방식을 선택한다.
- 비용에는 규제비용과 로열티비용이 있다.

구분		㈎방식	㈏방식
고객만족도 효과의 현재가치		5억 원	4.5억 원
비용의 현재가치	규제 비용	3억 원 (설립 당해 년도만 발생)	없음
	로열티 비용	없음	−3년간 로열티비용을 지불함 −로열티비용의 현재가치 환산액 : 설립 당해연도는 2억 원 그 다음 해부터는 직전년도 로열티비용의 1/2씩 감액한 금액

※ 고객만족도 효과의 현재가치는 설립 당해년도를 기준으로 산정된 결과이다.

〈설립위치 선정 기준〉
- 설립위치로 B국의 甲, 乙, 丙 3곳을 검토 중이며, 각 위치의 특성은 다음과 같다.

위치	유동인구(만 명)	20~30대 비율(%)	교통혼잡성
甲	80	75	3
乙	100	50	1
丙	75	60	2

- A사는 {(유동인구)×(20~30대 비율)/(교통혼잡성)} 값이 큰 곳을 선정한다. 다만 A사는 제품의 특성을 고려하여 20~30대 비율이 50% 이하인 지역은 선정대상에서 제외한다.

① B국은 유동인구가 많을수록 20~30대 비율이 높다.
② A사는 丙위치에 서비스 센터를 선정한다.
③ ㈎ 방식은 로열티 비용이 없으므로 '(고객만족도 효과의 현재가치) − (비용의 현재 가치)'는 5억 원이다.
④ A는 교통혼잡성이 가장 낮은 곳을 선택하게 된다.
⑤ A사는 ㈏ 방식을 선택할 수 있다.

(Tip) {(유동인구)×(20~30대 비율)/(교통혼잡성)} 값이 큰 곳은 丙이다.
{(고객만족도 효과의 현재가치) − (비용의 현재 가치)}의 값은 ㈎ 방식이 2억 원으로 1억 원이 되는 ㈏ 방식이 아닌 ㈎ 방식을 선택한다.

9 G 음료회사는 신제품 출시를 위해 시제품 3개를 만들어 전직원을 대상으로 블라인드 테스트를 진행한 후 기획팀에서 회의를 하기로 했다. 독창성, 대중성, 개인선호도 세 가지 영역에 총 15점 만점으로 진행된 테스트 결과가 다음과 같을 때, 기획팀 직원들의 발언으로 옳지 않은 것은?

	독창성	대중성	개인선호도	총점
시제품 A	5	2	3	10
시제품 B	4	4	4	12
시제품 C	2	5	5	12

① 우리 회사의 핵심가치 중 하나가 창의성 아닙니까? 저는 독창성 점수가 높은 A를 출시해야 한다고 생각합니다.

② 독창성이 높아질수록 총점이 낮아지는 것을 보지 못하십니까? 저는 그 의견에 반대합니다.

③ 무엇보다 현 시점에서 회사의 재정상황을 타개하기 위해서는 대중성을 고려하여 높은 이윤이 날 것으로 보이는 C를 출시해야 하지 않겠습니까?

④ 저도 대중성과 개인선호도가 높은 C를 출시해야 한다고 생각합니다.

⑤ 그럼 독창성과 대중성, 개인선호도 점수가 비슷한 B를 출시하는 것이 어떻겠습니까?

(Tip) ② 시제품 B는 C에 비해 독창성 점수가 2점 높지만 총점은 같다. 따라서 옳지 않은 발언이다.

10 다음은 이경제씨가 금융 상품에 대해 상담을 받는 내용이다. 이에 대한 옳은 설명을 모두 고른 것은?

> 이경제씨 : 저기 1,000만 원을 예금하려고 합니다.
>   정기 예금 상품을 좀 추천해 주시겠습니까?
> 은행직원 : 원금에만 연 5%의 금리가 적용되는 A 상품과 원금뿐만 아니라 이자에 대해서
>   도 연 4.5%의 금리가 적용되는 B 상품이 있습니다. 예금 계약 기간은 고객님
>   께서 연 단위로 정하실 수 있습니다.

> ㉠ 이경제씨는 요구불 예금에 가입하고자 한다.
> ㉡ 이경제씨는 간접 금융 시장에 참여하고자 한다.
> ㉢ A 상품은 복리, B 상품은 단리가 적용된다.
> ㉣ 예금 계약 기간에 따라 이경제씨의 정기 예금 상품에 대한 합리적 선택은 달라질 수
>   있다.

① ㉠㉡   ② ㉠㉢
③ ㉡㉢   ④ ㉡㉣
⑤ ㉢㉣

 ㉠ 정기 예금은 저축성 예금에 해당한다.
㉢ A는 단리, B는 복리가 적용된 정기 예금 상품이다.

11 다음은 어느 레스토랑의 3C분석 결과이다. 이 결과를 토대로 하여 향후 해결해야 할 전략과제를 선택하고자 할 때 적절하지 않은 것은?

3C	상황 분석
고객 / 시장(Customer)	• 식생활의 서구화 • 유명브랜드와 기술제휴 지향 • 신세대 및 뉴패밀리 층의 출현 • 포장기술의 발달
경쟁 회사(Competitor)	• 자유로운 분위기와 저렴한 가격 • 전문 패밀리 레스토랑으로 차별화 • 많은 점포수 • 외국인 고용으로 인한 외국인 손님 배려
자사(company)	• 높은 가격대 • 안정적 자금 공급 • 업계 최고의 시장점유율 • 고객증가에 따른 즉각적 응대의 한계

① 원가 절감을 통한 가격 조정
② 유명브랜드와의 장기적인 기술제휴
③ 즉각적인 응대를 위한 인력 증대
④ 안정적인 자금 확보를 위한 자본구조 개선
⑤ 포장기술 발달을 통한 레스토랑 TO GO 점포 확대

 '안정적 자금 공급'이 자사의 강점이기 때문에 '안정적인 자금 확보를 위한 자본구조 개선'은 향후 해결해야 할 과제에 속하지 않는다.

Answer 10.④ 11.④

12 다음은 특보의 종류 및 기준에 관한 자료이다. ㉠과 ㉡의 상황에 어울리는 특보를 올바르게 짝지은 것은?

〈특보의 종류 및 기준〉

종류	주의보	경보
강풍	육상에서 풍속 14m/s 이상 또는 순간풍속 20m/s 이상이 예상될 때. 다만, 산지는 풍속 17m/s 이상 또는 순간풍속 25m/s 이상이 예상될 때	육상에서 풍속 21m/s 이상 또는 순간풍속 26m/s 이상이 예상될 때. 다만, 산지는 풍속 24m/s 이상 또는 순간풍속 30m/s 이상이 예상될 때
호우	6시간 강우량이 70mm 이상 예상되거나 12시간 강우량이 110mm 이상 예상될 때	6시간 강우량이 110mm 이상 예상되거나 12시간 강우량이 180mm 이상 예상될 때
태풍	태풍으로 인하여 강풍, 풍랑, 호우 현상 등이 주의보 기준에 도달할 것으로 예상될 때	태풍으로 인하여 풍속이 17m/s 이상 또는 강우량이 100mm 이상 예상될 때. 다만, 예상되는 바람과 비의 정도에 따라 아래와 같이 세분한다.
폭염	6월~9월에 일최고기온이 33℃ 이상이고, 일최고열지수가 32℃ 이상인 상태가 2일 이상 지속될 것으로 예상될 때	6월~9월에 일최고기온이 35℃ 이상이고, 일최고열지수가 41℃ 이상인 상태가 2일 이상 지속될 것으로 예상될 때

태풍 경보 세분표:

	3급	2급	1급
바람(m/s)	17~24	25~32	33이상
비(mm)	100~249	250~399	400이상

㉠ 태풍이 남해안에 상륙하여 울산지역에 270mm의 비와 함께 풍속 26m/s의 바람이 예상된다.
㉡ 지리산에 오후 3시에서 오후 9시 사이에 약 130mm의 강우와 함께 순간풍속 28m/s가 예상된다.

	㉠	㉡
①	태풍경보 1급	호우주의보
②	태풍경보 2급	호우경보+강풍주의보
③	태풍주의보	강풍주의보
④	태풍경보 2급	호우경보+강풍경보
⑤	태풍경보 1급	강풍주의보

 ㉠ : 태풍경보 표를 보면 알 수 있다. 비가 270mm이고 풍속 26m/s에 해당하는 경우는 태풍경보 2급이다.
㉡ : 6시간 강우량이 130mm 이상 예상되므로 호우경보에 해당하며 산지의 경우 순간풍속 28m/s 이상이 예상되므로 강풍주의보에 해당한다.

13 다음 진술이 참이 되기 위해 꼭 필요한 전제를 〈보기〉에서 고르면?

반장은 반에서 인기가 많다.

〈보기〉

㉠ 머리가 좋은 친구 중 몇 명은 반에서 인기가 많다.
㉡ 얼굴이 예쁜 친구 중 몇 명은 반에서 인기가 많다.
㉢ 반장은 머리가 좋다.
㉣ 반장은 얼굴이 예쁘다.
㉤ 머리가 좋거나 얼굴이 예쁘면 반에서 인기가 많다.
㉥ 머리가 좋고 얼굴이 예쁘면 반에서 인기가 많다.

① ㉠㉢
② ㉡㉣
③ ㉢㉥
④ ㉣㉤
⑤ ㉣㉥

Tip 반장은 머리가 좋다. 또는 반장은 얼굴이 예쁘다(㉢ 또는 ㉣).
머리가 좋거나 얼굴이 예쁘면 반에서 인기가 많다(㉤).
∴ 반장은 반에서 인기가 많다.
※ ㉥의 경우 머리도 좋고 얼굴도 예뻐야 반에서 인기가 많다는 의미이므로 주어진 진술이 반드시 참이 되지 않는다.

Answer 12.② 13.④

|14~15| 다음 글은 어린이집 입소기준에 대한 규정이다. 다음 글을 읽고 물음에 답하시오.

어린이집 입소기준
• 어린이집의 장은 당해시설에 결원이 생겼을 때마다 '명부 작성방법' 및 '입소 우선순위'를 기준으로
  작성된 명부의 선 순위자를 우선 입소조치 한다.

명부작성방법
• 동일 입소신청자가 1·2순위 항목에 중복 해당되는 경우, 해당 항목별 점수를 합하여 점수가 높은
  순으로 명부를 작성함
• 1순위 항목당 100점, 2순위 항목당 50점 산정
 – 다만, 2순위 항목만 있는 경우 점수합계가 1순위 항목이 있는 자보다 같거나 높더라도 1순위 항목
  이 있는 자보다 우선순위가 될 수 없으며, 1순위 항목점수가 동일한 경우에 한하여 2순위 항목에
  해당될 경우 추가합산 가능함
• 영유가 2자녀 이상 가구가 동일 순위일 경우 다자녀가구 자녀가 우선입소
• 대기자 명부 조정은 매분기 시작 월 1일을 기준으로 함

입소 우선순위
• 1순위
 – 국민기초생활보장법에 따른 수급자
 – 국민기초생활보장법 제24조의 규정에 의한 차상위계층의 자녀
 – 장애인 중 보건복지부령이 정하는 장애 등급 이상에 해당하는 자의 자녀
 – 아동복지시설에서 생활 중인 영유아
 – 다문화가족의 영유아
 – 자녀가 3명 이상인 가구 또는 영유아가 2자녀 가구의 영유아
 – 산업단지 입주기업체 및 지원기관 근로자의 자녀로서 산업 단지에 설치된 어린이집을 이용하는 영
  유아
• 2순위
 – 한부모 가족의 영유아
 – 조손 가족의 영유아
 – 입양된 영유아

14 어린이집에 근무하는 A씨가 접수합계를 내보니, 두 영유아가 1순위 항목에서 동일한 점수를 얻었다. 이 경우에는 어떻게 해야 하는가?

① 두 영유아 모두 입소조치 한다.

② 다자녀가구 자녀를 우선 입소조치 한다.

③ 한부모 가족의 영유아를 우선 입소조치 한다.

④ 2순위 항목에 해당될 경우 1순위 항목에 추가합산 한다.

⑤ 두 영유아 모두 입소조치 하지 않는다.

 명부작성방법에서 1순위 항목점수가 동일한 경우에 한하여 2순위 항목에 해당될 경우 추가 합산 가능하다고 나와 있다.

15 다음에 주어진 영유아들의 입소순위로 높은 것부터 나열한 것은?

> ㉠ 혈족으로는 할머니가 유일하나, 현재는 아동복지시설에서 생활 중인 영유아
> ㉡ 아버지를 여의고 어머니가 근무하는 산업단지에 설치된 어린이집을 동생과 함께 이용하는 영유아
> ㉢ 동남아에서 건너온 어머니와 가장 높은 장애 등급을 가진 한국인 아버지가 국민기초생활보장법에 의한 차상위 계층에 해당되는 영유아

① ㉠ - ㉡ - ㉢   ② ㉡ - ㉠ - ㉢

③ ㉡ - ㉢ - ㉠   ④ ㉢ - ㉠ - ㉡

⑤ ㉢ - ㉡ - ㉠

> ㉢ 300점
> ㉡ 250점
> ㉠ 150점

Answer → 14.④ 15.⑤

| 16~18 | 다음 조건을 읽고 옳은 설명을 고르시오.

16

> • 수학을 못하는 사람은 영어도 못한다.
> • 국어를 못하는 사람은 미술도 못한다.
> • 영어를 잘하는 사람은 미술도 잘한다.

> A : 수학을 잘하는 사람은 영어를 잘한다.
> B : 영어를 잘하는 사람은 국어를 잘한다.

① A만 옳다.

② B만 옳다.

③ A와 B 모두 옳다.

④ A와 B 모두 그르다.

⑤ A와 B 모두 옳은지 그른지 알 수 없다.

 각 조건의 대우는 다음과 같다.
• 영어를 잘하는 사람은 수학도 잘한다.
• 미술을 잘하는 사람은 국어도 잘한다.
• 미술을 못하는 사람은 영어도 못한다.
주어진 세 번째 조건과, 두 번째 조건의 대우를 연결하면 '영어를 잘하는 사람은 미술을 잘하고, 미술을 잘하는 사람은 국어도 잘한다'가 되므로 B는 옳다. A는 알 수 없다.

17

> • 날씨가 시원하면 기분이 좋다.
> • 배고프면 라면이 먹고 싶다.
> • 기분이 좋으면 마음이 차분하다.
> • '마음이 차분하면 배고프다'는 명제는 참이다.

> A : 날씨가 시원하면 라면이 먹고 싶다.
> B : 배고프면 마음이 차분하다.

① A만 옳다.

② B만 옳다.

③ A와 B 모두 옳다.

④ A와 B 모두 그르다.

⑤ A와 B 모두 옳은지 그른지 알 수 없다.

 날씨가 시원함→기분이 좋음→마음이 차분함→배고픔→라면이 먹고 싶음
따라서 A만 옳다.

18

• 과일 A에는 씨가 2개, 과일 B에는 씨가 1개 있다.
• 철수와 영수는 각각 과일 4개씩을 먹었다.
• 철수는 영수보다 과일 A를 1개 더 먹었다.
• 철수는 같은 수로 과일 A와 B를 먹었다.

A : 영수는 B과일을 3개 먹었다.
B : 두 사람이 과일을 다 먹고 나온 씨의 개수 차이는 1개이다.

① A만 옳다.

② B만 옳다.

③ A와 B 모두 옳다.

④ A와 B 모두 그르다.

⑤ A와 B 모두 옳은지 그른지 알 수 없다.

 철수는 같은 수로 과일 A와 B를 먹었으므로 각각 2개씩 먹었다는 것을 알 수 있다. 철수는
영수보다 과일 A를 1개 더 먹었으므로, 영수는 과일 A를 1개 먹었다.

	A과일	B과일	씨의 개수
철수	2개	2개	6개
영수	1개	3개	5개

19 갑과 을, 병 세 사람은 면세점에서 A, B, C 브랜드 중 하나의 가방을 각각 구입하려고 한다. 소비자들이 가방을 구매하는데 고려하는 것은 브랜드명성, 디자인, 소재, 경제성의 네 가지 속성이다. 각 속성에 대한 평가는 0부터 10까지의 점수로 주어지며, 점수가 높을수록 소비자를 더 만족시킨다고 한다. 각 브랜드의 제품에 대한 평가와 갑, 을, 병 각자의 제품을 고르는 기준이 다음과 같을 때, 소비자들이 구매할 제품으로 바르게 짝지어진 것은?

〈브랜드별 소비자 제품평가〉			
	A 브랜드	B 브랜드	C 브랜드
브랜드명성	10	7	7
경제성	4	8	5
디자인	8	6	7
소재	9	6	3

※ 각 평가에 부여하는 가중치 : 브랜드명성(0.4), 경제성(0.3), 디자인(0.2), 소재(0.1)

〈소비자별 구매기준〉

갑 : 가중치가 높은 순으로 가장 좋게 평가된 제품을 선택한다.

을 : 모든 속성을 가중치에 따라 평가(점수×가중치)하여 종합적으로 가장 좋은 대안을 선택한다.

병 : 모든 속성이 4점 이상인 제품을 선택한다. 2가지 이상이라면 디자인 점수가 높은 제품을 선택한다.

	갑	을	병			갑	을	병
①	A	A	A		②	A	A	B
③	A	B	C		④	B	C	B
⑤	B	A	B					

 ㉠ 갑 : 가중치가 가장 높은 브랜드명성이 가장 좋게 평가된 A 브랜드 제품을 선택한다.

㉡ 을 : 각 제품의 속성을 가중치에 따라 평가하면 다음과 같다.

A : $10(0.4)+4(0.3)+8(0.2)+9(0.1)=4+1.2+1.6+0.9=7.7$

B : $7(0.4)+8(0.3)+6(0.2)+6(0.1)=2.8+2.4+1.2+0.6=7$

C : $7(0.4)+5(0.3)+7(0.2)+3(0.1)=2.8+1.5+1.4+0.3=6$

∴ A 브랜드 제품을 선택한다.

㉢ 병 : 모든 속성이 4점 이상인 A, B 브랜드 중 디자인 점수가 더 높은 A 브랜드 제품을 선택한다.

20 다음은 화재손해 발생 시 지급 보험금 산정방법과 피보험물건의 보험금액 및 보험가액에 대한 자료이다. 다음 조건에 따를 때, 지급 보험금이 가장 많은 피보험물건은?

〈표1〉 지급 보험금 산정방법

피보험물건의 유형	조건	지급 보험금
일반물건, 창고물건, 주택	보험금액 ≥ 보험가액의 80%	손해액 전액
	보험금액 < 보험가액의 80%	손해액 × $\dfrac{보험금액}{보험가액의\,80\%}$
공장물건, 동산	보험금액 ≥ 보험가액	손해액 전액
	보험금액 < 보험가액	손해액 × $\dfrac{보험금액}{보험가액}$

※ 보험금액은 보험사고가 발생한 때에 보험회사가 피보험자에게 지급해야 하는 금액의 최고한도를 말한다.
※ 보험가액은 보험사고가 발생한 때에 피보험자에게 발생 가능한 손해액의 최고한도를 말한다.

〈표2〉 피보험물건의 보험금액 및 보험가액

피보험물건	피보험물건 유형	보험금액	보험가액	손해액
甲	동산	7천만 원	1억 원	6천만 원
乙	일반물건	8천만 원	1억 원	8천만 원
丙	창고물건	6천만 원	7천만 원	9천만 원
丁	공장물건	9천만 원	1억 원	6천만 원
戊	주택	6천만 원	8천만 원	8천만 원

① 甲
② 乙
③ 丙
④ 丁
⑤ 戊

① 甲 : 6천만 원 × $\dfrac{7천만\,원}{1억\,원}$ = 4,200만 원

② 乙 : 손해액 전액이므로 8,000만 원

③ 丙 : 손해액 전액이므로 9,000만 원

④ 丁 : 6천만 원 × $\dfrac{9천만\,원}{1억\,원}$ = 5,400만 원

⑤ 戊 : 8천만 원 × $\dfrac{6천만\,원}{6,400만\,원}$ = 7,500만 원

21 G회사에 근무하는 박과장과 김과장은 점심시간을 이용해 과녁 맞추기를 하였다. 다음 〈조건〉에 근거하여 〈점수표〉의 빈칸을 채울 때 박과장과 김과장의 최종점수가 될 수 있는 것은?

〈조건〉

• 과녁에는 0점, 3점, 5점이 그려져 있다.
• 박과장과 김과장은 각각 10개의 화살을 쏘았고, 0점을 맞힌 화살의 개수만 〈점수표〉에 기록이 되어 있다.
• 최종 점수는 각 화살이 맞힌 점수의 합으로 한다.
• 박과장과 김과장이 쏜 화살 중에는 과녁 밖으로 날아간 화살은 없다.
• 박과장과 김과장이 5점을 맞힌 화살의 개수는 동일하다.

〈점수표〉

점수	박과장의 화살 수	김과장의 화살 수
0점	3	2
3점		
5점		

	박과장의 최종점수	김과장의 최종점수
①	25	29
②	26	29
③	27	30
④	28	30
⑤	29	30

 5점을 맞힌 화살의 개수가 동일하다고 했으므로 5점의 개수에 따라 점수를 정리하면 다음과 같다.

	1개	2개	3개	4개	5개	6개	7개
박과장	5+18=23	10+15=25	15+12=27	20+9=29	25+6=31	30+3=33	35+0=35
김과장	5+21=26	10+18=28	15+15=30	20+12=32	25+9=34	30+6=36	35+3=38

22 다음 〈조건〉에 따를 때 바나나우유를 구매한 사람을 바르게 짝지은 것은?

〈조건〉
- 남은 우유는 10개이며, 흰우유, 초코우유, 바나나우유, 딸기우유, 커피우유 각각 두 개 씩 남아 있다.
- 독미, 민희, 영진, 호섭 네 사람이 남은 열 개의 우유를 모두 구매하였으며, 이들이 구 매한 우유의 수는 모두 다르다.
- 우유를 전혀 구매하지 않은 사람은 없으며, 같은 종류의 우유를 두 개 구매한 사람도 없다.
- 독미와 영진이가 구매한 우유 중에 같은 종류가 하나 있다.
- 영진이와 민희가 구매한 우유 중에 같은 종류가 하나 있다.
- 독미와 민희가 동시에 구매한 우유의 종류는 두 가지이다.
- 독미는 딸기우유와 바나나우유는 구매하지 않았다.
- 영진이는 흰우유와 커피우유는 구매하지 않았다.
- 호섭이는 딸기우유를 구매했다.
- 민희는 총 네 종류의 우유를 구매했다.

---

① 민희, 호섭   ② 독미, 영진

③ 민희, 영진   ④ 영진, 호섭

⑤ 독미, 민희

 독미는 민희와 같은 종류의 우유를 2개 구매하였고, 영진이와도 같은 종류의 우유를 하나 구매하였다. 따라서 독미는 우유를 3개 이상을 구매하게 되는데 딸기우유와 바나나우유를 구매하지 않았다고 했으므로 흰우유, 초코우유, 커피우유를 구매했다. 독미와 영진이가 구 매한 우유 중에 같은 종류가 하나 있다고 하였고 영진이가 흰우유와 커피우유를 구매하지 않았다고 하였으므로 영진이는 초코우유를 구매했다. 이로서 초코우유는 독미와 영진이가 구매하였고, 민희는 4종류의 우유를 구매했다고 했으므로 초코우유를 제외한 흰우유, 바나 나우유, 딸기우유, 커피우유를 구매하였다. 민희와 영진이가 구매한 우유 중에 같은 종류가 하나 있다고 하였는데 그 우유가 바나나우유이다. 따라서 바나나우유를 구매한 사람은 민 희와 영진이다.

23 다음은 공공기관을 구분하는 기준이다. 다음 규정에 따라 각 기관을 구분한 결과가 옳지 않은 것은?

〈공공기관의 구분〉

제00조 제1항
공공기관을 공기업·준정부기관과 기타공공기관으로 구분하여 지정한다. 직원 정원이 50인 이상인 공공기관은 공기업 또는 준정부기관으로, 그 외에는 기타공공기관으로 지정한다.

제00조 제2항
제1항의 규정에 따라 공기업과 준정부기관을 지정하는 경우 자체수입액이 총수입액의 2분의 1 이상인 기관은 공기업으로, 그 외에는 준정부기관으로 지정한다.

제00조 제3항
제1항 및 제2항의 규정에 따른 공기업을 다음의 구분에 따라 세분하여 지정한다.
• 시장형 공기업 : 자산규모가 2조 원 이상이고, 총 수입액 중 자체수입액이 100분의 85 이상인 공기업
• 준시장형 공기업 : 시장형 공기업이 아닌 공기업

〈공공기관의 현황〉

공공기관	직원 정원	자산규모	자체수입비율
A	70명	4조 원	90%
B	45명	2조 원	50%
C	65명	1조 원	55%
D	60명	1.5조 원	45%
E	40명	2조 원	60%

※ 자체수입비율 : 총 수입액 대비 자체수입액 비율

① A - 시장형 공기업　　　　　② B - 기타공공기관
③ C - 준정부기관　　　　　　④ D - 준정부기관
⑤ E - 기타공공기관

 ③ C는 정원이 50명이 넘으므로 기타공공기관이 아니며, 자체수입비율이 55%이므로 자체수입액이 총수입액의 2분의 1 이상이기 때문에 공기업이다. 시장형 공기업 조건에 해당하지 않으므로 C는 준시장형 공기업이다.

24 다음 〈쓰레기 분리배출 규정〉을 준수한 것은?

〈쓰레기 분리배출 규정〉
- 배출 시간 : 수거 전날 저녁 7시~수거 당일 새벽 3시까지(월요일~토요일에만 수거함)
- 배출 장소 : 내 집 앞, 내 점포 앞
- 쓰레기별 분리배출 방법
  - 일반 쓰레기 : 쓰레기 종량제 봉투에 담아 배출
  - 음식물 쓰레기 : 단독주택의 경우 수분 제거 후 음식물 쓰레기 종량제 봉투에 담아서, 공동주택의 경우 음식물 전용용기에 담아서 배출
  - 재활용 쓰레기 : 종류별로 분리하여 투명 비닐봉투에 담아 묶어서 배출
    ① 1종(병류)
    ② 2종(캔, 플라스틱, 페트병 등)
    ③ 3종(폐비닐류, 과자 봉지, 1회용 봉투 등)
      ※ 1종과 2종의 경우 뚜껑을 제거하고 내용물을 비운 후 배출
      ※ 종이류 / 박스 / 스티로폼은 각각 별도로 묶어서 배출
  - 폐가전 · 폐가구 : 폐기물 스티커를 부착하여 배출
- 종량제 봉투 및 폐기물 스티커 구입 : 봉투판매소

① 甲은 토요일 저녁 8시에 일반 쓰레기를 쓰레기 종량제 봉투에 담아 자신의 집 앞에 배출하였다.

② 공동주택에 사는 乙은 먹다 남은 찌개를 그대로 음식물 쓰레기 종량제 봉투에 담아 주택 앞에 배출하였다.

③ 丙은 투명 비닐봉투에 캔과 스티로폼을 함께 담아 자신의 집 앞에 배출하였다.

④ 戊는 집에서 쓰던 냉장고를 버리기 위해 폐기물 스티커를 구입 후 부착하여 월요일 저녁 9시에 자신의 집 앞에 배출하였다.

⑤ 丁은 금요일 낮 3시에 병과 플라스틱을 분리하여 투명 비닐봉투에 담아 묶어서 배출하였다.

 ① 배출 시간은 수거 전날 저녁 7시부터 수거 당일 새벽 3시까지인데 일요일은 수거하지 않으므로 토요일 저녁 8시에 쓰레기를 내놓은 甲은 규정을 준수했다고 볼 수 없다.
② 공동주택에서 음식물 쓰레기를 배출할 경우 음식물 전용용기에 담아서 배출해야 한다.
③ 스티로폼은 별도로 묶어서 배출해야 하는 품목이다.
⑤ 저녁 7시부터 새벽 3시까지 배출해야 한다.

Answer→ 23.③ 24.④

25 다음 내용을 바탕으로 예측한 내용으로 옳은 것은?

사회통합프로그램이란 국내 이민자가 법무부장관이 정하는 소정의 교육과정을 이수하도록 하여 건전한 사회구성원으로 적응·자립할 수 있도록 지원하고 국적취득, 체류허가 등에 있어서 편의를 주는 제도이다. 프로그램의 참여대상은 대한민국에 체류하고 있는 결혼이민자 및 일반이민자(동포, 외국인근로자, 유학생, 난민 등)이다. 사회통합프로그램의 교육과정은 '한국어과정'과 '한국사회이해과정'으로 구성된다. 신청자는 우선 한국어능력에 대한 사전평가를 받고, 그 평가점수에 따라 한국어과정 또는 한국사회이해과정에 배정된다.

일반이민자로서 참여를 신청한 자는 사전평가 점수에 의해 배정된 단계로부터 6단계까지 순차적으로 교육과정을 이수하여야 한다. 한편 결혼이민자로서 참여를 신청한 자는 4~5단계를 면제받는다. 예를 들어 한국어과정 2단계를 배정받은 결혼이민자는 3단계까지 완료한 후 바로 6단계로 진입한다. 다만 결혼이민자의 한국어능력 강화를 위하여 2013년 1월 1일부터 신청한 결혼이민자에 대해서는 한국어과정 면제제도를 폐지하여 일반이민자와 동일하게 프로그램을 운영한다.

〈과정 및 이수시간(2012년 12월 기준)〉

구분		1단계	2단계	3단계	4단계	5단계	6단계
과정		한국어					한국사회 이해
		기초	초급 1	초급 2	중급 1	중급 2	
이수시간		15시간	100시간	100시간	100시간	100시간	50시간
사전평가 점수	일반 이민자	0~10점	11~29점	30~49점	50~69점	70~89점	90~100점
	결혼 이민자	0~10점	11~29점	30~49점	면제		50~100점

① 2012년 12월에 사회통합프로그램을 신청한 결혼이민자 A는 한국어과정을 최소 100시간 이수하여야 한다.

② 2013년 1월에 사회통합프로그램을 신청하여 사전평가에서 95점을 받은 외국인근로자 B는 한국어과정을 이수하여야 한다.

③ 난민 인정을 받은 후 2012년 11월에 사회통합프로그램을 신청한 C는 한국어과정과 한국사회이해과정을 동시에 이수할 수 있다.

④ 2013년 2월에 사회통합프로그램 참여를 신청한 결혼이민자 D는 한국어과정 3단계를 완료한 직후 한국사회이해과정을 이수하면 된다.

⑤ 2012년 12월에 사회통합프로그램을 신청하여 사전평가에서 77점을 받은 유학생 E는 사회통합프로그램 교육과정을 총 150시간 이수하여야 한다.

① 2012년 12월에 사회통합프로그램을 신청한 결혼이민자 A는 사전평가 점수에 따라 한국어과정이 면제될 수 있다.

② 2013년 1월에 사회통합프로그램을 신청하여 사전평가에서 95점을 받은 외국인근로자 B는 한국사회이해과정을 이수하여야 한다.

③ 일반이민자로서 참여를 신청한 자는 사전평가 점수에 의해 배정된 단계로부터 6단계까지 순차적으로 교육과정을 이수하여야 한다고 언급하고 있다.

④ 2013년 1월 1일부터 신청한 결혼이민자에 대해서는 한국어과정 면제제도를 폐지하여 일반이민자와 동일하게 프로그램을 운영한다고 하였으므로 D는 한국어과정 3단계 완료 후 4, 5단계를 완료해야 6단계를 이수할 수 있다.

Answer→ 25.⑤

03 수리능력

1 직장생활과 수리능력

(1) 기초직업능력으로서의 수리능력

① **개념** … 직장생활에서 요구되는 사칙연산과 기초적인 통계를 이해하고 도표의 의미를 파악하거나 도표를 이용해서 결과를 효과적으로 제시하는 능력을 말한다.

② 수리능력은 크게 기초연산능력, 기초통계능력, 도표분석능력, 도표작성능력으로 구성된다.
  ⊙ **기초연산능력** : 직장생활에서 필요한 기초적인 사칙연산과 계산방법을 이해하고 활용할 수 있는 능력
  ⓛ **기초통계능력** : 평균, 합계, 빈도 등 직장생활에서 자주 사용되는 기초적인 통계기법을 활용하여 자료의 특성과 경향성을 파악하는 능력
  ⓒ **도표분석능력** : 그래프, 그림 등 도표의 의미를 파악하고 필요한 정보를 해석하는 능력
  ⓔ **도표작성능력** : 도표를 이용하여 결과를 효과적으로 제시하는 능력

(2) 업무수행에서 수리능력이 활용되는 경우

① 업무상 계산을 수행하고 결과를 정리하는 경우

② 업무비용을 측정하는 경우

③ 고객과 소비자의 정보를 조사하고 결과를 종합하는 경우

④ 조직의 예산안을 작성하는 경우

⑤ 업무수행 경비를 제시해야 하는 경우

⑥ 다른 상품과 가격비교를 하는 경우

⑦ 연간 상품 판매실적을 제시하는 경우

⑧ 업무비용을 다른 조직과 비교해야 하는 경우

⑨ 상품판매를 위한 지역조사를 실시해야 하는 경우

⑩ 업무수행과정에서 도표로 주어진 자료를 해석하는 경우

⑪ 도표로 제시된 업무비용을 측정하는 경우

예제 1

다음 자료를 보고 주어진 상황에 대한 물음에 답하시오.

〈근로소득에 대한 간이 세액표〉

월 급여액(천 원) [비과세 및 학자금 제외]		공제대상 가족 수				
이상	미만	1	2	3	4	5
2,500	2,520	38,960	29,280	16,940	13,570	10,190
2,520	2,540	40,670	29,960	17,360	13,990	10,610
2,540	2,560	42,380	30,640	17,790	14,410	11,040
2,560	2,580	44,090	31,330	18,210	14,840	11,460
2,580	2,600	45,800	32,680	18,640	15,260	11,890
2,600	2,620	47,520	34,390	19,240	15,680	12,310
2,620	2,640	49,230	36,100	19,900	16,110	12,730
2,640	2,660	50,940	37,810	20,560	16,530	13,160
2,660	2,680	52,650	39,530	21,220	16,960	13,580
2,680	2,700	54,360	41,240	21,880	17,380	14,010
2,700	2,720	56,070	42,950	22,540	17,800	14,430
2,720	2,740	57,780	44,660	23,200	18,230	14,850
2,740	2,760	59,500	46,370	23,860	18,650	15,280

※ 갑근세는 제시되어 있는 간이 세액표에 따름
※ 주민세＝갑근세의 10%
※ 국민연금＝급여액의 4.50%
※ 고용보험＝국민연금의 10%
※ 건강보험＝급여액의 2.90%
※ 교육지원금＝분기별 100,000원(매 분기별 첫 달에 지급)

박○○ 사원의 5월 급여내역이 다음과 같고 전월과 동일하게 근무하였으나 특별수당은 없고 차량지원금으로 100,000원을 받게 된다면, 6월에 받게 되는 급여는 얼마인가? (단, 원 단위 절삭)

(주) 서원플랜테크 5월 급여내역			
성명	박○○	지급일	5월 12일
기본급여	2,240,000	갑근세	39,530
직무수당	400,000	주민세	3,950
명절 상여금		고용보험	11,970
특별수당	20,000	국민연금	119,700
차량지원금		건강보험	77,140
교육지원		기타	
급여계	2,660,000	공제합계	252,290
		지급총액	2,407,710

① 2,443,910
② 2,453,910
③ 2,463,910
④ 2,473,910

[출제의도]
업무상 계산을 수행하거나 결과를 정리하고 업무비용을 측정하는 능력을 평가하기 위한 문제로서, 주어진 자료에서 문제를 해결하는 데에 필요한 부분을 빠르고 정확하게 찾아내는 것이 중요하다.

[해설]

기본급여	2,240,000	갑근세	46,370
직무수당	400,000	주민세	4,630
명절상여금		고용보험	12,330
특별수당		국민연금	123,300
차량지원금	100,000	건강보험	79,460
교육지원		기타	
급여계	2,740,000	공제합계	266,090
		지급총액	2,473,910

답 ④

(3) 수리능력의 중요성

① 수학적 사고를 통한 문제해결

② 직업세계의 변화에의 적응

③ 실용적 가치의 구현

(4) 단위환산표

구분	단위환산
길이	1cm = 10mm, 1m = 100cm, 1km = 1,000m
넓이	1cm² = 100mm², 1m² = 10,000cm², 1km² = 1,000,000m²
부피	1cm³ = 1,000mm³, 1m³ = 1,000,000cm³, 1km³ = 1,000,000,000m³
들이	1mℓ = 1cm³, 1dℓ = 100cm³, 1L = 1,000cm³ = 10dℓ
무게	1kg = 1,000g, 1t = 1,000kg = 1,000,000g
시간	1분 = 60초, 1시간 = 60분 = 3,600초
할푼리	1푼 = 0.1할, 1리 = 0.01할, 1모 = 0.001할

| 예제 2

둘레의 길이가 4.4km인 정사각형 모양의 공원이 있다. 이 공원의 넓이는 몇 a인가?

① 12,100a   ② 1,210a

③ 121a   ④ 12.1a

[출제의도]
길이, 넓이, 부피, 들이, 무게, 시간, 속도 등 단위에 대한 기본적인 환산 능력을 평가하는 문제로서, 소수점 계산이 필요하며, 자릿수를 읽고 구분할 줄 알아야 한다.

[해설]
공원의 한 변의 길이는
$4.4 \div 4 = 1.1(\mathrm{km})$이고
$1\mathrm{km}^2 = 10,000$a이므로
공원의 넓이는
$$1.1\mathrm{km} \times 1.1\mathrm{km} = 1.21km^2$$
$$= 12,100a$$

답 ①

2 수리능력을 구성하는 하위능력

(1) 기초연산능력

① **사칙연산** … 수에 관한 덧셈, 뺄셈, 곱셈, 나눗셈의 네 종류의 계산법으로 업무를 원활하게 수행하기 위해서는 기본적인 사칙연산뿐만 아니라 다단계의 복잡한 사칙연산까지도 수행할 수 있어야 한다.

② **검산** … 연산의 결과를 확인하는 과정으로 대표적인 검산방법으로 역연산과 구거법이 있다.

　㉠ **역연산** : 덧셈은 뺄셈으로, 뺄셈은 덧셈으로, 곱셈은 나눗셈으로, 나눗셈은 곱셈으로 확인하는 방법이다.

　㉡ **구거법** : 원래의 수와 각 자리 수의 합이 9로 나눈 나머지가 같다는 원리를 이용한 것으로 9를 버리고 남은 수로 계산하는 것이다.

│ 예제 3

다음 식을 바르게 계산한 것은?

$$1 + \frac{2}{3} + \frac{1}{2} - \frac{3}{4}$$

① $\frac{13}{12}$　　　　　　② $\frac{15}{12}$

③ $\frac{17}{12}$　　　　　　④ $\frac{19}{12}$

[출제의도]

직장생활에서 필요한 기초적인 사칙연산과 계산방법을 이해하고 활용할 수 있는 능력을 평가하는 문제로서, 분수의 계산과 통분에 대한 기본적인 이해가 필요하다.

[해설]

$$\frac{12}{12} + \frac{8}{12} + \frac{6}{12} - \frac{9}{12} = \frac{17}{12}$$

답 ③

---

(2) 기초통계능력

① **업무수행과 통계**

　㉠ **통계의 의미** : 통계란 집단현상에 대한 구체적인 양적 기술을 반영하는 숫자이다.

　㉡ **업무수행에 통계를 활용함으로써 얻을 수 있는 이점**

　　• 많은 수량적 자료를 처리가능하고 쉽게 이해할 수 있는 형태로 축소

　　• 표본을 통해 연구대상 집단의 특성을 유추

　　• 의사결정의 보조수단

　　• 관찰 가능한 자료를 통해 논리적으로 결론을 추출·검증

    © 기본적인 통계치
- 빈도와 빈도분포 : 빈도란 어떤 사건이 일어나거나 증상이 나타나는 정도를 의미하며, 빈도분포란 빈도를 표나 그래프로 종합적으로 표시하는 것이다.
- 평균 : 모든 사례의 수치를 합한 후 총 사례 수로 나눈 값이다.
- 백분율 : 전체의 수량을 100으로 하여 생각하는 수량이 그중 몇이 되는가를 퍼센트로 나타낸 것이다.

② 통계기법
    ㉠ 범위와 평균
- 범위 : 분포의 흩어진 정도를 가장 간단히 알아보는 방법으로 최곳값에서 최젓값을 뺀 값을 의미한다.
- 평균 : 집단의 특성을 요약하기 위해 가장 자주 활용하는 값으로 모든 사례의 수치를 합한 후 총 사례 수로 나눈 값이다.
- 관찰값이 1, 3, 5, 7, 9일 경우 범위는 $9 - 1 = 8$이 되고, 평균은 $\dfrac{1+3+5+7+9}{5} = 5$가 된다.

    ㉡ 분산과 표준편차
- 분산 : 관찰값의 흩어진 정도로, 각 관찰값과 평균값의 차의 제곱의 평균이다.
- 표준편차 : 평균으로부터 얼마나 떨어져 있는가를 나타내는 개념으로 분산값의 제곱근 값이다.
- 관찰값이 1, 2, 3이고 평균이 2인 집단의 분산은 $\dfrac{(1-2)^2 + (2-2)^2 + (3-2)^2}{3} = \dfrac{2}{3}$ 이고 표준편차는 분산값의 제곱근 값인 $\sqrt{\dfrac{2}{3}}$ 이다.

③ 통계자료의 해석
    ㉠ 다섯숫자요약
- 최솟값 : 원자료 중 값의 크기가 가장 작은 값
- 최댓값 : 원자료 중 값의 크기가 가장 큰 값
- 중앙값 : 최솟값부터 최댓값까지 크기에 의하여 배열했을 때 중앙에 위치하는 사례의 값
- 하위 25%값 · 상위 25%값 : 원자료를 크기 순으로 배열하여 4등분한 값
    ㉡ **평균값과 중앙값** : 평균값과 중앙값은 그 개념이 다르기 때문에 명확하게 제시해야 한다.

예제 4

인터넷 쇼핑몰에서 회원가입을 하고 디지털캠코더를 구매하려고 한다. 다음은 구입하고자 하는 모델에 대하여 인터넷 쇼핑몰 세 곳의 가격과 조건을 제시한 표이다. 표에 있는 모든 혜택을 적용하였을 때 디지털캠코더의 배송비를 포함한 실제 구매가격을 바르게 비교한 것은?

구분	A 쇼핑몰	B 쇼핑몰	C 쇼핑몰
정상가격	129,000원	131,000원	130,000원
회원혜택	7,000원 할인	3,500원 할인	7% 할인
할인쿠폰	5% 쿠폰	3% 쿠폰	5,000원
중복할인여부	불가	가능	불가
배송비	2,000원	무료	2,500원

① A<B<C   ② B<C<A

③ C<A<B   ④ C<B<A

[출제의도]
직장생활에서 자주 사용되는 기초적인 통계기법을 활용하여 자료의 특성과 경향성을 파악하는 능력이 요구되는 문제이다.

[해설]
㉠ A 쇼핑몰
• 회원혜택을 선택한 경우 : $129,000 - 7,000 + 2,000 = 124,000$(원)
• 5% 할인쿠폰을 선택한 경우 : $129,000 \times 0.95 + 2,000 = 124,550$
㉡ B 쇼핑몰 : $131,000 \times 0.97 - 3,500 = 123,570$
㉢ C 쇼핑몰
• 회원혜택을 선택한 경우 : $130,000 \times 0.93 + 2,500 = 123,400$
• 5,000원 할인쿠폰을 선택한 경우 : $130,000 - 5,000 + 2,500 = 127,500$
∴ C<B<A

답 ④

(3) 도표분석능력

① 도표의 종류

  ㉠ **목적별** : 관리(계획 및 통제), 해설(분석), 보고

  ㉡ **용도별** : 경과 그래프, 내역 그래프, 비교 그래프, 분포 그래프, 상관 그래프, 계산 그래프

  ㉢ **형상별** : 선 그래프, 막대 그래프, 원 그래프, 점 그래프, 층별 그래프, 레이더 차트

② 도표의 활용

　㉠ 선 그래프

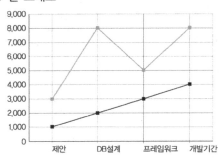

- 주로 시간의 경과에 따라 수량에 의한 변화 상황(시계열 변화)을 절선의 기울기로 나타 내는 그래프이다.
- 경과, 비교, 분포를 비롯하여 상관관계 등 을 나타낼 때 쓰인다.

　㉡ 막대 그래프

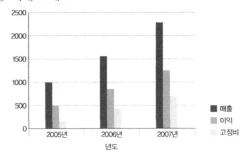

- 비교하고자 하는 수량을 막대 길이로 표 시하고 그 길이를 통해 수량 간의 대소관 계를 나타내는 그래프이다.
- 내역, 비교, 경과, 도수 등을 표시하는 용도로 쓰인다.

　㉢ 원 그래프

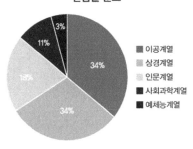

- 내역이나 내용의 구성비를 원을 분할하 여 나타낸 그래프이다.
- 전체에 대해 부분이 차지하는 비율을 표 시하는 용도로 쓰인다.

ⓔ 점 그래프

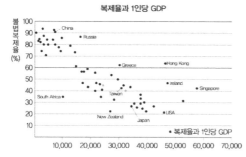

- 종축과 횡축에 2요소를 두고 보고자 하는 것이 어떤 위치에 있는가를 나타내는 그래프이다.
- 지역분포를 비롯하여 도시, 지방, 기업, 상품 등의 평가나 위치·성격을 표시하는데 쓰인다.

ⓜ 층별 그래프

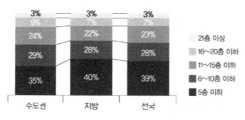

- 선 그래프의 변형으로 연속내역 봉 그래프라고 할 수 있다. 선과 선 사이의 크기로 데이터 변화를 나타낸다.
- 합계와 부분의 크기를 백분율로 나타내고 시간적 변화를 보고자 할 때나 합계와 각 부분의 크기를 실수로 나타내고 시간적 변화를 보고자 할 때 쓰인다.

ⓑ 레이더 차트(거미줄 그래프)

- 원 그래프의 일종으로 비교하는 수량을 직경, 또는 반경으로 나누어 원의 중심에서의 거리에 따라 각 수량의 관계를 나타내는 그래프이다.
- 비교하거나 경과를 나타내는 용도로 쓰인다.

③ 도표 해석상의 유의사항

　㉠ 요구되는 지식의 수준을 넓힌다.

　㉡ 도표에 제시된 자료의 의미를 정확히 숙지한다.

　㉢ 도표로부터 알 수 있는 것과 없는 것을 구별한다.

　㉣ 총량의 증가와 비율의 증가를 구분한다.

　㉤ 백분위수와 사분위수를 정확히 이해하고 있어야 한다.

예제 5

다음 표는 2009 ~ 2010년 지역별 직장인들의 자기개발에 관해 조사한 내용을 정리한 것이다. 이에 대한 분석으로 옳은 것은?

(단위 : %)

연도\구분\지역	2009				2010			
	자기개발하고 있음	자기개발 비용 부담 주체			자기개발하고 있음	자기개발 비용 부담 주체		
		직장 100%	본인 100%	직장50%+본인50%		직장 100%	본인 100%	직장50%+본인50%
충청도	36.8	8.5	88.5	3.1	45.9	9.0	65.5	24.5
제주도	57.4	8.3	89.1	2.9	68.5	7.9	68.3	23.8
경기도	58.2	12	86.3	2.6	71.0	7.5	74.0	18.5
서울시	60.6	13.4	84.2	2.4	72.7	11.0	73.7	15.3
경상도	40.5	10.7	86.1	3.2	51.0	13.6	74.9	11.6

① 2009년과 2010년 모두 자기개발 비용을 본인이 100% 부담하는 사람의 수는 응답자의 절반 이상이다.

② 자기개발을 하고 있다고 응답한 사람의 수는 2009년과 2010년 모두 서울시가 가장 많다.

③ 자기개발 비용을 직장과 본인이 각각 절반씩 부담하는 사람의 비율은 2009년과 2010년 모두 서울시가 가장 높다.

④ 2009년과 2010년 모두 자기개발을 하고 있다고 응답한 비율이 가장 높은 지역에서 자기개발비용을 직장이 100% 부담한다고 응답한 사람의 비율이 가장 높다.

[출제의도]

그래프, 그림, 도표 등 주어진 자료를 이해하고 의미를 파악하여 필요한 정보를 해석하는 능력을 평가하는 문제이다.

[해설]

② 지역별 인원수가 제시되어 있지 않으므로, 각 지역별 응답자 수는 알 수 없다.

③ 2009년에는 경상도에서, 2010년에는 충청도에서 가장 높은 비율을 보인다.

④ 2009년과 2010년 모두 '자기개발을 하고 있다'고 응답한 비율이 가장 높은 지역은 서울시이며, 2010년의 경우 자기개발 비용을 직장이 100% 부담한다고 응답한 사람의 비율이 가장 높은 지역은 경상도이다.

답 ①

(4) 도표작성능력

① 도표작성 절차
    ㉠ 어떠한 도표로 작성할 것인지를 결정
    ㉡ 가로축과 세로축에 나타낼 것을 결정
    ㉢ 한 눈금의 크기를 결정
    ㉣ 자료의 내용을 가로축과 세로축이 만나는 곳에 표현
    ㉤ 표현한 점들을 선분으로 연결
    ㉥ 도표의 제목을 표기

② 도표작성 시 유의사항
    ㉠ 선 그래프 작성 시 유의점
       • 세로축에 수량, 가로축에 명칭구분을 제시한다.
       • 선의 높이에 따라 수치를 파악하는 경우가 많으므로 세로축의 눈금을 가로축보다 크게 하는 것이 효과적이다.
       • 선이 두 종류 이상일 경우 반드시 그 명칭을 기입한다.
    ㉡ 막대 그래프 작성 시 유의점
       • 막대 수가 많을 경우에는 눈금선을 기입하는 것이 알아보기 쉽다.
       • 막대의 폭은 모두 같게 하여야 한다.
    ㉢ 원 그래프 작성 시 유의점
       • 정각 12시의 선을 기점으로 오른쪽으로 그리는 것이 보통이다.
       • 분할선은 구성비율이 큰 순서로 그린다.
    ㉣ 층별 그래프 작성 시 유의점
       • 눈금은 선 그래프나 막대 그래프보다 적게 하고 눈금선은 넣지 않는다.
       • 층별로 색이나 모양이 완전히 다른 것이어야 한다.
       • 같은 항목은 옆에 있는 층과 선으로 연결하여 보기 쉽도록 한다.

1 제주도의 가장 더운 8월 평균기온은 25.9℃이다. 이를 화씨(℉)로 변환하면?

① 76.1℉

② 77℉

③ 78.62℉

④ 79.16℉

⑤ 80.42℉

 ℃×$\frac{9}{5}$+32=℉이므로 25.9℃×$\frac{9}{5}$+32=78.62℉이다.

2 다음 중 무게의 단위 관계를 잘못 나타낸 것은?

① 20kg=20,000,000mg

② 33.0693391lb=4000돈

③ 18,000g=30냥

④ 0.063t=0.000063kt

⑤ 34,000g=0.034t

 ③ 18,000g=30근=480냥

3 甲은 480ha의 논과 3,600,000m^2의 밭을 가지고 있다. 甲이 소유한 논과 밭의 합은 몇 km^2인가?

① 0.84km^2

② 84km^2

③ 8.4km^2

④ 840km^2

⑤ 8,400km^2

③ 4.8km^2(480ha)+3.6km^2(3600000m^2)=8.4km^2

4 다음 중 부피가 가장 많이 나가는 것은?

① 13000cc

② 13l

③ 3.434237gal

④ 130000ml

⑤ 0.081812bbl

 $13000cc = 3.434237gal = 0.081812\text{bbl} = 13l$
$130000ml = 130l$

5 가로가 600cm, 세로가 500cm인 거실의 넓이는 몇 m²인가?

① 0.03m²

② 0.3m²

③ 3m²

④ 30m²

⑤ 300m²

 600cm = 6m, 500cm = 5m이므로 $6 \times 5 = 30\text{m}^2$

6 甲이 농도가 8%인 소금물 500g을 가지고 있었는데 乙이 자신이 가진 물을 甲의 소금물과 섞었더니 농도가 5%인 소금물이 되었다. 乙이 가지고 있던 물은 몇 g인가?

① 220g

② 250g

③ 300g

④ 320g

⑤ 350g

 乙이 가진 물의 양을 $x g$이라고 하면
$500 \times \dfrac{8}{100} = (500+x) \times \dfrac{5}{100} \ \therefore x = 300(g)$이다.

7 A가 등산을 하는데 같은 등산로로 올라갈 때는 시속 2km 내려올 때는 시속 3km로 걸어서 모두 6시간이 걸렸다. 올라갈 때 걸린 시간은 얼마인가?

① 3시간 7분   ② 3시간 12분

③ 3시간 24분   ④ 3시간 36분

⑤ 3시간 41분

 올라갈 때 걸린 시간을 x라고 하면 내려올 때 걸린 시간은 $(6-x)$이고 같은 등산로를 사용하였으므로 거리는 같다. 이를 이용해 공식을 세우면

$2x = 3(6-x)$, $5x = 18$, $x = \dfrac{18}{5} = 3 + \dfrac{36}{60}$ 이므로 올라갈 때 걸린 시간은 3시간 36분이다.

8 甲의 집에서 회사까지의 거리는 400km이다. 자동차로 집에서 출발하여 시속 60km로 가다가 늦을 것 같아 시속 80km로 속력을 내어 회사까지 도착하였더니 총 6시간이 걸렸다. 시속 60km로 간 거리는 얼마인가?

① 200km   ② 210km

③ 220km   ④ 230km

⑤ 240km

 시속 60km로 간 거리는 x, 시속 80km로 간 거리는 $(400-x)$라고 하면

$\dfrac{x}{60} + \dfrac{400-x}{80} = 6$, $4x + 1,200 - 3x = 1,440$, $x = 240$이다.

9 망고를 몇 명의 직원에게 나눠 주었는데 한 직원에게 4개씩 나누어 주면 11개가 남고 5개씩 나누어 주면 7개가 부족하였다. 이때, 직원 수는 몇 명인가?

① 15 명   ② 16 명

③ 17 명   ④ 18 명

⑤ 19 명

 $4x + 11 = 5x - 7$, $\therefore x = 18$이다.

10 다음 표에서 a~d의 값을 모두 더한 값은?

| | 2019년 | 2020년 | 전월대비 | | 전년동월대비 | |
	1월	12월	1월	증감액	증감률(차)	증감액	증감률(차)
총거래액(A)	107,230	126,826	123,906	a	-2.3	b	15.6
모바일 거래액(B)	68,129	83,307	82,730	c	-0.7	d	21.4
비중(B/A)	63.5	65.7	66.8	-	1.1	-	3.3

① 27,780

② 28,542

③ 28,934

④ 33,620

⑤ 34,774

 a=123,906-126,826=-2,920
b=82,730-83,307=-577
c=123,906-107,230=16,676
d=82,730-68,129=14,601
a+b+c+d=-2,920+(-577)+16,676+14,601=27,780

11 연속한 세 정수의 합이 57이라고 할 때 가장 작은 수는 얼마인가?

① 15

② 16

③ 17

④ 18

⑤ 19

 $x+(x+1)+(x+2)=57$, $3x=54$, $\therefore x=18$

|12~13| 다음은 N은행에서 파악한 농촌의 유소년, 생산연령, 고령인구 연도별 추이 조사 자료이다. 이를 보고 이어지는 물음에 답하시오.

(단위 : 천 명, %)

구분		2000	2005	2010	2015
농촌	합계	9,343	8,705	8,627	9,015
	유소년	1,742	1,496	1,286	1,130
	생산연령	6,231	5,590	5,534	5,954
	고령	1,370	1,619	1,807	1,931
- 읍	소계	3,742	3,923	4,149	4,468
	유소년	836	832	765	703
	생산연령	2,549	2,628	2,824	3,105
	고령	357	463	560	660
- 면	소계	5,601	4,782	4,478	4,547
	유소년	906	664	521	427
	생산연령	3,682	2,962	2,710	2,849
	고령	1,013	1,156	1,247	1,271

12 다음 중 농촌 전체 유소년, 생산연령, 고령 인구의 2000년 대비 2015년의 증감률을 각각 순서대로 올바르게 나열한 것은 어느 것인가?

① 약 35.1%, 약 4.4%, 약 40.9%

② 약 33.1%, 약 4.9%, 약 38.5%

③ 약 −37.2%, 약 −3.8%, 약 42.5%

④ 약 −35.1%, 약 −4.4%, 약 40.9%

⑤ 약 −33.1%, 약 −4.9%, 약 38.5%

 A에서 B로 변동한 수치의 증감률은 (B − A) ÷ A × 100임을 활용하여 다음과 같이 계산할 수 있다.
- 유소년 : $(1,130 - 1,742) ÷ 1,742 × 100 =$ 약 −35.1%
- 생산연령 : $(5,954 - 6,231) ÷ 6,231 × 100 =$ 약 −4.4%
- 고령 : $(1,931 - 1,370) ÷ 1,370 × 100 =$ 약 40.9%

13 다음 중 위의 자료를 올바르게 해석하지 못한 것은 어느 것인가?

① 유소년 인구는 읍과 면 지역에서 모두 지속적으로 감소하였다.

② 생산연령 인구는 읍과 면 지역에서 모두 증가세를 보였다.

③ 고령인구의 지속적 증가로 노령화 지수는 지속 상승하였다.

④ 농촌의 전체 인구는 면 지역의 생산연령 인구와 증감 추이가 동일하다.

⑤ 읍 지역의 고령 인구는 면 지역의 고령 인구보다 2000년 대비 2015년의 증감률이 더 크다.

 생산연령 인구는 읍 지역에서는 지속 증가세를 보였으나, 면 지역에서는 계속 감소하다가 2015년에 증가세로 돌아선 것을 알 수 있다.
① 유소년 인구는 빠르게 감소 추세를 보이고 있다.
③ 유소년 인구와 달리 고령 인구는 빠른 증가로 인해 도시의 노령화 지수가 상승하였다고 볼 수 있다.
④ 농촌의 전체 인구와 면 지역의 생산연령 인구는 모두 감소 후 2015년에 증가하는 추이를 보이고 있다.
⑤ 읍 지역 고령 인구의 증감률은 $(660 - 357) \div 357 \times 100 =$ 약 84.9%이며, 면 지역 고령 인구의 증감률은 $(1,271 - 1,013) \div 1,013 \times 100 =$ 약 25.5%이다.

Answer → 12.④ 13.②

14 다음은 N그룹 직원의 출장 횟수에 관한 자료이다. 이에 대한 설명 중 옳지 않은 것을 고르면?
(단, 회당 출장 인원은 동일하며 제시된 자료에 포함되지 않은 해외 출장은 없다)

■ 최근 9년간 N그룹 본사 직원의 해외 법인으로의 출장 횟수

(단위 : 회)

구분	2009	2010	2011	2012	2013	2014	2015	2016	2017
유럽 사무소	61	9	36	21	13	20	12	8	11
두바이 사무소	9	0	5	6	2	3	9	1	8
아르헨티나 사무소	7	2	24	15	0	2	4	0	6

■ 최근 5년간 해외 법인 직원의 N그룹 본사로의 출장 횟수

(단위 : 회)

기간 / 지역	2013년	2014년	2015년	2016년	2017년
UAE	11	5	7	12	7
호주	2	30	43	9	12
브라질	9	11	17	18	32
아르헨티나	15	13	9	35	29
독일	11	2	7	5	6

① 최근 9년간 두바이사무소로 출장을 간 N그룹 본사 직원은 아르헨티나사무소로 출장을 간 본사 직원 수보다 적다.

② 2013년 이후 브라질 지역의 해외 법인 직원이 본사로 출장을 온 횟수는 지속적으로 증가하였다.

③ N그룹 본사에서 유럽사무소로의 출장 횟수가 많은 해부터 나열하면 09년, 11년, 14년, 12년, 13년, 15년, 17년, 10년, 16년 순이다.

④ 2014~2015년에 UAE 지역의 해외 법인 직원이 N그룹 본사로 출장을 온 횟수는 2015년 본사 직원이 유럽사무소로 출장을 간 횟수와 같다.

⑤ 2014년 해외 법인 직원이 N그룹 본사로 출장을 온 총 횟수는 2010년 이후 본사 직원이 아르헨티나사무소로 출장을 간 총 횟수보다 많다.

Tip ③ N그룹 본사에서 유럽사무소로의 출장 횟수가 많은 해부터 나열하면 09년, 11년, 12년, 14년, 13년, 15년, 17년, 10년, 16년 순이다.

15 다음은 N은행에서 사원에게 지급하는 수당에 대한 자료이다. 2018년 7월 현재 부장 甲의 근무년 수는 12년 2개월이고, 기본급은 300만 원이다. 2018년 7월 甲의 월급은 얼마인가? (단, N은행 사원의 월급은 기본급과 수당의 합으로 계산되고 제시된 수당 이외의 다른 수당은 없으며, 10년 이상 근무한 직원의 정근수당은 기본급의 50%를 지급한다)

구분	지급 기준	비고
정근수당	근무년수에 따라 기본급의 0~50% 범위 내 차등 지급	매년 1월, 7월 지급
명절휴가비	기본급의 60%	매년 2월(설), 10월(추석) 지급
가계지원비	기본급의 40%	매년 홀수 월에 지급
정액급식비	130,000원	매월 지급
교통보조비	• 부장 : 200,000원 • 과장 : 180,000원 • 대리 : 150,000원 • 사원 : 130,000원	매월 지급

① 5,830,000원   ② 5,880,000원

③ 5,930,000원   ④ 5,980,000원

⑤ 6,030,000원

 2018년 7월 甲의 월급은 기본급 300만 원에 다음의 수당을 합한 급액이 된다.
- 정근수당 : 10년 이상 근무한 직원의 정근수당은 기본급의 50%이므로 3,000,000 × 50% = 1,500,000원이다.
- 명절휴가비 : 해당 없다.
- 가계지원비 : 3,000,000 × 40% = 1,200,000원
- 정액급식비 : 130,000원
- 교통보조비 : 200,000원
따라서 3,000,000 + 1,500,000 + 1,200,000 + 130,000 + 200,000 = 6,030,000원이다.

16 아시안 게임에 참가한 어느 종목의 선수들을 A, B, C 등급으로 분류하여 전체 4천5백만 원의 포상금을 지급하려고 한다. A등급의 선수 각각은 B등급보다 2배, B등급은 C등급보다 1.5배 지급하려고 한다. A등급은 5명, B등급은 10명, C등급은 15명이라면, A등급을 받은 선수 한 명에게 지급될 금액은?

① 300만 원

② 400만 원

③ 450만 원

④ 500만 원

⑤ 600만 원

 A등급 한 명에게 지급되는 금액을 $6x$, B등급 한 명에게 지급되는 금액을 $3x$, C등급 한 명에게 지급되는 금액을 $2x$라 하면, $6x \times 5 + 3x \times 10 + 2x \times 15 = 4,500$(만원), $x = 50 \rightarrow 6x = 300$(만원)

17 다음은 A기업 각 팀 직원들의 한 주 동안 휴대전화 사용 시간을 조사한 표이다. 각 팀의 직원 수가 모두 같을 때, 이 표에 대한 설명으로 옳은 것을 〈보기〉에서 모두 고른 것은?

(단위 : 시간)

구분	총무팀	기획팀	영업팀	홍보팀	재무팀
평균	12	9	12	10	11
표준편차	2.6	2.1	3.3	3.7	1.8

〈보기〉

㉠ 홍보팀의 분산이 가장 크다.

㉡ 휴대전화 평균 사용 시간이 가장 적은 팀은 재무팀이다.

㉢ 총무팀과 영업팀의 휴대전화 사용 시간의 총합이 서로 같다.

㉣ 휴대전화 사용 시간이 평균에 가장 가까이 몰려 있는 팀은 기획팀이다.

① ㉠

② ㉠, ㉢

③ ㉡, ㉢

④ ㉡, ㉣

⑤ ㉠, ㉢, ㉣

⊙ 분산은 확률분포 또는 자료가 얼마나 퍼져 있는지를 알려 주는 수치로 분산이 클수록 확률분포는 평균에서 멀리 퍼져 있고 0에 가까워질수록 평균에 집중된다. 표준편차는 분산의 제곱근이므로 표준편차가 가장 큰 홍보팀의 분산이 가장 크다.

ⓛ 휴대전화 평균 사용 시간이 가장 적은 팀은 기획팀이다.

ⓒ 각 팀의 직원 수가 모두 같으므로 평균이 같은 총무팀과 영업팀의 휴대전화 사용 시간의 총합은 서로 같다.

ⓔ 표준편차가 0에 가까우면 자료 값들이 평균에 집중되며, 표준편차가 클수록 자료 값들이 널리 퍼져 있다. 따라서 휴대전화 사용 시간이 평균에 가장 가까이 몰려 있는 팀은 표준편차가 가장 작은 재무팀이다.

18 아래의 표는 "(주) 안 켜져" TV 제조업체의 최근 5개월 동안 컬러 TV 판매량을 나타낸 것이다. 이 때 6월의 컬러 TV 판매량을 단순 이동평균법, 가중이동평균법, 단순지수평활법을 이용하여 예측한 값을 각각 ⊙, ⓛ, ⓒ이라고 할 때, 그 크기를 비교한 것으로 옳은 것을 고르면? (단, 이동평균법에서 주기는 4개월, 단순지수평활법에서 평활상수는 0.4를 각각 적용한다) (단위 : 천대)

	1월	2월	3월	4월	5월	6월
판매량	10	14	9	13	15	
가중치	0.0	0.1	0.2	0.3	0.4	

① ⊙>ⓛ>ⓒ   ② ⓛ>⊙>ⓒ

③ ⊙>ⓒ>ⓛ   ④ ⓛ>ⓒ>⊙

⑤ ⓒ>ⓛ>⊙

⊙ 단순이동평균법 $= \dfrac{14+9+13+15}{4} = 12.75$대

ⓛ 가중이동평균법 $= 15 \times 0.4 + 13 \times 0.3 + 9 \times 0.2 + 14 \times 0.1 = 13.1$ 대

ⓒ 지수평활법을 이용하기 위해서는 세 개의 자료가 필요하다. 전월의 예측치, 전월의 실제치, 지수평활계수 이를 식으로 나타내면 당기 예측치＝전기 예측치＋지수평활계수 (전기 실 제치－전기 예측치) 그런데 이 문제에서는 5월의 예측치가 없으므로 문제가 성립될 수 없다. 그러나 이러한 경우에는 단순이동 평균치를 예측치로 사용한다. 4월까지의 단순이동 평균치는 11.50이다. 지수평활법＝0.4×15+0.6×11.50＝12.90대이므로 따라서 ⓛ>ⓒ>⊙이 된다.

19 다음은 김 대리의 10월 인터넷 쇼핑 구매내역이다. 이에 대한 설명으로 옳은 것은? (단, 소수 둘째자리에서 반올림한다)

<10월 인터넷 쇼핑 구매내역>

(단위 : 원, 포인트)

상품	주문금액	할인금액		결제금액
캠핑용품세트	45,400	즉시할인 4,540 쿠폰할인 4,860		신용카드 32,700 + 포인트 3,300 = 36,000
가을스웨터	57,200	즉시할인 600 쿠폰할인 7,970		신용카드 48,370 + 포인트 260 = 48,630
샴푸	38,800	즉시할인 0 쿠폰할인 ( )		신용카드 34,300 + 포인트 1,500 = 35,800
에코백	9,200	즉시할인 1,840 쿠폰할인 0		신용카드 7,290 + 포인트 70 = 7,360
전체	150,600	22,810		127,790

1) 결제금액(원) = 주문금액 − 할인금액

2) 할인율(%) = $\frac{할인금액}{주문금액} \times 100$할인금액

3) 1포인트는 결제금액 1원에 해당

① 전체 할인율은 15% 미만이다.

② 할인율이 가장 높은 상품은 '에코백'이다.

③ 주문금액 대비 신용카드 결제금액 비율이 가장 낮은 상품은 '캠핑용품세트'이다.

④ 10월 전체 주문금액의 3%가 11월 포인트로 적립된다면, 10월 구매로 적립된 11월 포인트는 10월 동안 사용한 포인트보다 크다.

⑤ 결제금액 중 포인트로 결제한 금액이 차지하는 비율이 두 번째로 낮은 상품은 '가을스웨터'이다.

③ 각 상품의 주문금액 대비 신용카드 결제금액 비율은 다음과 같다. 주문금액 대비 신용카드 결제금액 비율이 가장 낮은 상품은 '캠핑용품세트'이다.

캠핑용품세트	$\frac{32,700}{45,400} \times 100 = 72.0\%$	샴푸	$\frac{34,300}{38,800} \times 100 = 88.4\%$
가을스웨터	$\frac{48,370}{57,200} \times 100 = 84.6\%$	에코백	$\frac{7,290}{9,200} \times 100 = 79.1\%$

① 전체 할인율은 $\frac{22,810}{150,600} \times 100 = 15.1\%$이다.

② 각 상품의 할인율은 다음과 같다. 할인율이 가장 높은 상품은 '캠핑용품세트'이다.

캠핑용품세트	$\frac{4,540+4,860}{45,400} \times 100 = 20.7\%$	샴푸	$\frac{38,800-35,800}{38,800} \times 100 = 7.7\%$
가을스웨터	$\frac{600+7,970}{57,200} \times 100 = 15.0\%$	에코백	$\frac{1,840}{9,200} \times 100 = 20.0\%$

④ 10월 전체 주문금액의 3%가 11월 포인트로 적립된다면 11월에 적립되는 포인트는 150,600 × 0.03 = 4,518원으로 10월 동안 사용한 포인트는 총 포인트는 5,130원보다 작다.

⑤ 각 상품의 결제금액 중 포인트로 결제한 금액이 차지하는 비율은 다음과 같다. 결제금액 중 포인트로 결제한 금액이 차지하는 비율이 두 번째로 낮은 상품은 '샴푸'이다.

캠핑용품세트	$\frac{3,300}{36,000} \times 100 = 9.2\%$	샴푸	$\frac{1,500}{35,800} \times 100 = 4.2\%$
가을스웨터	$\frac{260}{48,630} \times 100 = 0.5\%$	에코백	$\frac{1,840}{9,200} \times 100 = 20.0\%$

Answer↪ 19.③

|20~21| 다음 〈표〉와 〈선정절차〉는 정부가 추진하는 신규 사업에 지원한 A~E 기업의 현황과 사업 선정절차에 대한 자료이다. 물음에 답하시오.

〈표〉A~E 기업 현황

기업	직원수 (명)	임원수(명)		임원평균 근속기간 (년)	시설현황				통근 차량 대수 (대)
		이사	감사		사무실		휴게실 면적 (㎡)	기업 총면적 (㎡)	
					수 (개)	총면적 (㎡)			
A	132	10	3	2.1	5	450	2,400	3,800	3
B	160	5	1	4.5	7	420	200	1,300	2
C	120	4	3	3.1	5	420	440	1,000	1
D	170	2	12	4.0	7	550	300	1,500	2
E	135	4	6	2.9	6	550	1,000	2,500	2

※ 여유면적 = 기업 총면적 − 사무실 총면적 − 휴게실 면적

〈선정절차〉
- 1단계 : 아래 4개 조건을 모두 충족하는 기업을 예비 선정한다.
- 사무실조건 : 사무실 1개당 직원수가 25명 이하여야 한다.
- 임원조건 : 임원 1인당 직원수가 15명 이하여야 한다.
- 차량조건 : 통근 차량 1대당 직원수가 100명 이하여야 한다.
- 여유면적조건 : 여유면적이 650㎡ 이상이어야 한다.
- 2단계 : 예비 선정된 기업 중 임원평균근속기간이 가장 긴 기업을 최종 선정한다.

20 1단계 조건을 충족하여 예비 선정되는 기업을 모두 고르면?

① A, B 　　　　　　② B, C

③ C, D 　　　　　　④ D, E

⑤ E, A

 각 기업의 1단계 조건 충족 여부는 다음과 같다.

기업	사무실조건 (25명/개 이하)	임원조건 (15명/명 이하)	차량조건 (100명/대 이하)	여유면적조건 (650㎡ 이상)
A	26.4명/개 → ×	10.2명/명 → ○	44명/대 → ○	950㎡ → ○
B	22.9명/개 → ○	26.7명/명 → ×	80명/대 → ○	680㎡ → ○
C	24명/개 → ○	17.1명/명 → ×	120명/대 → ×	140㎡ → ×
D	24.3명/개 → ○	8.6명/명 → ○	85명/대 → ○	650㎡ → ○
E	22.5명/개 → ○	13.5명/명 → ○	67.5명/대 → ○	950㎡ → ○

21 정부가 추진하는 신규 사업에 최종 선정되는 기업은?

① A 　　　　　　② B

③ C 　　　　　　④ D

⑤ E

 예비 선정된 기업인 D, E 중 임원평균근속기간이 더 긴 D 기업이 최종 선정된다.

Answer →　20.④　21.④

|22~23| 다음은 우리나라의 에너지 수입액 및 수입의존도에 대한 자료이다. 자료를 읽고 이어지는 질문에 답하시오.

〈에너지 수입액〉

(단위 : 만 달러)

구분 \ 년도	2016	2017	2018	2019
총수입액	435,275	323,085	425,212	524,413
에너지수입합계	141,474	91,160	121,654	172,490
석탄	12,809	9,995	13,131	18,477
석유	108,130	66,568	90,902	129,346
천연가스	19,806	13,875	17,006	23,859
우라늄	729	722	615	808

※ 총수입액은 에너지수입액을 포함한 국내로 수입되는 모든 제품의 수입액을 의미함

〈에너지 수입의존도〉

(단위 : %)

구분 \ 년도		2016	2017	2018	2019
에너지 수입의존도	원자력발전제외	96.4	96.4	96.5	96.4
	원자력발전포함	83.0	83.4	84.4	84.7

※ 에너지 수입의존도는 1차 에너지 공급량 중 순수입 에너지가 차지하는 비중을 의미함

22 다음 중 위 자료를 바르게 설명한 것은?

① 에너지의 수입합계는 2016년에 가장 컸다.

② 에너지 중 천연가스의 수입액은 꾸준히 증가하고 있다.

③ 에너지 중 우라늄의 수입액은 백만 달러 미만의 작은 폭으로 변화하였다.

④ 2017년에 비해 2019년에 총수입액 중 에너지수입 합계의 비중이 늘어났다.

⑤ 2016년 석탄과 석유 수입액은 2019년 석유 수입액보다 많다.

 ④ 2017년과 2019년의 에너지수입합계/총수입액을 계산해보면 2019년에 비중이 훨씬 늘어
    났음을 알 수 있다.
    ① 2019년에 가장 컸다.
    ② 2016년에서 2017년 사이에는 감소했다.
    ③ 2018년과 2019년 사이에는 백만 달러 이상의 차이를 보인다.
    ⑤ 2016년 석탄과 석유 수입액은 2019년 석유 수입액보다 적다.

23 다음 중 위 자료에 대해 적절하게 설명하지 못한 사람은?

① 시욱 : 2017년에 에너지 수입의존도 중 원자력 발전의 의존도는 13.0%라고 할 수 있어.

② 준성 : 2017년에 에너지 수입합계가 급격하게 감소했고, 그 이후로는 다시 꾸준히 증
가하고 있어.

③ 규태 : 우리나라는 에너지 수입의존도가 높은 것으로 보아 에너지를 만들 수 있는 1차
자원을 대부분 자국 내에서 공급하지 못하고 있다는 것을 알 수 있어.

④ 대선 : 원자력 발전을 포함했을 때 에너지 수입의존도가 낮아지는 것을 보면, 원자력
에너지는 수입에 의존하지 않고 자국 내에서 공급하는 비중이 높은 것 같아.

⑤ 2016년 이후 에너지 수입의존도의 변화 추이는 원자력발전 포함 여부에 따라 다르다.

① 에너지 수입의존도 자료에서 원자력 발전의 의존도가 얼마인지는 이끌어낼 수 없다.

24 다음 표는 2018 평창 동계올림픽대회에서 획득한 메달의 개수에 따른 상위 20개국(선수단)을 조사하여 나타낸 도수분포표이다. 이 대회에서 대한민국은 17개의 메달을 획득하였다. 17개의 메달 수가 속하는 계급의 도수는?

메달 수(개)	국가(선수단) 수
0 이상 ~ 8 미만	6
8 이상 ~ 16 미만	7
16 이상 ~ 24 미만	4
24 이상 ~ 32 미만	2
32 이상 ~ 40 미만	1
합계	20

① 1 ② 2

③ 4 ④ 7

⑤ 6

 17개의 메달 수가 속하는 계급의 도수는 4이다.

25 아래의 자료는 A 지역의 2017~2018년 상반기 대비 5대 범죄의 발생을 분석한 표이다. 이를 참조하여 예측 및 분석한 내용으로 가장 거리가 먼 것을 고르면?

〈17~18년 상반기 대비 5대 범죄 발생 분석〉

구분	계	살인	강도	강간	절도	폭력
18년	934	2	6	46	360	520
17년	1,211	2	8	39	601	561
대비	−277(−22.9)%	0	−2(−25%)	+7(17.9%)	−241(−40.1%)	−41(−7.3%)

① 살인의 경우에는 2017~2018년 동기간 동안 동일한 건수를 기록하고 있다.

② 강간의 경우에는 2017년 대비 2018년에는 7건 정도가 증가하였으며, 폭력의 경우에는 41건 정도가 감소함을 알 수 있다.

③ 자료를 보면 치안 담당자들이 전반적으로 해당 지역의 정보를 공유하지 않고 범죄 검거에 대한 의지가 약함을 알 수 있다.

④ 표를 보면 5대 범죄 중 가장 괄목할만한 것은 민생치안 및 체감안전도와 직결되는 절도의 경우에 360건이 발생하여 전년 601건 대비 240건 정도 감소했다.

⑤ 18년 상반기를 기준으로 범죄 발생 분석 현황에 의하면 5대 범죄는 934건 발생하여 전년 1,211건 대비 277건이 감소했음을 알 수 있다.

 주어진 표는 2017년 및 2018년 상반기 동기간 동안의 5대 범죄 발생을 분석한 것이다. 약간의 차이는 있으나 전반적으로 보면 2017년에는 1,211건, 이에 대비 2018년에는 발생 범죄가 934건으로 감소됨을 알 수 있다. 그러므로 범죄다발지역에 대해 치안 담당자들이 해당 지역에 대한 정보를 공유하여 범죄의 발생 및 검거에 치안역량을 집중했음을 알 수 있다.

04 자원관리능력

1 자원과 자원관리

(1) 자원

① 자원의 종류 … 시간, 돈, 물적자원, 인적자원

② 자원의 낭비요인 … 비계획적 행동, 편리성 추구, 자원에 대한 인식 부재, 노하우 부족

(2) 자원관리 기본 과정

① 필요한 자원의 종류와 양 확인

② 이용 가능한 자원 수집하기

③ 자원 활용 계획 세우기

④ 계획대로 수행하기

예제 1

당신은 A출판사 교육훈련 담당자이다. 조직의 효율성을 높이기 위해 전사적인 시간관리에 대한 교육을 실시하기로 하였지만 바쁜 일정 상 직원들을 집합교육에 동원할 수 있는 시간은 제한적이다. 다음 중 귀하가 최우선의 교육 대상으로 삼아야 하는 것은 어느 부분인가?

구분	긴급한 일	긴급하지 않은 일
중요한 일	제1사분면	제2사분면
중요하지 않은 일	제3사분면	제4사분면

[출제의도]
주어진 일들을 중요도와 긴급도에 따른 시간관리 매트릭스에서 우선순위를 구분할 수 있는가를 측정하는 문항이다.

[해설]
교육훈련에서 최우선 교육대상으로 삼아야 하는 것은 긴급하지 않지만 중요한 일이다. 이를 긴급하지 않다고 해서 뒤로 미루다보면 급박하게 처리해야하는 업무가 증가하여 효율적인 시간관리가 어려워진다.

① 중요하고 긴급한 일로 위기사항이나 급박한 문제, 기간이 정해진 프로젝트 등
   이 해당되는 제1사분면
② 긴급하지는 않지만 중요한 일로 인간관계구축이나 새로운 기회의 발굴, 중장
   기 계획 등이 포함되는 제2사분면
③ 긴급하지만 중요하지 않은 일로 잠깐의 급한 질문, 일부 보고서, 눈 앞의 급
   박한 사항이 해당되는 제3사분면
④ 중요하지 않고 긴급하지 않은 일로 하찮은 일이나 시간낭비거리, 즐거운 활동
   등이 포함되는 제4사분면

구분	긴급한 일	긴급하지 않은 일
중요한 일	위기사항, 급박한 문제, 기간이 정해진 프로젝트	인간관계구축, 새로운 기회의 발굴, 중장기계획
중요하지 않은 일	잠깐의 급한 질문, 일부 보고서, 눈앞의 급박한 사항	하찮은 일, 우편물, 전화, 시간낭비거리, 즐거운 활동

답 ②

---

2 자원관리능력을 구성하는 하위능력

(1) 시간관리능력

① 시간의 특성
   ㉠ 시간은 매일 주어지는 기적이다.
   ㉡ 시간은 똑같은 속도로 흐른다.
   ㉢ 시간의 흐름은 멈추게 할 수 없다.
   ㉣ 시간은 꾸거나 저축할 수 없다.
   ㉤ 시간은 사용하기에 따라 가치가 달라진다.

② 시간관리의 효과
   ㉠ 생산성 향상
   ㉡ 가격 인상
   ㉢ 위험 감소
   ㉣ 시장 점유율 증가

③ 시간계획

　　㉠ 개념 : 시간 자원을 최대한 활용하기 위하여 가장 많이 반복되는 일에 가장 많은 시간을 분배하고, 최단시간에 최선의 목표를 달성하는 것을 의미한다.

　　㉡ 60 : 40의 Rule

계획된 행동 (60%)	계획 외의 행동 (20%)	자발적 행동 (20%)
총 시간		

예제 2

유아용품 홍보팀의 사원 은이씨는 일산 킨텍스에서 열리는 유아용품박람회에 참여하고자 한다. 당일 회의 후 출발해야 하며 회의 종료 시간은 오후 3시이다.

장소	일시
일산 킨텍스 제2전시장	2016. 1. 20(금) PM 15:00~19:00 * 입장가능시간은 종료 2시간 전까지

오시는 길
지하철 : 4호선 대화역(도보 30분 거리)
버스 : 8109번, 8407번(도보 5분 거리)

• 회사에서 버스정류장 및 지하철역까지 소요시간

출발지	도착지	소요시간	
회사	×× 정류장	도보	15분
		택시	5분
	지하철역	도보	30분
		택시	10분

• 일산 킨텍스 가는 길

교통편	출발지	도착지	소요시간
지하철	강남역	대화역	1시간 25분
버스	×× 정류장	일산 킨텍스 정류장	1시간 45분

위의 제시 상황을 보고 은이씨가 선택할 교통편으로 가장 적절한 것은?

① 도보 – 지하철　　　　　　② 도보 – 버스
③ 택시 – 지하철　　　　　　④ 택시 – 버스

[출제의도]
주어진 여러 시간정보를 수집하여 실제 업무 상황에서 시간자원을 어떻게 활용할 것인지 계획하고 할당하는 능력을 측정하는 문항이다.
[해설]
④ 택시로 버스정류장까지 이동해서 버스를 타고 가게 되면 택시(5분), 버스(1시간 45분), 도보(5분)으로 1시간 55분이 걸린다.
① 도보–지하철 : 도보(30분), 지하철(1시간 25분), 도보(30분)이므로 총 2시간 25분이 걸린다.
② 도보–버스 : 도보(15분), 버스(1시간 45분), 도보(5분)이므로 총 2시간 5분이 걸린다.
③ 택시–지하철 : 택시(10분), 지하철(1시간 25분), 도보(30분)이므로 총 2시간 5분이 걸린다.

답 ④

(2) 예산관리능력

① 예산과 예산관리

    ㉠ 예산 : 필요한 비용을 미리 헤아려 계산하는 것이나 그 비용

    ㉡ 예산관리 : 활동이나 사업에 소요되는 비용을 산정하고, 예산을 편성하는 것뿐만 아니라 예산을 통제하는 것 모두를 포함한다.

② 예산의 구성요소

비용	직접비용	재료비, 원료와 장비, 시설비, 여행(출장) 및 잡비, 인건비 등
	간접비용	보험료, 건물관리비, 광고비, 통신비, 사무비품비, 각종 공과금 등

③ 예산수립 과정 … 필요한 과업 및 활동 구명 → 우선순위 결정 → 예산 배정

예제 3

당신은 가을 체육대회에서 총무를 맡으라는 지시를 받았다. 다음과 같은 계획에 따라 예산을 진행하였으나 확보된 예산이 생각보다 적게 되어 불가피하게 비용항목을 줄여야 한다. 다음 중 귀하가 비용 항목을 없애기에 가장 적절한 것은 무엇인가?

〈○○산업공단 춘계 1차 워크숍〉

1. 해당부서 : 인사관리팀, 영업팀, 재무팀
2. 일   정 : 2016년 4월 21일~23일(2박 3일)
3. 장   소 : 강원도 속초 ○○연수원
4. 행사내용 : 바다열차탑승, 체육대회, 친교의 밤 행사, 기타

① 숙박비   ② 식비
③ 교통비   ④ 기념품비

[출제의도]
업무에 소요되는 예산 중 꼭 필요한 것과 예산을 감축해야할 때 삭제 또는 감축이 가능한 것을 구분해내는 능력을 묻는 문항이다.

[해설]
한정된 예산을 가지고 과업을 수행할 때에는 중요도를 기준으로 예산을 사용한다. 위와 같이 불가피하게 비용 항목을 줄여야 한다면 기본적인 항목인 숙박비, 식비, 교통비는 유지되어야 하기에 항목을 없애기 가장 적절한 정답은 ④번이 된다.

답 ④

(3) 물적관리능력

① 물적자원의 종류
    ㉠ **자연자원** : 자연상태 그대로의 자원 ex) 석탄, 석유 등
    ㉡ **인공자원** : 인위적으로 가공한 자원 ex) 시설, 장비 등

② **물적자원관리** … 물적자원을 효과적으로 관리할 경우 경쟁력 향상이 향상되어 과제 및 사업의 성공으로 이어지며, 관리가 부족할 경우 경제적 손실로 인해 과제 및 사업의 실패 가능성이 커진다.

③ 물적자원 활용의 방해요인
    ㉠ 보관 장소의 파악 문제
    ㉡ 훼손
    ㉢ 분실

④ 물적자원관리 과정

과정	내용
사용 물품과 보관 물품의 구분	• 반복 작업 방지 • 물품활용의 편리성
동일 및 유사 물품으로의 분류	• 동일성의 원칙 • 유사성의 원칙
물품 특성에 맞는 보관 장소 선정	• 물품의 형상 • 물품의 소재

예제 4

S호텔의 외식사업부 소속인 K씨는 예약일정 관리를 담당하고 있다. 아래의 예약일정과 정보를 보고 K씨의 판단으로 옳지 않은 것은?

〈S호텔 일식 뷔페 1월 ROOM 예약 일정〉

* 예약 : ROOM 이름(시작시간)

SUN	MON	TUE	WED	THU	FRI	SAT
					1	2
					백합(16)	장미(11) 백합(15)
3	4	5	6	7	8	9
라일락(15)	백향목(10) 백합(15)	장미(10) 백향목(17)	백합(11) 라일락(18)	백향목(15)	장미(10) 라일락(15)

ROOM 구분	수용가능인원	최소투입인력	연회장 이용시간
백합	20	3	2시간
장미	30	5	3시간
라일락	25	4	2시간
백향목	40	8	3시간

– 오후 9시에 모든 업무를 종료함
– 한 타임 끝난 후 1시간씩 세팅 및 정리
– 동 시간 대 서빙 투입인력은 총 10명을 넘을 수 없음

안녕하세요. 1월 첫째 주 또는 둘째 주에 신년회 행사를 위해 ROOM을 예약하려고 하는데요. 저희 동호회의 총 인원은 27명이고 오후 8시쯤 마무리하려고 합니다. 신정과 주말, 월요일은 피하고 싶습니다. 예약이 가능할까요?

① 인원을 고려했을 때 장미ROOM과 백향목ROOM이 적합하겠군.
② 만약 2명이 안 온다면 예약 가능한 ROOM이 늘어나겠구나.
③ 조건을 고려했을 때 예약 가능한 ROOM은 5일 장미ROOM뿐이겠구나.
④ 오후 5시부터 8시까지 가능한 ROOM을 찾아야해.

(4) 인적자원관리능력

① **인맥** … 가족, 친구, 직장동료 등 자신과 직접적인 관계에 있는 사람들인 핵심인맥과 핵심인맥들로부터 알게 된 파생인맥이 존재한다.

② **인적자원의 특성** … 능동성, 개발가능성, 전략적 자원

③ **인력배치의 원칙**
　　㉠ **적재적소주의** : 팀의 효율성을 높이기 위해 팀원의 능력이나 성격 등과 가장 적합한 위치에 배치하여 팀원 개개인의 능력을 최대로 발휘해 줄 것을 기대하는 것
　　㉡ **능력주의** : 개인에게 능력을 발휘할 수 있는 기회와 장소를 부여하고 그 성과를 바르게 평가하며 평가된 능력과 실적에 대해 그에 상응하는 보상을 주는 원칙
　　㉢ **균형주의** : 모든 팀원에 대한 적재적소를 고려

④ **인력배치의 유형**
　　㉠ **양적 배치** : 부문의 작업량과 조업도, 여유 또는 부족 인원을 감안하여 소요인원을 결정하여 배치하는 것
　　㉡ **질적 배치** : 적재적소의 배치
　　㉢ **적성 배치** : 팀원의 적성 및 흥미에 따라 배치하는 것

예제 5

최근 조직개편 및 연봉협상 과정에서 직원들의 불만이 높아지고 있다. 온갖 루머가 난무한 가운데 인사팀원인 당신에게 사내 게시판의 직원 불만사항에 대한 진위여부를 파악하고 대안을 세우라는 팀장의 지시를 받았다. 다음 중 당신이 조치를 취해야 하는 직원은 누구인가?

① 사원 A는 팀장으로부터 업무 성과가 탁월하다는 평가를 받았는데도 조직개편으로 인한 부서 통합으로 인해 승진을 못한 것이 불만이다.
② 사원 B는 회사가 예년에 비해 높은 영업 이익을 얻었는데도 불구하고 연봉 인상에 인색한 것이 불만이다.
③ 사원 C는 회사가 급여 정책을 변경해서 고정급 비율을 낮추고 기본급과 인센티브를 지급하는 제도로 바꾼 것이 불만이다.
④ 사원 D는 입사 동기인 동료가 자신보다 업무 실적이 좋지 않고 불성실한 근무태도를 가지고 있는데, 팀장과의 친분으로 인해 자신보다 높은 평가를 받은 것이 불만이다.

[출제의도]
주어진 직원들의 정보를 통해 시급하게 진위여부를 가리고 조치하여 인력배치를 해야 하는 사항을 확인하는 문제이다.
[해설]
사원 A, B, C는 각각 조직 정책에 대한 불만이기에 논의를 통해 조직적으로 대처하는 것이 옳지만, 사원 D는 팀장의 독단적인 전횡에 대한 불만이기 때문에 조사하여 시급히 조치할 필요가 있다. 따라서 가장 적절한 답은 ④번이 된다.

답 ④

04 출제예상문제

1 다음은 甲대학의 학사규정이다. 甲대학의 학생이 재적할 수 있는 최장기간과 甲대학에 특별입학 학생이 해외 어학연수 없이 재적할 수 있는 최장기간으로 알맞은 것은?

> 〈甲 대학 학사규정〉
>
> 제1조(목적) 이 규정은 졸업을 위한 재적기간 및 수료연한을 정하는 것을 목적으로 한다.
> 제2조(재적기간과 수료연한)
> ① 재적기간은 입학 시부터 졸업 시까지의 기간으로 휴학기간을 포함한다.
> ② 졸업을 위한 수료연한은 4년으로 한다. 다만 다음 각 호의 경우에는 수료연한을 달리 할 수 있다.
>   1. 외국인 유학생은 어학습득을 위하여 수료연한을 1년 연장하여 5년으로 할 수 있다.
>   2. 특별입학으로 입학한 학생은 2년차에 편입되며 수료연한은 3년으로 한다. 다만 특별입학은 내국인에 한한다.
> ③ 수료와 동시에 졸업한다.
> 제3조(휴학)
> ① 휴학은 일반휴학과 해외 어학연수를 위한 휴학으로 구분한다.
> ② 일반휴학은 해당 학생의 수료연한의 2분의 1을 초과할 수 없으며, 6개월 단위로만 신청할 수 있다.
> ③ 해외 어학연수를 위한 휴학은 해당 학생의 수료연한의 2분의 1을 초과할 수 없으며, 1년 단위로만 신청할 수 있다.

① 9년, 4년   ② 9년 6개월, 4년

③ 9년 6개월, 4년 6개월   ④ 10년, 4년 6개월

⑤ 10년, 4년

 甲대학의 학생 중 유학생일 경우 수요연한을 최대 5년으로 할 수 있으며 일반 유학으로 휴학할 시 수료연한의 2분의 1을 이내로 가능하므로 최대 2년 6개월 가능하고 해외 어학연수 시 최대 2년을 추가로 휴학 가능하여 총 9년 6개월이 최장기간이 된다.
특별입학 시 수료연한은 3년, 일반휴학 시 1년 6개월 휴학이 가능하므로 총 4년 6개월이 최장기간이 된다.

Answer ↵ 1.③

2 다음은 K사의 채용공고에 응한 응시자들 중 서류 전형을 통과하여 1차, 2차 필기 테스트를 마친 응시자들의 항목별 우수자 현황표이다. 이에 대한 올바른 의견을 〈보기〉에서 모두 고른 것은 어느 것인가? (1차 필기 테스트를 치른 응시자 전원이 2차 필기 테스트에 응했다고 가정함)

항목	1차 테스트			항목	2차 테스트		
	남자	여자	소계		남자	여자	소계
문서이해	67	38	105	문서작성	39	43	82
문제도출	39	56	95	문제처리	51	75	126
시간관리	54	37	91	예산관리	45	43	88
정보처리	42	61	103	컴퓨터활용	55	43	98
업무이해	62	44	106	체제이해	65	41	106

〈보기〉
(개) 남자의 평균 항목 당 우수자는 2차보다 1차가 근소하게 많다.
(내) 의사소통능력 분야의 우수자 비중이 가장 낮다.
(대) 남녀 우수자의 비율 차이는 체제이해 항목에서 가장 크다.
(래) 1, 2차 모든 항목 중 항목별 우수자의 여성 비중이 가장 낮은 항목은 체제이해 항목이다.

① (개), (래) ② (개), (내)
③ (내), (대) ④ (대), (래)
⑤ (개), (대), (래)

 (개) 남자의 1차 테스트 평균 항목 당 우수자는 (64+39+54+42+62)÷5=52.2명이며, 2차의 경우는 (39+51+45+55+65)÷5=51명으로 2차가 1차보다 근소하게 많다.
(내) 1, 2차 항목을 합한 각 분야의 우수자는 의사소통능력 187명, 문제해결능력 221명, 자원관리 179명, 정보능력 201명, 조직이해 212명으로 우수자가 가장 적은 분야는 자원관리 분야이다.
(대) 체제이해 항목의 남녀 비율은 각각 65÷106×100=약 61.3%, 41÷106×100=약 38.7%이며, 문서이해 항목의 남녀 비율은 각각 67÷105×100=약 63.8%, 38÷105×100=약 36.2%이므로 남녀 우수자의 비율 차이가 가장 큰 항목은 문서이해 항목이다.
(래) 체제이해 항목에서는 여성 우수자의 비중이 41÷106×100=약 38.7%로 가장 낮다.

▎3~4 ▎ 다음은 A, B 두 경쟁회사의 판매제품별 시장 내에서의 기대 수익을 표로 나타낸 자료이다. 이를 보고 이어지는 물음에 답하시오.

〈판매 제품별 수익체계〉

		B회사		
		냉장고	TV	에어컨
A회사	냉장고	(5, −1)	(3, −1)	(−6, 3)
	TV	(−1, 3)	(−3, 2)	(3, 2)
	에어컨	(−2, 6)	(4, −1)	(−1, −2)

– 괄호 안의 숫자는 A회사와 B회사의 제품으로 얻는 수익(억 원)을 뜻한다.(A회사 월 수익 액, B회사의 월 수익 액)

　예　A회사가 냉장고를 판매하고 B회사가 TV를 판매하였을 때 A회사의 월 수익 액은 3억 원이고, B회사의 월 수익 액은 −1억 원이다.

〈분기별 소비자 선호 품목〉

	1분기	2분기	3분기	4분기
선호 품목	TV	냉장고	에어컨	냉장고, 에어컨

– 제품별로 분기에 따른 수익의 증감률을 의미한다.
– 시기별 해당 제품의 홍보를 진행하면 월 수익의 50%가 증가, 월 손해의 50%가 감소된다.

Answer⌐　2.①

3 다음 중 4분기에 냉장고, 에어컨의 홍보를 진행했을 때 A회사와 B회사의 수익의 합이 가장 클 경우는 양사가 각각 어느 제품을 판매하였을 때인가?

① A회사 : TV, B회사 : TV

② A회사 : 에어컨, B회사 : TV

③ A회사 : TV, B회사 : 냉장고

④ A회사 : 냉장고, B회사 : 에어컨

⑤ A회사 : 에어컨, B회사 : 냉장고

 4분기에는 선호 제품에 따라 제품별 수익률의 증감에 변동이 있게 되므로 주어진 도표의 내용을 반영한 수익체계표를 만들어 보면 다음과 같다.

A회사		B회사		
		냉장고	TV	에어컨
	냉장고	(7.5, −0.5)	(4.5, −1)	(−3, 4.5)
	TV	(−1, 4.5)	(−3, 2)	(3, 3)
	에어컨	(−1, 9)	(6, −1)	(−0.5, −1)

따라서 4분기에는 에어컨+냉장고 조합의 경우 −1+9=8억 원이 되어 두 회사의 수익의 합이 가장 큰 조합이 된다.

4 1분기와 2분기에 모두 양사가 소비자 선호 제품을 홍보하였을 때, 1분기로부터 변동된 2분기의 수익 현황에 대하여 올바르게 설명한 것은 어느 것인가?

① A회사는 에어컨을 판매할 때의 수익 현황에 변동이 있다.

② 1분기와 2분기에 가장 많은 수익이 발생하는 양사 제품의 조합은 동일하다.

③ 1분기와 2분기에 동일한 수익이 발생하는 양사 제품의 조합은 없다.

④ B회사는 1분기에 TV를 판매하는 것이 2분기에 TV를 판매하는 것보다 더 유리하다.

⑤ B회사는 에어컨을 판매할 때의 수익액이 더 감소한다.

> (Tip) 2분기의 수익체계표를 만들어 1분기와 비교하면 다음과 같다.
>
> 〈1분기, TV 홍보〉
>
> | | | B회사 | | |
> |---|---|---|---|---|
> | | | 냉장고 | TV | 에어컨 |
> | A회사 | 냉장고 | (5, -1) | (3, -0.5) | (-6, 3) |
> | | TV | (-0.5, 3) | (-1.5, 3) | (4.5, 2) |
> | | 에어컨 | (-2, 6) | (4, -0.5) | (-1, -2) |
>
> 〈2분기, 냉장고 홍보〉
>
> | | | B회사 | | |
> |---|---|---|---|---|
> | | | 냉장고 | TV | 에어컨 |
> | A회사 | 냉장고 | (7.5, -0.5) | (4.5, -1) | (-3, 3) |
> | | TV | (-1, 4.5) | (-3, 2) | (3, 2) |
> | | 에어컨 | (-2, 9) | (4, -1) | (-1, -2) |
>
> 따라서 B회사가 1분기 TV를 판매할 경우의 수익액은 -0.5+3-0.5=2억 원인 반면, 2분기에 TV를 판매할 경우의 수익액은 -1+2-1=0억 원으로 1분기에 TV를 판매하는 것이 2분기에 TV를 판매하는 것보다 더 유리하다.
> ① A회사는 에어컨을 판매할 때의 수익액에 변동이 없다.(-2+4-1 → -2+4-1)
> ② 1분기에는 TV+에어컨이, 2분기에는 냉장고+냉장고 또는 에어컨+냉장고의 수익이 가장 크다.
> ③ 양사에서 모두 에어컨을 판매할 경우 1분기와 2분기 동일하게 -3억 원씩의 손실이 발생한다.
> ⑤ B회사가 에어컨을 판매할 때의 수익액도 3+2-2=3억 원으로 1분기와 2분기 모두 동일하다.

Answer↪ 3.⑤ 4.④

5 다음 네 명의 임원들은 회의 참석차 한국으로 출장을 오고자 한다. 이들의 현지 이동 일정과 이동 시간을 참고할 때, 한국에 도착하는 시간이 빠른 순서대로 올바르게 나열한 것은 어느 것인가?

구분	출발국가	출발시각(현지시간)	소요시간
H상무	네덜란드	12월 12일 17:20	13시간
P전무	미국 동부	12월 12일 08:30	14시간
E전무	미국 서부	12월 12일 09:15	11시간
M이사	터키	12월 12일 22:30	9시간

* 현지시간 기준 한국은 네덜란드보다 8시간, 미국 동부보다 14시간, 미국 서부보다 16시간, 터키보다 6시간 이 빠르다. 예를 들어, 한국이 11월 11일 20시일 경우 네덜란드는 11월 11일 12시가 된다.

① P전무 – E전무 – M이사 – H상무
② E전무 – P전무 – H상무 – M이사
③ E전무 – P전무 – M이사 – H상무
④ E전무 – M이사 – P전무 – H상무
⑤ H상무 – P전무 – M이사 – E전무

 출발시각을 한국 시간으로 먼저 바꾼 다음 소요시간을 더해서 도착 시간을 확인해 보면 다음과 같다.

	출발시각(현지시간)	출발시각(한국시간)	소요시간	도착시간
H상무	12월 12일 17:20	12월 13일 01:20	13시간	12월 13일 14:20
P전무	12월 12일 08:30	12월 12일 22:30	14시간	12월 13일 12:30
E전무	12월 12일 09:15	12월 13일 01:15	11시간	12월 13일 12:15
M이사	12월 12일 22:30	12월 13일 04:30	9시간	12월 13일 13:30

따라서 도착 시간이 빠른 순서는 E전무 – P전무 – M이사 – H상무가 된다.

6 다음의 지원 계획에 따라 연구모임 A~E 중 두 번째로 많은 총 지원금을 받는 모임을 고르면?

- 지원을 받기 위해서는 한 모임 당 6명 이상 9명 미만으로 구성되어야 한다.
- 기본지원금
  한 모임당 1,500천 원을 기본으로 지원한다. 단, 상품 개발을 위한 모임의 경우는 2,000천 원을 지원한다.
- 추가지원금
  연구 계획 사전평가결과에 따라, '상' 등급을 받은 모임에는 구성원 1인당 120천 원을, '중' 등급을 받은 모임에는 구성원 1인당 100천 원을, '하' 등급을 받은 모임에는 구성원 1인당 70천 원을 추가로 지원한다.
- 협업 장려를 위해 협업이 인정되는 모임에는 위의 두 지원금을 합한 금액의 30%를 별도로 지원한다.

모임	상품개발여부	구성원 수	연구 계획 사전평가결과	협업 인정 여부
A	O	5	상	O
B	X	6	중	X
C	X	8	상	O
D	O	7	중	X
E	X	9	하	X

① A

② B

③ C

④ D

⑤ E

 A와 E는 구성원 수 제한으로 제외된다.
B=1,500+100×6=2,100
C=1,500+120×8+(1,500+120×8)×30%=3,198
D=2,000+100×7=2,700

|7~8| 다음은 A팀이 출장 시 교통수단을 고르기 위한 자료이다. 물음에 답하시오.

　　4명으로 구성된 A팀은 해외출장을 계획하고 있다. A팀은 출장지에서의 이동수단 한 가지를 결정하려 한다. 이 때 A팀은 경제성, 용이성, 안전성의 총 3가지 요소를 고려하여 최종점수가 가장 높은 이동수단을 선택한다.

- 각 고려요소의 평가결과 '상' 등급을 받으면 3점을, '중' 등급을 받으면 2점을, '하' 등급을 받으면 1점을 부여한다. 단, 안전성을 중시하여 안전성 점수는 2배로 계산한다.
  (예) 안전성 '하' 등급 2점)
- 경제성은 각 이동수단별 최소비용이 적은 것부터 상, 중, 하로 평가한다.
- 각 고려요소의 평가점수를 합하여 최종점수를 구한다.

〈이동수단별 평가표〉

이동수단	경제성	용이성	안전성
렌터카	?	상	하
택시	?	중	중
대중교통	?	하	중

〈이동수단별 비용계산식〉

이동수단	비용계산식
렌터카	(렌트비+유류비)×이용 일수 -렌트비=$50/1일(4인승 차량) -유류비=$10/1일(4인승 차량)
택시	거리 당 가격($1/1마일)×이동거리(마일) -최대 4명까지 탑승가능
대중교통	대중교통패스 3일권($40/1인)×인원수

〈해외출장 일정〉

출장일정	이동거리(마일)
11월 1일	100
11월 2일	50
11월 3일	50

7 이동수단의 경제성이 높은 순서대로 나열한 것은?

① 대중교통 > 렌터카 = 택시

② 대중교통 > 렌터카 > 택시

③ 렌터카 > 대중교통 > 택시

④ 렌터카 > 택시 > 대중교통

⑤ 렌터카 = 대중교통 > 택시

 대중교통 = $40×4명 = $160
렌터카 = ($50+$10)×3 = $180
택시 = $200

8 A팀이 최종적으로 선택하게 될 최적의 이동수단의 종류와 그 비용으로 옳게 짝지은 것은?

① 렌터카, $180　　　　　② 렌터카, $160

③ 택시, $200　　　　　④ 대중교통, $180

⑤ 대중교통, $160

 최종점수를 산정하면 다음과 같다.

이동수단	경제성	용이성	안전성	합계
렌터카	2	3	2	7
택시	1	2	4	7
대중교통	3	1	4	8

따라서 총점이 가장 높은 대중교통을 이용하며 비용은 $40×4명=$160이다.

Answer → 7.② 8.⑤

9 길동이는 크리스마스를 맞아 그동안 카드 사용 실적에 따라 적립해 온 마일리지를 이용해 국내 여행(편도)을 가려고 한다. 길동이의 카드 사용 실적과 마일리지 관련 내역이 다음과 같을 때의 상황에 대한 올바른 설명은 어느 것인가?

〈카드 적립 혜택〉
– 연간 결제금액이 300만 원 이하 : 10,000원당 30마일리지
– 연간 결제금액이 600만 원 이하 : 10,000원당 40마일리지
– 연간 결제금액이 800만 원 이하 : 10,000원당 50마일리지
– 연간 결제금액이 1,000만 원 이하 : 10,000원당 70마일리지
* 마일리지 사용 시점으로부터 3년 전까지의 카드 실적을 기준으로 함.

〈길동이의 카드 사용 내역〉
– 재작년 결제 금액 : 월 평균 45만 원
– 작년 결제 금액 : 월 평균 65만 원

〈마일리지 이용 가능 구간〉

목적지	일반석	프레스티지석	일등석
울산	70,000	90,000	95,000
광주	80,000	100,000	120,000
부산	85,000	110,000	125,000
제주	90,000	115,000	130,000

① 올해 카드 결제 금액이 월 평균 80만 원이라면, 일등석을 이용하여 제주로 갈 수 있다.
② 올해 카드 결제 금액이 월 평균 60만 원이라면, 일등석을 이용하여 광주로 갈 수 없다.
③ 올해에 카드 결제 금액이 전무해도 일반석을 이용하여 울산으로 갈 수 있다.
④ 올해 카드 결제 금액이 월 평균 70만 원이라면 프레스티지석을 이용하여 제주로 갈 수 없다.
⑤ 올해 카드 결제 금액이 월 평균 30만 원이라면, 프레스티지석을 이용하여 울산으로 갈 수 있다.

재작년과 작년에 적립된 마일리지를 구하면 다음과 같다.

재작년 : $45 \times 12 = 540$, $540 \times 40 = 21,600$

작년 : $65 \times 12 = 780$, $780 \times 50 = 39,000$

총 60,600마일리지

따라서 올해의 카드 결제 금액이 월 평균 60만 원이라면, $60 \times 12 = 720$, $720 \times 50 = 36,000$이 되어 총 96,600마일리지가 되므로 120,000마일리지가 필요한 광주 일등석을 이용할 수 없다.

① $80 \times 12 = 960$, $960 \times 70 = 67,200$마일리지이므로 총 127,800마일리지로 제주 일등석을 이용할 수 없다.

③ 60,600마일리지가 되므로 울산 일반석을 이용할 수 없다.

④ $70 \times 12 = 840$, $840 \times 70 = 58,800$마일리지이므로 총 119,400마일리지로 제주 프레스티지석 이용이 가능하다.

⑤ $30 \times 12 = 360$, $360 \times 40 = 14,400$마일리지이므로 총 75,000마일리지로 울산 프레스티지석을 이용할 수 없다.

Answer ↪ 9.②

❙10~11❙ 甲과 乙은 산양우유를 생산하여 판매하는 ○○목장에서 일한다. 다음을 바탕으로 물음에 답하시오.

- ○○목장은 A~D의 4개 구역으로 이루어져 있으며 산양들은 자유롭게 다른 구역을 넘나들 수 있지만 목장을 벗어나지 않는다.
- 甲과 乙은 산양을 잘 관리하기 위해 구역별 산양의 수를 파악하고 있어야 하는데, 산양들이 계속 구역을 넘나들기 때문에 산양의 수를 정확히 헤아리는 데 어려움을 겪고 있다.
- 고민 끝에 甲과 乙은 시간별로 산양의 수를 기록하되, 甲은 특정 시간 특정 구역의 산양의 수만을 기록하고, 乙은 산양이 구역을 넘나들 때마다 그 시간과 그때 이동한 산양의 수를 기록하기로 하였다.
- 甲과 乙이 같은 날 오전 9시부터 오전 10시 15분까지 작성한 기록표는 다음과 같으며, ㉠~㉣을 제외한 모든 기록은 정확하다.

甲의 기록표			乙의 기록표		
시간	구역	산양 수	시간	구역 이동	산양 수
09:10	A	17마리	09:08	B→A	3마리
09:22	D	21마리	09:15	B→D	2마리
09:30	B	8마리	09:18	C→A	5마리
09:45	C	11마리	09:32	D→C	1마리
09:58	D	㉠21마리	09:48	A→C	4마리
10:04	A	㉡18마리	09:50	D→B	1마리
10:10	B	㉢12마리	09:52	C→D	3마리
10:15	C	㉣10마리	10:05	C→B	2마리

- 구역 이동 외의 산양의 수 변화는 고려하지 않는다.

10 ⊙~⊜ 중 옳게 기록된 것만을 고른 것은?

① ⊙, ⊙

② ⊙, ⊙

③ ⊙, ⊙

④ ⊙, ⊜

⑤ ⊙, ⊜

⊙ 09:22에 D구역에 있었던 산양 21마리에서 09:32에 C구역으로 1마리, 09:50에 B구역으로 1마리가 이동하였고 09:52에 C구역에서 3마리가 이동해 왔으므로 09:58에 D구역에 있는 산양은 21 − 1 − 1 + 3 = 22마리이다.

⊙ 09:10에 A구역에 있었던 산양 17마리에서 09:18에 C구역에서 5마리가 이동해 왔고 09:48에 C구역으로 4마리가 이동하였으므로 10:04에 A구역에 있는 산양은 17 + 5 − 4 = 18마리이다.

⊙ 09:30에 B구역에 있었던 산양 8마리에서 09:50에 D구역에서 1마리가 이동해 왔고, 10:05에 C구역에서 2마리가 이동해 왔으므로 10:10에 B구역에 있는 산양은 8 + 1 + 2 = 11마리이다.

⊜ 09:45에 C구역에 있었던 11마리에서 09:48에 A구역에서 4마리가 이동해 왔고, 09:52에 D구역으로 3마리, 10:05에 B구역으로 2마리가 이동하였으므로 10:15에 C구역에 있는 산양은 11 + 4 − 3 − 2 = 10마리이다.

11 ○○목장에서 키우는 산양의 총 마리 수는?

① 58마리

② 59마리

③ 60마리

④ 61마리

⑤ 62마리

○○목장에서 키우는 산양의 총 마리 수는 22 + 18 + 11 + 10 = 61마리이다.

Answer↱ 10.④ 11.④

12 외국계 은행 서울지사에 근무하는 甲은 런던지사 乙, 시애틀지사 丙과 같은 프로젝트를 진행하면서 다음과 같이 영상업무회의를 진행하였다. 회의 시각은 런던을 기준으로 11월 1일 오전 9시라고 할 때, ㉠에 들어갈 일시는? (단 런던은 GMT+0, 서울은 GMT+9, 시애틀은 GMT-7을 표준시로 사용한다.)

甲 : 제가 프로젝트에서 맡은 업무는 오늘 오후 10시면 마칠 수 있습니다. 런던에서 받아서 1차 수정을 부탁드립니다.

乙 : 네, 저는 甲님께서 제시간에 끝내 주시면 다음날 오후 3시면 마칠 수 있습니다. 시애틀에서 받아서 마지막 수정을 부탁드립니다.

丙 : 알겠습니다. 저는 앞선 두 분이 제시간에 끝내 주신다면 서울을 기준으로 모레 오전 10시면 마칠 수 있습니다. 제가 업무를 마치면 프로젝트가 최종 마무리 되겠군요.

甲 : 잠깐, 다들 말씀하신 시각의 기준이 다른 것 같은데요? 저는 처음부터 런던을 기준으로 이해하고 말씀드렸습니다.

乙 : 저는 처음부터 시애틀을 기준으로 이해하고 말씀드렸는데요?

丙 : 저는 처음부터 서울을 기준으로 이해하고 말씀드렸습니다. 그렇다면 계획대로 진행될 때 서울을 기준으로 (㉠)에 프로젝트를 최종 마무리할 수 있겠네요.

甲, 乙 : 네, 맞습니다.

---

① 11월 2일 오후 3시
② 11월 2일 오후 11시
③ 11월 3일 오전 10시
④ 11월 3일 오후 3시
⑤ 11월 3일 오후 7시

 회의 시간이 런던을 기준으로 11월 1일 9시이므로, 이때 서울은 11월 1일 18시, 시애틀은 11월 1일 2시이다.

• 甲은 런던을 기준으로 말했으므로 甲이 프로젝트에서 맡은 업무를 마치는 시간은 런던 기준 11월 1일 22시로, 甲이 맡은 업무를 마치는 데 필요한 시간은 22 - 9 = 13시간이다.

• 乙은 시애틀을 기준으로 이해하고 말했으므로 乙은 甲이 말한 乙이 말한 다음날 오후 3시는 시애틀 기준 11월 2일 15시이다. 乙은 甲이 시애틀을 기준으로 11월 1일 22시에 맡은 일을 끝내 줄 것이라고 생각하였으므로, 乙이 맡은 업무를 마치는 데 필요한 시간은 2 + 15 = 17시간이다.

• 丙은 서울을 기준으로 말했으므로 丙이 말한 모레 오전 10시는 11월 3일 10시이다. 丙은 乙이 서울을 기준으로 11월 2일 15시에 맡은 일을 끝내 줄 것이라고 생각하였으므로, 丙이 맡은 업무를 마치는 데 필요한 시간은 9 + 10 = 19시간이다.

따라서 계획대로 진행될 경우 甲, 乙, 丙이 맡은 업무를 끝내는 데 필요한 총 시간은 13 + 17 + 19 = 49시간으로, 2일하고 1시간이라고 할 수 있다. 이를 서울 기준으로 보면 11월 1일 18시에서 2일하고 1시간이 지난 후이므로, 11월 3일 19시이다.

13 다음의 내용을 읽고 밑줄 친 ㉠과 ㉡으로부터 도출된 설명으로 가장 바르지 않은 것을 고르면?

◆ 기업을 가장 잘 아는 대학 한국 폴리텍 Ⅳ대학의 기업 파트너십 제도 운영

   대학 경쟁력 강화 및 수요자 만족도 향상으로 기업과 대학이 상생할 수 있는 기업 파트너십은 기업으로부터 산업현장 신기술 등의 정보지원과 기업의 애로사항 등을 지원하여 상호 협력관계를 갖는 제도를 운영하며, 기업전담제를 통해 교수 1인당 10개 이상의 기업체를 전담하여 산학협력을 강화함으로써 기업이 원하는 인재를 양상하고, 기업의 요구 기술 및 향상훈련 등 기업이 필요로 하는 서비스를 제공하여 글로벌 인재를 길러내고 있다.

◆ NCS를 기반으로 한 일 학습 병행제 실시대학!

   산업현장의 인재 양성을 위해 기업이 취업을 원하는 청년 등을 학습근로자를 채용하여, 폴리텍 대학과 함께 해당 직장에서의 ㉠현장훈련(OJT 훈련)과 ㉡대학에서의 훈련(Off-JT)을 병행하여 체계적인 교육훈련을 제공하고, 일 학습 병행제 프로그램을 마친 자의 역량을 국가 또는 해당 산업분야에서의 자격 또는 학력 등으로 인정하는 제도로 고교졸업자의 선 취업 후 진학의 시스템을 운영하고 있다.

◆ 기업주문식(취업 약정형) 맞춤훈련으로 졸업 전 취업예약!!

   한국 폴리텍 Ⅳ대학은 기업과 훈련 협약을 체결하고 주문식 맞춤교육을 통해 기업이 원하는 맞춤인력을 양성하며 기업주문식 맞춤훈련을 통해 졸업 전 양질의 취업을 보장받고 기업은 즉시 활용 가능한 인력을 확보가 가능한 시스템을 운영 중이다.

① ㉠의 경우에는 일(업무)을 하면서 동시에 훈련이 가능하다.

② ㉠의 경우에는 상사 또는 동료 간의 이해 및 협조정신을 높일 수 있다는 특징이 있다.

③ ㉡의 경우에는 이들 구성원들을 직무로부터 분리시키고 일정한 장소에 집합시켜 교육훈련을 시키는 방식이라 할 수 있다.

④ ㉡의 경우에는 많은 수의 구성원들에 대한 교육이 불가능하다.

⑤ ㉡의 경우 현 업무와는 별개로 예정된 계획에 따라 실시가 가능하다.

 ㉡ OFF-JT은 구성원(인적자원)들을 일정기간 동안 직무로부터 분리시켜 기업 내 연수원 또는 교육원 등의 일정한 장소에 집합시켜서 교육훈련을 시키는 방식을 의미하며, 현 업무와는 별개로 예정된 계획에 따라 실시가 가능하고 한 번에 많은 수의 구성원들에 대한 교육이 가능하다.

Answer ↪ 12.⑤ 13.④

14 다음 글에서 암시하고 있는 '자원과 자원관리의 특성'을 가장 적절하게 설명한 것은 다음 보기 중 어느 것인가?

> 더 많은 토지를 사용하고 모든 농장의 수확량을 최고의 농민들이 얻은 수확량으로 올리는 방법으로 식량 공급을 늘릴 수 있다. 그러나 우리의 주요 식량 작물은 높은 수확량을 달성하기 위해 좋은 토양과 물 공급이 필요하며 생산 단계에 있지 않은 토지는 거의 없다. 실제로 도시의 스프롤 현상, 사막화, 염화 및 관개용으로 사용된 대수층의 고갈은 미래에 더 적은 토지가 농업에 제공될 수 있음을 암시한다. 농작물은 오늘날 사용되는 것보다 더 척박한 땅에서 자랄 수 있고, 수확량이 낮고 환경 및 생물 다양성이 저하될 환경일지도 모른다. 농작물의 수확량은 농장과 국가에 따라 크게 다르다. 예를 들어, 2013년 미국의 옥수수 평균 수확량은 10.0t/ha, 짐바브웨가 0.9t/ha였는데, 두 국가 모두 작물 재배를 위한 기후 조건은 비슷했다(2015년 유엔 식량 농업기구). 미국의 수확률이 다른 모든 나라의 목표겠지만 각국의 정책, 전문가의 조언, 종자 및 비료에 접근하는 데 크게 의존할 수밖에 없다. 그리고 그 중 어느 것도 새로운 농지에서 확실한 수확률을 보장하지는 않는다. 따라서 좋은 시기에는 수확 잠재력이 개선된 종자가 필요하지 않을 수도 있지만, 아무것도 준비하지 않는 건 위험하다. 실험실에서 혁신적인 방법을 개발하는 것과 그걸 바탕으로 농민에게 종자를 제공하는 것 사이에 20년에서 30년의 격차가 있다는 걸 감안할 때, 분자 공학과 실제 작물 육종 간의 격차를 줄이고 더 높은 수율을 달성하는 일은 시급하다.

① 누구나 동일한 자원을 가지고 있으며 그 가치와 밀도도 모두 동일하다.

② 특정 자원이 없음으로 해서 다른 자원을 확보하는 데 문제가 발생할 수 있다.

③ 자원은 유한하며 따라서 어떻게 활용하느냐 하는 일이 무엇보다 중요하다.

④ 사람들이 의식하지 못하는 사이에 자원은 습관적으로 낭비되고 있다.

⑤ 무엇이 자원이며 자원을 관리하는 방법이 무엇인지를 모르는 것이 자원관리의 문제점이다.

 식량 부족 문제를 해결하기 위해서는 더 많은 식량을 생산해 내야하지만, 토지를 무한정 늘릴 수 없을 뿐 아니라 이미 확보한 토지마저도 미래엔 줄어들 수 있음을 언급하고 있다. 이것은 식량이라는 자원을 초점으로 하는 것이 아닌 이미 포화 상태에 이르러 유한성을 드러낸 토지에서 어떻게 하면 더 많은 식량을 생산할 수 있는지를 고민하고 있다. 따라서 토지라는 자원은 유한하며 어떻게 효율적인 활용을 할 수 있는지를 주제로 담고 있다고 볼 수 있다.

15 J회사 관리부에서 근무하는 L씨는 소모품 구매를 담당하고 있다. 2015년 5월 중에 다음 조건 하에서 A4용지와 토너를 살 때, 총 비용이 가장 적게 드는 경우는? (단, 2015년 5월 1일에는 A4용지와 토너는 남아 있다고 가정하며, 다 썼다는 말이 없으면 그 소모품들은 남아있다고 가정한다)

- A4용지 100장 한 묶음의 정가는 1만 원, 토너는 2만 원이다. (A4용지는 100장 단위로 구매함)
- J회사와 거래하는 ◇◇오피스는 매달 15일에 전 품목 20% 할인 행사를 한다.
- ◇◇오피스에서는 5월 5일에 A사 카드를 사용하면 정가의 10%를 할인해 준다.
- 총 비용이란 소모품 구매가격과 체감비용(소모품을 다 써서 느끼는 불편)을 합한 것이다.
- 체감비용은 A4용지와 토너 모두 하루에 500원이다.
- 체감비용을 계산할 때, 소모품을 다 쓴 당일은 포함하고 구매한 날은 포함하지 않는다.
- 소모품을 다 쓴 당일에 구매하면 체감비용은 없으며, 소모품이 남은 상태에서 새 제품을 구입할 때도 체감비용은 없다.

① 3일에 A4용지만 다 써서, 5일에 A사 카드로 A4용지와 토너를 살 경우

② 13일에 토너만 다 써서 당일 토너를 사고, 15일에 A4용지를 살 경우

③ 10일에 A4용지와 토너를 다 써서 15일에 A4용지와 토너를 같이 살 경우

④ 3일에 A4용지만 다 써서 당일 A4용지를 사고, 13일에 토너를 다 써서 15일에 토너만 살 경우

⑤ 3일에 토너를 다 써서 5일에 A사 카드로 토너를 사고, 7일에 A4용지를 다 써서 15일에 A4용지를 살 경우

 ① 1,000원(체감비용) + 27,000원 = 28,000원
② 20,000원(토너) + 8,000원(A4용지) = 28,000원
③ 5,000원(체감비용) + 24,000원 = 29,000원
④ 10,000원(A4용지) + 1,000원(체감비용) + 16,000원(토너) = 27,000원
⑤ 1,000원(체감비용) + 18,000(토너) + 4,000원(체감비용) + 8,000(A4용지) = 31,000원

Answer → 14.③ 15.④

16 인사팀에 신입사원 민기씨는 회사에서 NCS채용 도입을 위한 정보를 얻기 위해 NCS기반 능력중심채용 설명회를 다녀오려고 한다. 민기씨는 오늘 오후 1시까지 김대리님께 보고서를 작성해서 드리고 30분 동안 피드백을 받기로 했다. 오전 중에 정리를 마치려면 시간이 빠듯할 것 같다. 다음에 제시된 설명회 자료와 교통편을 보고 민기씨가 생각한 것으로 틀린 것은?

> 최근 이슈가 되고 있는 공공기관의 NCS 기반 능력중심 채용에 관한 기업들의 궁금증 해소를 위하여 붙임과 같이 설명회를 개최하오니 많은 관심 부탁드립니다.
> 감사합니다.
>
> -붙임-
>
> | 설명회 장소 | 일시 | 비고 |
> |---|---|---|
> | 서울고용노동청(5층) 컨벤션홀 | 2015. 11. 13(금) PM 15:00~17:00 | 설명회의 원활한 진행을 위해 설명회시작 15분 뒤부터는 입장을 제한합니다. |
>
> 오시는 길
> 지하철 : 2호선 을지로입구역 4번 출구(도보 10분 거리)
> 버스 : 149, 152번 ○○센터(도보 5분 거리)

• 회사에서 버스정류장 및 지하철역까지 소요시간

출발지	도착지	소요시간	
회사	×× 정류장	도보	30분
		택시	10분
	지하철역	도보	20분
		택시	5분

• 서울고용노동청 가는 길

교통편	출발지	도착지	소요시간
지하철	잠실역	을지로입구역	1시간(환승포함)
버스	×× 정류장	○○센터 정류장	50분(정체 시 1시간 10분)

① 택시를 타지 않아도 버스를 타고 가면 늦지 않게 설명회에 갈 수 있다.
② 어떤 방법으로 이동하더라도 설명회에 입장은 가능하다.
③ 택시를 타지 않아도 지하철을 타고 가면 늦지 않게 설명회에 갈 수 있다.
④ 정체가 되지 않는다면 버스를 타고 가는 것이 지하철보다 빠르게 갈 수 있다.
⑤ 택시를 이용할 경우 늦지 않게 설명회에 갈 수 있다.

① 도보로 버스정류장까지 이동해서 버스를 타고 가게 되면 도보(30분), 버스(50분), 도보(5분)으로 1시간 25분이 걸리지만 버스가 정체될 수 있으므로 1시간 45분으로 계산하는 것이 바람직하다. 민기씨는 1시 30분에 출발할 수 있으므로 3시 15분에 도착하게 되고 입장은 할 수 있으나 늦는다.

※ 소요시간 계산

ⓐ **도보-버스**: 도보(30분), 버스(50분), 도보(5분)이므로 총 1시간 25분(정체 시 1시간 45분) 걸린다.

ⓑ **도보-지하철**: 도보(20분), 지하철(1시간), 도보(10분)이므로 총 1시간 30분 걸린다.

ⓒ **택시-버스**: 택시(10분), 버스(50분), 도보(5분)이므로 총 1시간 5분(정체 시 1시간 25분) 걸린다.

ⓓ **택시-지하철**: 택시(5분), 지하철(1시간), 도보(10분)이므로 총 1시간 15분 걸린다.

Answer⟶ 16.①

17 아래의 내용을 읽고 이 같은 자원관리 활용과 관련성이 높은 항목을 고르면?

> 지난 2월초 소주 업계에서는 두산주류 BG의 '처음처럼'과 진로의 '참이슬'에서 20도 소주를 출시하면서 두 회사 간 치열한 경쟁이 벌어지고 있다. 특히 이 두 소주 회사들은 화장품을 증정하는 프로모션을 함께 벌이면서 고객 끌어들이기에 안간힘을 쓰고 있다. 처음처럼은 지난 4월부터 5월까지 서울 경기 강원 지역 중에 대학가와 20대가 많이 모이는 유흥상권에서 화장품을 이용한 판촉행사를 진행하고 있다. 처음처럼을 마시는 고객에게 게임을 통해 마스크 팩과 핸드크림을 나눠주고 있다. 또한 참이슬에서도 서울 경기 지역에서 폼 클렌징을 증정하고 있다. 두 소주 회사들의 주요 목표 층은 20대와 30대 남성들로 멋 내기에도 관심 있는 계층이어서 화장품에 대한 만족도도 매우 높은 것으로 알려지고 있다. 처음처럼 판촉팀 관계자는 수십 개 판촉팀을 나눠 진행하는데 마스크 팩이나 핸드크림을 증정 받은 남성들의 반응이 좋아 앞으로 화장품 프로모션은 계속 될 것이라고 말했다. 이 관계자는 또 "화장품이 소주의 판촉물로 선호되는 것은 무엇보다도 화장품이라는 아이템이 깨끗하고, 순수한 느낌을 주고 있어 가장 적합한 제품"이라고 덧붙였다. 특히 폼 클렌징을 증정 받아 사용해본 고객들은 사용 후 폼 클렌징을 직접 구매하고 있어 판매로 이어지면서 화장품 업계에서도 적극 권유하고 있다. 업계 관계자는 "화장품과 식품음료업체 간의 이러한 마케팅은 상대적으로 적은 비용으로 브랜드 인지도와 매출을 동시에 높일 수 있는 효과를 거둘 수 있다."라며 "비슷한 소비층을 목표로 한 업종 간의 마케팅이 더욱 활발하게 전개될 것"이라고 전망했다.

① 동일한 유통 경로 수준에 있는 기업들이 자본, 생산, 마케팅 기능 등을 결합해 필요로 하는 최소한의 자원을 동원하여 각 기업의 경쟁 우위를 공유하려는 마케팅 활동이다.

② 제품의 수요 또는 공급을 선택적으로 조절해 장기적인 측면에서 자사의 이미지 제고와 수익의 극대화를 꾀하는 마케팅 활동이다.

③ 시장의 경쟁체제는 치열해지고 이러한 레드 오션 안에서 틈새를 찾아 수익을 창출하는 마케팅 활동이다.

④ 이메일이나 또는 다른 전파 가능한 매체를 통해서 자발적으로 어떤 기업이나 기업의 제품을 홍보할 수 있도록 제작하여 널리 퍼지게 하는 마케팅 활동이다.

⑤ 블로그나 카페 등을 통해 소비자들에게 자연스럽게 정보를 제공하여 기업의 신뢰도 및 인지도를 상승시키고 구매욕구를 자극시키는 마케팅 방식이다.

위 지문에서는 공생마케팅의 개념을 설명하고 있는데, 소주 업계와 화장품 회사 간의 자원의 연계로 인해 시너지 효과를 극대화시키는 전략(기업 간 자원의 결합으로 인해 시장에서의 입지는 높아지며 독립적으로 시장에 진출할 시에 불필요하게 소요되어지는 많은 인적 및 물적 자원의 소비를 예방할 수 있다)이다. 즉, 공생 마케팅(Symbiotic Marketing)은 동일한 유통 경로 수준에 있는 기업들이 자본, 생산, 마케팅 기능 등을 결합해 각 기업의 경쟁 우위를 공유하려는 마케팅 활동으로써 이에 참여하는 업체가 경쟁 관계에 있는 경우가 보통이며 자신의 브랜드는 그대로 유지한다. 무엇보다도 각 기업이 가지고 있는 자원을 하나로 묶음으로서 그 외 불필요한 인적자원 및 물적 자원의 소비를 막을 수 있다는 이점이 있다.

② 디 마케팅
③ 니치 마케팅
④ 바이러스 마케팅
⑤ 바이럴 마케팅

18 철수와 영희는 서로 간 운송업을 동업의 형식으로 하고 있다. 그런데 이들 기업은 2.5톤 트럭으로 운송하고 있다. 누적실제차량수가 400대, 누적실제가동차량수가 340대, 누적주행거리가 40,000km, 누적실제주행거리가 30,000km, 표준연간차량의 적하일수는 233일, 표준연간일수는 365일, 2.5톤 트럭의 기준용적은 10㎡, 1회 운행당 평균용적은 8㎡이다. 위와 같은 조건이 제시된 상황에서 적재율, 실제가동률, 실차율을 각각 구하면?

① 적재율 80%, 실제가동률 85%, 실차율 75%

② 적재율 85%, 실제가동률 65%, 실차율 80%

③ 적재율 80%, 실제가동률 85%, 실차율 65%

④ 적재율 80%, 실제가동률 65%, 실차율 75%

⑤ 적재율 85%, 실제가동률 80%, 실차율 70%

 적재율, 실제가동률, 실차율을 구하면 각각 다음과 같다.

㉠ 적재율이란, 어떤 운송 수단의 짐칸에 실을 수 있는 짐의 분량에 대하여 실제 실은 짐의 비율이다. 따라서 기준용적이 10㎡인 2.5톤 트럭에 대하여 1회 운행당 평균용적이 8㎡이 므로 적재율은 $\frac{8}{10} \times 100 = 80\%$이다.

㉡ 실제가동률은 누적실제차량수에 대한 누적실제가동차량수의 비율이다.

따라서 $\frac{340}{400} \times 100 = 85\%$이다.

㉢ 실차율이란, 총 주행거리 중 이용되고 있는 좌석 및 화물 수용 용량 비율이다. 따라서 누적주행거리에서 누적실제주행거리가 차지하는 비율인 $\frac{30,000}{40,000} \times 100 = 75\%$이다.

19 다음은 공무원에게 적용되는 '병가' 규정의 일부이다. 다음을 참고할 때, 규정에 맞게 병가를 사용한 것으로 볼 수 없는 사람은 누구인가?

> 병가(복무규정 제18조)
> ▲ 병가사유
> – 질병 또는 부상으로 인하여 직무를 수행할 수 없을 때
> – 감염병의 이환으로 인하여 그 공무원의 출근이 다른 공무원의 건강에 영향을 미칠 우려가 있을 때
> ▲ 병가기간
> – 일반적 질병 또는 부상: 연 60일의 범위 내
> – 공무상 질병 또는 부상: 연 180일의 범위 내
> ▲ 진단서를 제출하지 않더라도 연간 누계 6일까지는 병가를 사용할 수 있으나, 연간 누계 7일째 되는 시점부터는 진단서를 제출하여야 함.
> ▲ 질병 또는 부상으로 인한 지각·조퇴·외출의 누계 8시간은 병가 1일로 계산, 8시간 미만은 계산하지 않음
> ▲ 결근·정직·직위해제일수는 공무상 질병 또는 부상으로 인한 병가일수에서 공제함.

① 공무상 질병으로 179일 병가 사용 후, 같은 질병으로 인한 조퇴 시간 누계가 7시간인 K씨

② 일반적 질병으로 인하여 직무 수행이 어려울 것 같아 50일 병가를 사용한 S씨

③ 정직 30일의 징계와 30일의 공무상 병가를 사용한 후 지각 시간 누계가 7시간인 L씨

④ 일반적 질병으로 60일 병가 사용 후 일반적 부상으로 인한 지각·조퇴·외출 시간이 각각 3시간씩인 H씨

⑤ 진단서 없이 6일간의 병가 사용 후 지각·조퇴·외출 시간이 각각 2시간씩인 J씨

 일반적 질병으로 60일 병가를 모두 사용하였고, 부상으로 인한 지각·조퇴·외출 누계 허용
② 일반적 질병으로 60일 범위 내에서 사용한 병가이므로 규정 내에서 사용하였다.
③ 정직일수는 병가일수에서 공제하여야 하므로 60일(정직 30일+공무상 병가 30일)의 공무상 병가이며, 지각 누계 시간이 8시간 미만이므로 규정 내에서 사용하였다.
⑤ 진단서 없이 6일간의 기한 내 병가 사용이며 지각·조퇴·외출 누계 시간이 각각 6시간으로 규정 내에서 사용하였다.

Answer↪ 18.① 19.④

| 20~21 | 다음은 A병동 11월 근무 일정표 초안이다. A병동은 1~4조로 구성되어있으며 3교대로 돌아간다. 주어진 정보를 보고 물음에 답하시오.

	일	월	화	수	목	금	토
	1	2	3	4	5	6	7
오전	1조	1조	1조	1조	1조	2조	2조
오후	2조	2조	2조	3조	3조	3조	3조
야간	3조	4조	4조	4조	4조	4조	1조
	8	9	10	11	12	13	14
오전	2조	2조	2조	3조	3조	3조	3조
오후	3조	4조	4조	4조	4조	4조	1조
야간	1조	1조	1조	1조	2조	2조	2조
	15	16	17	18	19	20	21
오전	3조	4조	4조	4조	4조	4조	1조
오후	1조	1조	1조	1조	2조	2조	2조
야간	2조	2조	3조	3조	3조	3조	3조
	22	23	24	25	26	27	28
오전	1조	1조	1조	1조	2조	2조	2조
오후	2조	2조	3조	3조	3조	3조	3조
야간	4조	4조	4조	4조	4조	1조	1조

	29	30	
오전	2조	2조	• 1조 : 나경원(조장), 임채민, 조은혜, 이가희, 김가은
오후	4조	4조	• 2조 : 김태희(조장), 이샘물, 이가야, 정민지, 김민경
야간	1조	1조	• 3조 : 우채원(조장), 황보경, 최희경, 김희원, 노혜은
			• 4조 : 전혜민(조장), 고명원, 박수진, 김경민, 탁정은

※ 한 조의 일원이 개인 사유로 근무가 어려울 경우 당일 오프인 조의 일원(조장 제외) 중 1인이 대체 근무를 한다.

※ 대체근무의 경우 오전근무 직후 오후근무 또는 오후근무 직후 야간근무는 가능하나 야간근무 직후 오전근무는 불가능하다.

※ 대체근무가 어려운 경우 휴무자가 포함된 조의 조장이 휴무자의 업무를 대행한다.

20 다음은 직원들의 휴무 일정이다. 배정된 대체근무자로 적절하지 못한 사람은?

휴무일자	휴무 예정자	대체 근무 예정자
11월 3일	임채민	① 노혜은
11월 12일	황보경	② 이가희
11월 17일	우채원	③ 이샘물
11월 24일	김가은	④ 이가야
11월 30일	고명원	⑤ 최희경

 11월 12일 황보경(3조)은 오전근무이다. 1조는 바로 전날 야간근무를 했기 때문에 대체해줄 수 없다. 따라서 이가희가 아닌 우채원(3조 조장)이 황보경의 업무를 대행한다.

21 다음은 직원들의 휴무 일정이다. 배정된 대체근무자로 적절하지 못한 사람은?

휴무일자	휴무 예정자	대체 근무 예정자
11월 7일	노혜은	① 탁정은
11월 10일	이샘물	② 최희경
11월 20일	김희원	③ 임채민
11월 29일	탁정은	④ 김희원
11월 30일	이가희	⑤ 황보경

 11월 20일 김희원(3조)는 야간근무이다. 1조는 바로 다음 날 오전근무를 해야 하기 때문에 대체해줄 수 없다. 따라서 임채민이 아닌 우채원(3조 조장)이 김희원의 업무를 대행한다.

〈대여 및 반납 절차〉

● 대여절차
01. 예약하신 대여지점에서 A렌터카 직원 안내에 따라 예약번호, 예약자명 확인하기
02. 예약자 확인을 위해 면허증 제시 후, 차량 임대차 계약서 작성하기
03. 예약하셨던 차종 및 대여기간에 따라 차량 대여료 결제
04. 준비되어 있는 차량 외관, 작동상태 확인하고 차량 인수인계서 서명하기
05. 차량 계약서, 인수인계서 사본과 대여하신 차량 KEY 수령
● 반납절차
01. 예약 시 지정한 반납지점에서 차량 주차 후, 차량 KEY와 소지품 챙기기
02. A렌터카 직원에게 차량 KEY 반납하기
03. A렌터카 직원과 함께 차량의 내/외관 및 Full Tank (일부지점 예외) 확인하기
04. 반납시간 초과, 차량의 손실, 유류 잔량 및 범칙금 확인하여 추가 비용 정산하기

〈대여 자격기준〉

01. 승용차, 9인승 승합차 : 2종 보통면허 이상
02. 11인승 이상 승합차 : 1종 보통면허 이상
03. 외국인의 경우에는 국제 운전 면허증과 로컬 면허증(해당 국가에서 발급된 면허증) 동시 소지자에
   한함
04. 운전자 등록 : 실 운전자 포함 제2운전자까지 등록 가능

〈요금 안내〉

차종	일 요금(원)			초과시간당 요금(원)		
	1일 요금	3~6일	7일+	+6시간	+9시간	+12시간
M(4인승)	190,000	171,000	152,000	114,000	140,600	166,800
N(6인승)	219,000	197,000	175,000	131,400	162,100	192,300
V9(9인승) V11(11인승)	270,000	243,000	216,000	162,000	199,800	237,100
T9(9인승) T11(11인승)	317,000	285,000	254,000	190,200	234,600	278,300
리무진	384,000	346,000	307,000	230,400	284,200	337,200

※ 사전 예약 없이 12시간 이상 초과할 경우 추가 1일 요금이 더해짐

22 다음 중 A렌터카를 대여하려는 일행이 알아야 할 사항으로 적절하지 않은 것은?

① 차량 대여를 위해서 서명해야 할 서류는 두 가지이다.

② 2종 보통 면허로 A렌터카 업체의 모든 차량을 이용할 수 있다.

③ 대여지점과 반납지점은 미리 예약한 곳으로 지정이 가능하다.

④ 유류비는 대여 시와 동일한 정도의 연료가 남았으면 별도로 지불하지 않는다.

⑤ 외국인이 대여를 할 경우, 2개의 면허증이 필요하다.

② 외국인은 국제면허증과 자국의 면허증이 필요하며, 내국인의 경우에는 11인승 이상을 대여할 경우 1종 보통면허가 필요하다.
① 임대차 계약서와 차량 인수인계서에 서명을 해야 한다.
③ '예약 시 지정한 반납지점'이라고 명시되어 있으므로 대여지점과 반납지점은 미리 예약한 곳으로 지정이 가능하다고 볼 수 있다.
④ 차량 반납 시 유류 잔량을 확인한다고 명시되어 있다는 것으로 보아, 대여자의 부담이라고 판단할 수 있다.
⑤ 외국인의 경우에는 국제 운전 면허증과 로컬면허증 두 개가 모두 필요하다.

23 A렌터카 업체의 요금 현황을 살펴본 일행의 반응으로 적절하지 않은 것은?

① "우린 4인 가족이니 M차종을 3일 대여하면 2일 대여하는 것보다 일 요금이 19,000원 싸구나."

② "우리 일행이 11명이니 하루만 쓸 거면 V11이 가장 적당하겠다."

③ "2시간이 초과되는 것과 6시간이 초과되는 것은 어차피 똑같은 요금이구나."

④ "T9을 대여해서 12시간을 초과하면 초과시간요금이 V11 하루 요금보다 비싸네."

⑤ "여보, 길이 막혀 초과시간이 12시간보다 한두 시간 넘으면 6시간 초과 요금을 더 내야하니 염두에 두세요."

⑤ 길이 막혀 늦어지는 경우는 사전 예약이 된 경우라고 볼 수 없으므로 초과시간이 12시간에서 한두 시간이 넘을 경우 6시간의 초과 요금이 아닌, 추가 1일의 요금이 더해진다.
① 1일 대여보다 3~6일 대여가 1일 대여요금이 19,000원 저렴하다.
② V11과 T11이 11인승이므로 저렴한 V11이 경제적이다.
③ 초과시간요금은 6시간까지 모두 동일하다.
④ T9을 대여해서 12시간을 초과하면 278,000원의 초과시간요금이 발생하므로 V11의 하루 요금인 270,000원보다 비싸게 된다.

Answer ⟶ 22.② 23.⑤

▌24~25 ▌ 甲기업 재무팀에서는 2018년도 예산을 편성하기 위해 2017년에 시행되었던 A~F 프로젝트에 대한 평가를 실시하여, 아래와 같은 결과를 얻었다. 물음에 답하시오.

〈프로젝트 평가 결과〉

(단위 : 점)

프로젝트	계획의 충실성	계획 대비 실적	성과지표 달성도
A	96	95	76
B	93	83	81
C	94	96	82
D	98	82	75
E	95	92	79
F	95	90	85

- 프로젝트 평가 영역과 각 영역별 기준 점수는 다음과 같다.
- 계획의 충실성 : 기준 점수 90점
- 계획 대비 실적 : 기준 점수 85점
- 성과지표 달성도 : 기준 점수 80점
- 평가 점수가 해당 영역의 기준 점수 이상인 경우 '통과'로 판단하고 기준 점수 미만인 경우 '미통과'로 판단한다.
- 모든 영역이 통과로 판단된 프로젝트에는 전년과 동일한 금액을 편성하며, 2개 영역이 통과로 판단된 프로젝트에는 전년 대비 10% 감액, 1개 영역만 통과로 판단된 프로젝트에는 15% 감액하여 편성한다. 다만 '계획 대비 실적' 영역이 미통과인 경우 위 기준과 상관없이 15 % 감액하여 편성한다.
- 2017년도 甲기업의 A~F 프로젝트 예산은 각각 20억 원으로 총 120억 원이었다.

24 전년과 동일한 금액의 예산을 편성해야 하는 프로젝트는 총 몇 개인가?

① 1개   ② 2개

③ 3개   ④ 3개

⑤ 5개

 각 영역의 '통과'와 '미통과'를 판단하면 다음과 같다. 모든 영역이 통과로 판단된 프로젝트인 C와 F는 전년과 동일한 금액을 편성해야 한다.

프로젝트	계획의 충실성 (90점 이상)	계획 대비 실적 (85점 이상)	성과지표 달성도 (80점 이상)
A	96 → 통과	95 → 통과	76 → 미통과
B	93 → 통과	83 → 미통과	81 → 통과
C	94 → 통과	96 → 통과	82 → 통과
D	98 → 통과	82 → 미통과	75 → 미통과
E	95 → 통과	92 → 통과	79 → 미통과
F	95 → 통과	90 → 통과	85 → 통과

25 甲기업의 2018년도 A~F 프로젝트 예산 총액은 전년 대비 얼마나 감소하는가?

① 10억 원   ② 9억 원

③ 8억 원   ④ 7억 원

⑤ 6억 원

 각 프로젝트의 2018년도 예산 편성은 다음과 같다. 따라서 甲기업의 2018년도 A~F 프로젝트 예산 총액은 110억 원으로 2017년보다 10억 원 감소한다.

프로젝트	예산 편성액
A	2개 영역 통과 → 20 × 0.9 =18억 원
B	계획 대비 실적 영역 미통과 → 20 × 0.85 = 17억 원
C	전년 동일 20억 원
D	계획 대비 실적 영역 미통과 → 20 × 0.85 = 17억 원
E	2개 영역 통과 → 20 × 0.9 =18억 원
F	전년 동일 20억 원

Answer↳ 24.② 25.①

05 정보능력

1 정보화사회와 정보능력

(1) 정보와 정보화사회

① 자료 · 정보 · 지식

구분	특징
자료 (Data)	객관적 실제의 반영이며, 그것을 전달할 수 있도록 기호화한 것
정보 (Information)	자료를 특정한 목적과 문제해결에 도움이 되도록 가공한 것
지식 (Knowledge)	정보를 집적하고 체계화하여 장래의 일반적인 사항에 대비해 보편성을 갖도록 한 것

② 정보화사회 … 필요로 하는 정보가 사회의 중심이 되는 사회

(2) 업무수행과 정보능력

① 컴퓨터의 활용 분야
- ㉠ 기업 경영 분야에서의 활용 : 판매, 회계, 재무, 인사 및 조직관리, 금융 업무 등
- ㉡ 행정 분야에서의 활용 : 민원처리, 각종 행정 통계 등
- ㉢ 산업 분야에서의 활용 : 공장 자동화, 산업용 로봇, 판매시점관리시스템(POS) 등
- ㉣ 기타 분야에서의 활용 : 교육, 연구소, 출판, 가정, 도서관, 예술 분야 등

② 정보처리과정
- ㉠ 정보 활용 절차 : 기획 → 수집 → 관리 → 활용
- ㉡ 5W2H : 정보 활용의 전략적 기획
  - WHAT(무엇을?) : 정보의 입수대상을 명확히 한다.
  - WHERE(어디에서?) : 정보의 소스(정보원)를 파악한다.
  - WHEN(언제까지) : 정보의 요구(수집)시점을 고려한다.
  - WHY(왜?) : 정보의 필요목적을 염두에 둔다.
  - WHO(누가?) : 정보활동의 주체를 확정한다.
  - HOW(어떻게) : 정보의 수집방법을 검토한다.
  - HOW MUCH(얼마나?) : 정보수집의 비용성(효용성)을 중시한다.

예제 1

5W2H는 정보를 전략적으로 수집·활용할 때 주로 사용하는 방법이다. 5W2H에 대한 설명으로 옳지 않은 것은?

① WHAT : 정보의 수집방법을 검토한다.
② WHERE : 정보의 소스(정보원)를 파악한다.
③ WHEN : 정보의 요구(수집)시점을 고려한다.
④ HOW : 정보의 수집방법을 검토한다.

[출제의도]
방대한 정보들 중 꼭 필요한 정보와 수집 방법 등을 전략적으로 기획하고 정보수집이 이루어질 때 효과적인 정보 수집이 가능해진다. 5W2H는 이러한 전략적 정보 활용기획의 방법으로 그 개념을 이해하고 있는지를 묻는 질문이다.
[해설]
5W2H의 'WHAT'은 정보의 입수대상을 명확히 하는 것이다. 정보의 수집방법을 검토하는 것은 HOW(어떻게)에 해당되는 내용이다.

답 ①

(3) 사이버공간에서 지켜야 할 예절

① 인터넷의 역기능
　　㉠ 불건전 정보의 유통
　　㉡ 개인 정보 유출
　　㉢ 사이버 성폭력
　　㉣ 사이버 언어폭력
　　㉤ 언어 훼손
　　㉥ 인터넷 중독
　　㉦ 불건전한 교제
　　㉧ 저작권 침해

② 네티켓(netiquette) … 네트워크(network) + 에티켓(etiquette)

(4) 정보의 유출에 따른 피해사례

① 개인정보의 종류
- ㉠ **일반 정보** : 이름, 주민등록번호, 운전면허정보, 주소, 전화번호, 생년월일, 출생지, 본적지, 성별, 국적 등
- ㉡ **가족 정보** : 가족의 이름, 직업, 생년월일, 주민등록번호, 출생지 등
- ㉢ **교육 및 훈련 정보** : 최종학력, 성적, 기술자격증/전문면허증, 이수훈련 프로그램, 서클활동, 상벌사항, 성격/행태보고 등
- ㉣ **병역 정보** : 군번 및 계급, 제대유형, 주특기, 근무부대 등
- ㉤ **부동산 및 동산 정보** : 소유주택 및 토지, 자동차, 저축현황, 현금카드, 주식 및 채권, 수집품, 고가의 예술품 등
- ㉥ **소득 정보** : 연봉, 소득의 원천, 소득세 지불 현황 등
- ㉦ **기타 수익 정보** : 보험가입현황, 수익자, 회사의 판공비 등
- ㉧ **신용 정보** : 대부상황, 저당, 신용카드, 담보설정 여부 등
- ㉨ **고용 정보** : 고용주, 회사주소, 상관의 이름, 직무수행 평가 기록, 훈련기록, 상벌기록 등
- ㉩ **법적 정보** : 전과기록, 구속기록, 이혼기록 등
- ㉪ **의료 정보** : 가족병력기록, 과거 의료기록, 신체장애, 혈액형 등
- ㉫ **조직 정보** : 노조가입, 정당가입, 클럽회원, 종교단체 활동 등
- ㉬ **습관 및 취미 정보** : 흡연/음주량, 여가활동, 도박성향, 비디오 대여기록 등

② 개인정보 유출방지 방법
- ㉠ 회원 가입 시 이용 약관을 읽는다.
- ㉡ 이용 목적에 부합하는 정보를 요구하는지 확인한다.
- ㉢ 비밀번호는 정기적으로 교체한다.
- ㉣ 정체불명의 사이트는 멀리한다.
- ㉤ 가입 해지 시 정보 파기 여부를 확인한다.
- ㉥ 남들이 쉽게 유추할 수 있는 비밀번호는 자제한다.

2 **정보능력을 구성하는 하위능력**

(1) 컴퓨터활용능력

① 인터넷 서비스 활용
- ㉠ **전자우편(E-mail) 서비스** : 정보 통신망을 이용하여 다른 사용자들과 편지나 여러 정보를 주고받는 통신 방법
- ㉡ **인터넷 디스크/웹 하드** : 웹 서버에 대용량의 저장 기능을 갖추고 사용자가 개인용 컴퓨터의 하드디스크와 같은 기능을 인터넷을 통하여 이용할 수 있게 하는 서비스
- ㉢ **메신저** : 인터넷에서 실시간으로 메시지와 데이터를 주고받을 수 있는 소프트웨어
- ㉣ **전자상거래** : 인터넷을 통해 상품을 사고팔거나 재화나 용역을 거래하는 사이버 비즈니스

② **정보검색** … 여러 곳에 분산되어 있는 수많은 정보 중에서 특정 목적에 적합한 정보만을 신속하고 정확하게 찾아내어 수집, 분류, 축적하는 과정
- ㉠ **검색엔진의 유형**
  - 키워드 검색 방식 : 찾고자 하는 정보와 관련된 핵심적인 언어인 키워드를 직접 입력하여 이를 검색 엔진에 보내어 검색 엔진이 키워드와 관련된 정보를 찾는 방식
  - 주제별 검색 방식 : 인터넷상에 존재하는 웹 문서들을 주제별, 계층별로 정리하여 데이터베이스를 구축한 후 이용하는 방식
  - 통합형 검색방식 : 사용자가 입력하는 검색어들이 연계된 다른 검색 엔진에게 보내고 이를 통하여 얻어진 검색 결과를 사용자에게 보여주는 방식
- ㉡ **정보 검색 연산자**

기호	연산자	검색조건
*, &	AND	두 단어가 모두 포함된 문서를 검색
|	OR	두 단어가 모두 포함되거나 두 단어 중에서 하나만 포함된 문서를 검색
-, !	NOT	'-' 기호나 '!' 기호 다음에 오는 단어는 포함하지 않는 문서를 검색
~, near	인접검색	앞/뒤의 단어가 가깝게 있는 문서를 검색

③ 소프트웨어의 활용
- ㉠ **워드프로세서**
  - 특징 : 문서의 내용을 화면으로 확인하면서 쉽게 수정 가능, 문서 작성 후 인쇄 및 저장 가능, 글이나 그림의 입력 및 편집 가능
  - 기능 : 입력기능, 표시기능, 저장기능, 편집기능, 인쇄기능 등

ⓛ 스프레드시트

• 특징 : 쉽게 계산 수행, 계산 결과를 차트로 표시, 문서를 작성하고 편집 가능

• 기능 : 계산, 수식, 차트, 저장, 편집, 인쇄기능 등

예제 2

귀하는 커피 전문점을 운영하고 있다. 아래와 같이 엑셀 워크시트로 4개 지점의 원두 구매 수량과 단가를 이용하여 금액을 산출하고 있다. 귀하가 다음 중 D3셀에서 사용하고 있는 함수식으로 옳은 것은? (단, 금액 = 수량 × 단가)

	A	B	C	D	E
1	지점	원두	수량(100g)	금액	
2	A	케냐	15	150000	
3	B	콜롬비아	25	175000	
4	C	케냐	30	300000	
5	D	브라질	35	210000	
6					
7		원두	100g당 단가		
8		케냐	10,000		
9		콜롬비아	7,000		
10		브라질	6,000		
11					

① =C3*VLOOKUP(B3, $B$8:$C$10, 1, 1)

② =B3*HLOOKUP(C3, $B$8:$C$10, 2, 0)

③ =C3*VLOOKUP(B3, $B$8:$C$10, 2, 0)

④ =C3*HLOOKUP($B$8:$C$10, 2, B3)

[출제의도]
본 문항은 엑셀 워크시트 함수의 활용도를 확인하는 문제이다.
[해설]
"VLOOKUP(B3,$B$8:$C$10, 2, 0)"의 함수를 해설해보면 B3의 값(콜롬비아)을 B8:C10에서 찾은 후 그 영역의 2번째 열(C열, 100g당 단가)에 있는 값을 나타내는 함수이다. 금액은 "수량 × 단가"으로 나타내므로 D3셀에 사용되는 함수식은 "=C3*VLOOKUP(B3, $B$8:$C$10, 2, 0)"이다.

※ HLOOKUP과 VLOOKUP
  ⊙ HLOOKUP : 배열의 첫 행에서 값을 검색하여, 지정한 행의 같은 열에서 데이터를 추출
  ⓛ VLOOKUP : 배열의 첫 열에서 값을 검색하여, 지정한 열의 같은 행에서 데이터를 추출

답 ③

ⓒ 프레젠테이션

• 특징 : 각종 정보를 사용자 또는 대상자에게 쉽게 전달

• 기능 : 저장, 편집, 인쇄, 슬라이드 쇼 기능 등

ⓔ 유틸리티 프로그램 : 파일 압축 유틸리티, 바이러스 백신 프로그램

④ 데이터베이스의 필요성

ㄱ 데이터의 중복을 줄인다.

ㄴ 데이터의 무결성을 높인다.

ㄷ 검색을 쉽게 해준다.

ㄹ 데이터의 안정성을 높인다.

ㅁ 개발기간을 단축한다.

(2) 정보처리능력

① 정보원 ⋯ 1차 자료는 원래의 연구성과가 기록된 자료이며, 2차 자료는 1차 자료를 효과적으로 찾아보기 위한 자료 또는 1차 자료에 포함되어 있는 정보를 압축·정리한 형태로 제공하는 자료이다.

    ㉠ 1차 자료 : 단행본, 학술지와 논문, 학술회의자료, 연구보고서, 학위논문, 특허정보, 표준 및 규격자료, 레터, 출판 전 배포자료, 신문, 잡지, 웹 정보자원 등

    ㉡ 2차 자료 : 사전, 백과사전, 편람, 연감, 서지데이터베이스 등

② 정보분석 및 가공

    ㉠ 정보분석의 절차 : 분석과제의 발생 → 과제(요구)의 분석 → 조사항목의 선정 → 관련정보의 수집(기존자료 조사/신규자료 조사) → 수집정보의 분류 → 항목별 분석 → 종합·결론 → 활용·정리

    ㉡ 가공 : 서열화 및 구조화

③ 정보관리

    ㉠ 목록을 이용한 정보관리

    ㉡ 색인을 이용한 정보관리

    ㉢ 분류를 이용한 정보관리

예제 3

인사팀에서 근무하는 J씨는 회사가 성장함에 따라 직원 수가 급증하기 시작하면서 직원들의 정보관리 방법을 모색하던 중 다음과 같은 A사의 직원 정보관리 방법을 보게 되었다. J씨는 A사가 하고 있는 이 방법을 회사에도 도입하고자 한다. 이 방법은 무엇인가?

> A사의 인사부서에 근무하는 H씨는 직원들의 개인정보를 관리하는 업무를 담당하고 있다. A사에서 근무하는 직원은 수천 명에 달하기 때문에 H씨는 주요 키워드나 주제어를 가지고 직원들의 정보를 구분하여 관리하여, 찾을 때도 쉽고 내용을 수정할 때도 이전보다 훨씬 간편할 수 있도록 했다.

① 목록을 활용한 정보관리
② 색인을 활용한 정보관리
③ 분류를 활용한 정보관리
④ 1:1 매칭을 활용한 정보관리

[출제의도]
본 문항은 정보관리 방법의 개념을 이해하고 있는가를 묻는 문제이다.
[해설]
주어진 자료의 A사에서 사용하는 정보관리는 주요 키워드나 주제어를 가지고 정보를 관리하는 방식인 색인을 활용한 정보관리이다. 디지털 파일에 색인을 저장할 경우 추가, 삭제, 변경 등이 쉽다는 점에서 정보관리에 효율적이다.

답 ②

1 인사팀에서는 직원 인사 평가를 위하여 다음과 같은 자료를 준비하게 되었다. 자료의 내용과 해당 결과값을 참고할 때, D2 셀에 들어가야 할 수식으로 적절한 것은 어느 것인가?

	A	B	C	D
1	이름	성과 평가	제안 점수	가산점
2	오 대리	80	90	2
3	김 대리	60	90	6
4	서 대리	90	70	0
5	남 대리	70	80	2

① =IFERROR(C2,B2,(C2-B2)*20%,0)

② =IF(C2〈B2,(C2-B2)*20%,1)

③ =IFERROR(C2〈B2,(C2-B2)*20%,0)

④ =IF(C2〉B2,(C2-B2)*20%,0)

⑤ =IF(C2〉B2,(C2-B2)*20%,1)

 IF 함수는 IF(조건,인수1,인수2)로 표시하며, 지정한 조건이 참이면 인수1을, 거짓이면 인수2를 실행하게 된다. 주어진 자료에서는 제안 점수가 성과 평가보다 높을 경우 제안 점수에서 성과 평가 점수를 뺀 값의 20%를 가산점으로 부여하고 있으므로 보기 ④와 같은 수식이 들어가야 한다. 맨 뒤에 오는 0은 정확한 값을 찾아주게 되며, 정확한 값이 없을 때에는 '#N/A' 오류값을 표시하게 된다.

IFERROR 함수는 인수1이 오류이면 인수2를 표시하고, 그렇지 않으면 인수1을 그대로 표시할 경우 사용하는 함수이다.

2 다음과 같은 자료를 참고하여 외국어능력 성적이 80점 이상인 인원수를 구하는 수식으로 알맞은 것은 어느 것인가?

	A	B	C	D	E
1	성명	외국어능력	상황판단능력	총점	순위
2	갑 대리	60	78	138	4
3	을 대리	89	70	159	3
4	병 대리	90	90	180	1
5	정 대리	79	87	166	2
6					
7		외국어능력			
8		> =80	2		
9					

① =DCOUNTA(B2:E5, 2, B7:B8)

② =DCOUNTA(A1:E5, 1, B7:B8)

③ =DCOUNT(A1:E5, 2, B7:B8)

④ =DCOUNT(A1:E5, 1, B7:B8)

⑤ =DCOUNTA(B2:E5, 1, B7:B8)

DCOUNT 함수는 범위에서 조건에 맞는 레코드 필드 열에 수치 데이터가 있는 셀의 개수를 계산할 때 사용되는 함수이다. 형식은 =DCOUNT(범위, 열 번호, 조건)이 되며, 외환업무가 2열에 있으므로 보기 ③이 정답이 된다.
DCOUNTA 함수는 범위에서 조건에 맞는 레코드 필드 열에 비어 있지 않은 셀의 개수를 계산할 때 사용되는 함수이다.

Answer 1.④ 2.③

3 다음과 같이 그래프의 막대 위치가 변경되었을 경우, 사용한 기능으로 알맞은 것은 어느 것인가?

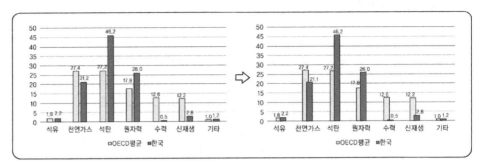

① 데이터 레이블 서식→계열 겹치기
② 데이터 레이블 서식→계열 합성
③ 계열 차트 종류 변경→계열 겹치기
④ 데이터 계열 서식→계열 합성
⑤ 데이터 계열 서식→계열 겹치기

 계열 겹치기 기능을 사용한 것으로, 데이터 계열 서식에서 계열 겹치기 메뉴를 선택하여 실행하게 된다. 기본 설정값은 -100%~100% 사이로 지정할 수 있으며, 데이터 계열의 개별 데이터 사이의 간격을 제어하는 기능으로, 데이터 요소를 구분하려면 음수 값을, 데이터 요소를 겹치려면 양수값을 사용하게 된다.

4 엑셀에서 새 시트를 열고자 할 때 사용하는 단축키는?

① 〈Shift〉+〈F11〉　　　　　② 〈Ctrl〉+〈W〉
③ 〈Ctrl〉+〈F4〉　　　　　　④ 〈Ctrl〉+〈N〉
⑤ 〈Ctrl〉+〈P〉

 ②③ 현재 통합문서를 닫는 기능이다.
④ 새 통합문서를 만드는 기능이다.
⑤ 작성한 문서를 인쇄하는 기능이다.

5 다음과 같은 자료를 만들어, B9 : D14 영역을 참고하여 제품명 D3 : D7을 입력하고자 한다. D3 셀에 수식을 입력하여 D4 : D7까지 드래그하여 수식을 복사하려 한다면, D3 셀에 입력해야 하는 적절한 수식은 어느 것인가?

	A	B	C	D	E	F
1						
2		날짜	제품넘버	물품명	수량	단가
3		2019-09-04	13		8	26000
4		2019-09-05	15		14	17000
5		2019-09-06	21		3	38000
6		2019-09-07	27		26	14000
7		2019-09-08	29		19	20000
8						
9			제품넘버	물품명	단가	
10			13	가랜드	26000	
11			15	발매트	17000	
12			21	러그	38000	
13			27	무드등	14000	
14			29	슬리퍼	20000	
15						

① =VLOOKUP(C3,$C$10:$E$14,2)

② =MODE(C3,$C$10:$E$14,2)

③ =HLOOKUP(C3,$C$10:$E$14,2)

④ =MODE(C3,1,$C$10:$E$14,2)

⑤ =VLOOKUP(C3,C10:E14,2)

 VLOOKUP은 범위에서 첫 열에서 찾을 값에 해당하는 데이터를 찾은 후 찾을 값이 있는 행에서 열 번호 위치에 해당하는 데이터를 구하는 함수이다. VLOOKUP(찾을 값, 범위, 열 번호, 찾는 방법)의 표시하며, 찾을 값은 원본 데이터에서 '제품코드'가 있는 C3 셀을 선택한다. 범위는 C10:E14 영역을 선택하되, 고정 값이므로 절대 참조 형식인 $를 삽입한다. 또한, 열 번호는 찾을 값에 대한 제품명을 검색해야 하므로 열의 위치 값인 2를 지정하게된다.

Answer ↪ 3.⑤ 4.① 5.①

┃6~8┃ 다음 완소그룹 물류창고의 책임자와 각 창고 내 보관된 제품의 코드 목록을 보고 물음에 답하시오.

책임자	제품코드번호	책임자	제품코드번호
권두완	17015N0301200013	노완희	17028S0100500023
공덕영	17051C0100200015	박근동	16123G0401800008
심근동	17012F0200900011	양균호	17026P0301100004
정용준	16113G0100100001	박동신	17051A0200700017
김영재	17033H0301300010	권현종	17071A0401500021

ex) 제품코드번호

2017년 3월에 성남 3공장에서 29번째로 생산된 주방용품 앞치마 코드

1703	–	1C	–	01005	–	00029
(생산연월)		(생산공장)		(제품종류)		(생산순서)

생산연월	생산공장				제품종류			생산순서
	지역코드		고유번호		분류코드		고유번호	
• 1611 – 2016년 11월 • 1706 – 2017년 6월	1	성남	A	1공장	01	주방용품	001	주걱	• 00001부터 시작하여 생산 순서대로 5자리의 번호가 매겨짐
			B	2공장			002	밥상	
			C	3공장			003	쟁반	
	2	구리	D	1공장			004	접시	
			E	2공장			005	앞치마	
			F	3공장			006	냄비	
	3	창원	G	1공장	02	청소도구	007	빗자루	
			H	2공장			008	쓰레받기	
			I	3공장			009	봉투	
	4	서산	J	1공장			010	대걸레	
			K	2공장			011	TV	
			L	3공장	03	가전제품	012	전자레인지	
	5	원주	M	1공장			013	가스레인지	
			N	2공장			014	컴퓨터	
	6	강릉	O	1공장			015	치약	
			P	2공장			016	칫솔	
	7	진주	Q	1공장	04	세면도구	017	샴푸	
			R	2공장			018	비누	
	8	합천	S	1공장			019	타월	
			T	2공장			020	린스	

6 완소그룹의 제품 중 2017년 5월에 합천 1공장에서 36번째로 생산된 세면도구 비누의 코드로 알 맞은 것은?

① 17058S0401800036

② 17058S0401600036

③ 17058T0402000036

④ 17058T0401800036

⑤ 17058S0401500036

7 2공장에서 생산된 제품들 중 현재 물류창고에 보관하고 있는 가전제품은 모두 몇 개인가?

① 1개

② 2개

③ 3개

④ 4개

⑤ 5개

8 다음 중 창원 1공장에서 생산된 제품을 보관하고 있는 물류창고의 책임자들끼리 바르게 연결된 것은?

① 김영재 – 박동신

② 정용준 – 박근동

③ 권두완 – 양균호

④ 공덕영 – 권현종

⑤ 양균호 – 노완희

Answer↱ 6.① 7.③ 8.②

│9~10│ 다음 물류 창고 내 재고상품의 코드 목록을 보고 이어지는 질문에 답하시오.

[재고상품 코드번호 예시]

2019년 10월에 인천 제2공장에서 생산된 소가죽 워커의 코드

191032#D01Wk

<u>1910</u>	<u>32#D</u>	<u>01Wk</u>
생산월	지역코드+고유번호	소재코드+제품코드

생산일자		생산공장				제품분류			
코드	날짜	지역코드		고유번호		소재코드		제품코드	
1909	19년 9월	31	경기	#A	제1공장	01	소	Lf	로퍼
1910	19년 10월			#B	제2공장			Wk	워커
1911	19년 11월	32	인천	#C	제1공장			Sd	샌들
				#D	제2공장	02	양	Bt	보트화
		33	강원	#E	제1공장			LB	롱부츠
				#F	제2공장	03	공단	Pl	플랫
		42	대전	#G	제1공장			Hh	하이힐
						04	세무	Ln	운동화
								Ug	어그

9 재고상품 중 2019년 11월에 경기 제1공장에서 생산된 공단소재의 플랫슈즈의 코드로 알맞은 것은?

① 191032#A02Pl

② 191031#B03Pl

③ 191131#B03PL

④ 191131#A03Pl

⑤ 191132#A03Pl

 1911(생산월) + 31#A(경기 제1공장) + 03Pl(공단소재 플랫슈즈)
따라서 코드는 191131#A03Pl이다.

10 물류 창고 관리자 X씨는 주말에 있을 브랜드 행사를 위해 소가죽과 양가죽으로 된 제품을 모두 출고시켜야한다. 다음 중 출고 대상 상품이 아닌 것은?

① 1909#C01Lf

② 1910#A01Wk

③ 1910#D02Bt

④ 1911#G03Hh

⑤ 1911#B02LB

 소가죽과 양가죽으로 된 제품만을 출고해야 하므로 공단소재로 된 하이힐(03Hh)은 출고 대상이 아니다.

11 다음은 H회사의 승진후보들의 1차 고과 점수 및 승진시험 점수이다. "생산부 사원"의 승진시험 점수의 평균을 알기 위해 사용해야 하는 함수는 무엇인가?

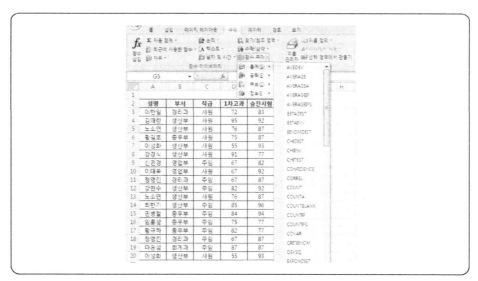

① AVERAGE

② AVERAGEA

③ AVERAGEIF

④ AVERAGEIFS

⑤ COUNTIF

 구하고자 하는 값은 "생산부 사원"의 승진시험 점수의 평균이다. 주어진 조건에 따른 평균값을 구하는 함수는 AVERAGEIF와 AVERAGEIFS인데 조건이 1개인 경우에는 AVERAGEIF, 조건이 2개 이상인 경우에는 AVERAGEIFS를 사용한다.
[=AVERAGEIFS(E3:E20,B3:B20,"생산부",C3:C20,"사원")]

Answer → 9.④ 10.④ 11.④

다음 자료는 J회사 창고에 있는 가전제품 코드 목록이다. 다음을 보고 물음에 답하시오.

SE-11-KOR-3A-1512	CH-08-CHA-2C-1308	SE-07-KOR-2C-1503
CO-14-IND-2A-1511	JE-28-KOR-1C-1508	TE-11-IND-2A-1411
CH-19-IND-1C-1301	SE-01-KOR-3B-1411	CH-26-KOR-1C-1307
NA-17-PHI-2B-1405	AI-12-PHI-1A-1502	NA-16-IND-1B-1311
JE-24-PHI-2C-1401	TE-02-PHI-2C-1503	SE-08-KOR-2B-1507
CO-14-PHI-3C-1508	CO-31-PHI-1A-1501	AI-22-IND-2A-1503
TE-17-CHA-1B-1501	JE-17-KOR-1C-1506	JE-18-IND-1C-1504
NA-05-CHA-3A-1411	SE-18-KOR-1A-1503	CO-20-KOR-1C-1502
AI-07-KOR-2A-1501	TE-12-IND-1A-1511	AI-19-IND-1A-1503
SE-17-KOR-1B-1502	CO-09-CHA-3C-1504	CH-28-KOR-1C-1308
TE-18-IND-1C-1510	JE-19-PHI-2B-1407	SE-16-KOR-2C-1505
CO-19-CHA-3A-1509	NA-06-KOR-2A-1401	AI-10-KOR-1A-1509

〈코드 부여 방식〉
[제품 종류]-[모델 번호]-[생산 국가]-[공장과 라인]-[제조연월]

〈예시〉
TE-13-CHA-2C-1501
2015년 1월에 중국 2공장 C라인에서 생산된 텔레비전 13번 모델

제품 종류 코드	제품 종류	생산 국가 코드	생산 국가
SE	세탁기	CHA	중국
TE	텔레비전	KOR	한국
CO	컴퓨터	IND	인도네시아
NA	냉장고	PHI	필리핀
AI	에어컨		
JE	전자레인지		
GA	가습기		
CH	청소기		

12 위의 코드 부여 방식을 참고할 때 옳지 않은 내용은?

① 창고에 있는 기기 중 세탁기는 모두 한국에서 제조된 것들이다.

② 창고에 있는 기기 중 컴퓨터는 모두 2015년에 제조된 것들이다.

③ 창고에 있는 기기 중 청소기는 있지만 가습기는 없다.

④ 창고에 있는 기기 중 2013년에 제조된 것은 청소기 뿐이다.

⑤ 창고에 텔레비전은 5대가 있다.

> (Tip) NA-16-IND-1B-1311가 있으므로 2013년에 제조된 냉장고도 창고에 있다.

13 J회사에 다니는 Y씨는 가전제품 코드 목록을 파일로 불러와 검색을 하고자 한다. 검색의 결과로 옳지 않은 것은?

① 창고에 있는 세탁기가 몇 개인지 알기 위해 'SE'를 검색한 결과 7개임을 알았다.

② 창고에 있는 기기 중 인도네시아에서 제조된 제품이 몇 개인지 알기 위해 'IND'를 검색한 결과 10개임을 알았다.

③ 모델 번호가 19번인 제품을 알기 위해 '19'를 검색한 결과 4개임을 알았다.

④ 1공장 A라인에서 제조된 제품을 알기 위해 '1A'를 검색한 결과 6개임을 알았다.

⑤ 2015년 1월에 제조된 제품을 알기 위해 '1501'를 검색한 결과 3개임을 알았다.

> (Tip) ② 인도네시아에서 제조된 제품은 9개이다.

14 2017년 4월에 한국 1공장 A라인에서 생산된 에어컨 12번 모델의 코드로 옳은 것은?

① AI − 12 − KOR − 2A − 1704

② AI − 12 − KOR − 1A −1704

③ AI − 11 − PHI − 1A − 1704

④ CH − 12 − KOR − 1A − 1704

⑤ CH − 11 − KOR − 3A − 1705

> (Tip) [제품 종류] − [모델 번호] − [생산 국가] − [공장과 라인] − [제조연월]
> AI(에어컨) − 12 − KOR − 1A −1704

Answer ➙ 12.④ 13.② 14.②

15 다음의 알고리즘에서 인쇄되는 S는?

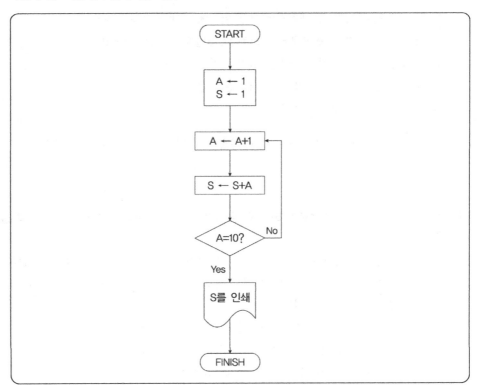

① 36

② 45

③ 55

④ 66

⑤ 77

 A=1, S=1
A=2, S=1+2
A=3, S=1+2+3
…
A=10, S=1+2+3+…+10
∴ 출력되는 S의 값은 55이다.

16 다음의 알고리즘에서 인쇄되는 A는?

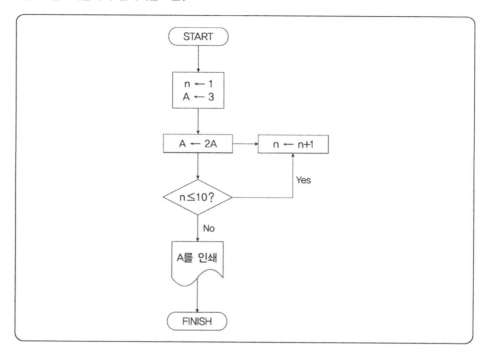

① $2^8 \cdot 3$ ② $2^9 \cdot 3$

③ $2^{10} \cdot 3$ ④ $2^{11} \cdot 3$

⑤ $2^{12} \cdot 3$

(Tip) n=1, A=3
n=1, A=2 · 3
n=2, A=2^2 · 3
n=3, A=2^3 · 3
...
n=11, A=2^{11} · 3
∴ 출력되는 A의 값은 $2^{11} \cdot 3$이다.

17 T회사에서 근무하고 있는 N씨는 엑셀을 이용하여 작업을 하고자 한다. 엑셀에서 바로 가기 키에 대한 설명이 다음과 같을 때 괄호 안에 들어갈 내용으로 알맞은 것은?

> 통합 문서 내에서 (㉠) 키는 다음 워크시트로 이동하고 (㉡) 키는 이전 워크시트로 이동한다.

	㉠	㉡
①	〈Ctrl〉+〈Page Down〉	〈Ctrl〉+〈Page Up〉
②	〈Shift〉+〈Page Down〉	〈Shift〉+〈Page Up〉
③	〈Tab〉+←	〈Tab〉+→
④	〈Alt〉+〈Shift〉+↑	〈Alt〉+〈Shift〉+↓
⑤	〈Ctrl〉+〈Shift〉+〈Page Down〉	〈Ctrl〉+〈Shift〉+〈Page Up〉

 엑셀 통합 문서 내에서 다음 워크시트로 이동하려면 〈Ctrl〉+〈Page Down〉을 눌러야 하며, 이전 워크시트로 이동하려면 〈Ctrl〉+〈Page Up〉을 눌러야 한다.

18 다음 워크시트에서 영업2부의 보험실적 합계를 구하고자 할 때, [G2] 셀에 입력할 수식으로 옳은 것은?

	A	B	C	D	E	F	G
1	성명	부서	성별	보험실적		부서	보험실적 합계
2	윤진주	영업1부	여	13		영업2부	
3	임성민	영업2부	남	12			
4	김옥순	영업1부	여	15			
5	김은지	영업3부	여	20			
6	최준오	영업2부	남	8			
7	윤한성	영업3부	남	9			
8	하은영	영업2부	여	11			
9	남영호	영업1부	남	17			

① =DSUM(A1:D9,3,F1:F2)

② =DSUM(A1:D9,"보험실적",F1:F2)

③ =DSUM(A1:D9,"보험실적",F1:F3)

④ =SUM(A1:D9,"보험실적",F1:F2)

⑤ =SUM(A1:D9,4,F1:F2)

 DSUM(데이터베이스, 필드, 조건 범위) 함수는 조건에 부합하는 데이터를 합하는 수식이다. 데이터베이스는 전체 범위를 설정하며, 필드는 보험실적 합계를 구하는 것이므로 "보험실적"으로 입력하거나 열 번호 4를 써야 한다. 조건 범위는 영업2부에 한정하므로 F1:F2를 써준다.

Answer↪ 17.① 18.②

19 다음 중 아래 시트에서 야근일수를 구하기 위해 [B9] 셀에 입력할 수식으로 옳은 것은?

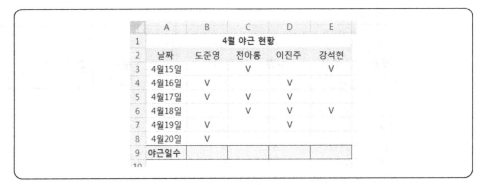

	A	B	C	D	E
1			4월 야근 현황		
2	날짜	도준영	전아롱	이진주	강석현
3	4월15일		V		V
4	4월16일	V		V	
5	4월17일	V	V	V	
6	4월18일		V	V	V
7	4월19일	V		V	
8	4월20일	V			
9	야근일수				
10					

① =COUNTBLANK(B3:B8)

② =COUNT(B3:B8)

③ =COUNTA(B3:B8)

④ =SUM(B3:B8)

⑤ =AVERAGEA(B3:B8)

 COUNTBLANK 함수는 비어있는 셀의 개수를 세어준다. COUNT 함수는 숫자가 입력된 셀의 개수를 세어주는 반면 COUNTA 함수는 숫자는 물론 문자가 입력된 셀의 개수를 세어준다. 즉, 비어있지 않은 셀의 개수를 세어주기 때문에 이 문제에서는 COUNTA 함수를 사용해야 한다.

20 다음 워크시트에서 [A2] 셀 값을 소수점 첫째자리에서 반올림하여 [B2] 셀에 나타내도록 하고자 한다. [B2] 셀에 알맞은 함수식은?

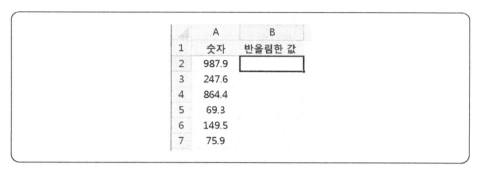

① ROUND(A2, −1)

② ROUND(A2, 0)

③ ROUNDDOWN(A2, 0)

④ ROUNDUP(A2, −1)

⑤ ROUND(A3, 0)

 ROUND(number, num_digits)는 반올림하는 함수이며, ROUNDUP은 올림, ROUNDDOWN 은 내림하는 함수이다. ROUND(number, num_digits)에서 number는 반올림하려는 숫자를 나타내며, num_digits는 반올림할 때 자릿수를 지정한다. 이 값이 0이면 소수점 첫째자리 에서 반올림하고 −1이면 일의자리 수에서 반올림한다. 따라서 주어진 문제는 소수점 첫째 자리에서 반올림하는 것이므로 ②가 답이 된다.

선택정렬(Selection sort)는 주어진 데이터 중 최솟값을 찾고 최솟값을 정렬되지 않은 데이터 중 맨 앞에 위치한 값과 교환한다. 교환은 두 개의 숫자가 서로 자리를 맞바꾸는 것을 말한다. 정렬된 데이터를 제외한 나머지 데이터를 같은 방법으로 교환하여 반복하면 정렬이 완료된다.

〈예시〉

68, 11, 3, 82, 7을 정렬하려고 한다.

• 1회전 (최솟값 3을 찾아 맨 앞에 위치한 68과 교환)

68	11	3	82	7

3	11	68	82	7

• 2회전 (정렬이 된 3을 제외한 데이터 중 최솟값 7을 찾아 11과 교환)

3	11	68	82	7

3	7	68	82	11

• 3회전 (정렬이 된 3, 7을 제외한 데이터 중 최솟값 11을 찾아 68과 교환)

3	7	68	82	11

3	7	11	82	68

• 4회전 (정렬이 된 3, 7, 11을 제외한 데이터 중 최솟값 68을 찾아 82와 교환)

3	7	11	82	68

3	7	11	68	82

21 다음 수를 선택정렬을 이용하여 오름차순으로 정렬하려고 한다. 2회전의 결과는?

5, 3, 8, 1, 2

① 1, 2, 8, 5, 3   ② 1, 2, 5, 3, 8
③ 1, 2, 3, 5, 8   ④ 1, 2, 3, 8, 5
⑤ 1, 2, 8, 3, 5

(Tip) ㉠ 1회전

5	3	8	1	2

1	3	8	5	2

㉡ 2회전

1	3	8	5	2

1	2	8	5	3

22 다음 수를 선택정렬을 이용하여 오름차순으로 정렬하려고 한다. 3회전의 결과는?

> 55, 11, 66, 77, 22

① 11, 22, 66, 55, 77

② 11, 55, 66, 77, 22

③ 11, 22, 66, 77, 55

④ 11, 22, 55, 77, 66

⑤ 11, 22, 55, 66, 77

(Tip) ㉠ 1회전

55	11	66	77	22

11	55	66	77	22

㉡ 2회전

11	55	66	77	22

11	22	66	77	55

㉢ 3회전

11	22	66	77	55

11	22	55	77	66

23 다음 시트처럼 한 셀에 두 줄 이상 입력하려는 경우 줄을 바꿀 때 사용하는 키는?

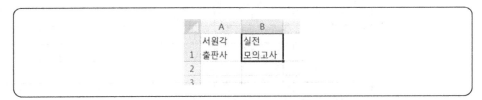

① 〈Shift〉+〈Ctrl〉+〈Enter〉　　　　② 〈Alt〉+〈Enter〉

③ 〈Alt〉+〈Shift〉+〈Enter〉　　　　④ 〈Shift〉+〈Enter〉

⑤ 〈Ctrl〉+〈Enter〉

 한 셀에 두 줄 이상 입력하려고 하는 경우 줄을 바꿀 때는 〈Alt〉+〈Enter〉를 눌러야 한다.

24 다음 워크시트에서 과일의 금액 합계를 나타내는 '=SUM(B2:B7)' 수식에서 '=SUM(B2B7)'와 같이 범위 참조의 콜론(:)이 빠졌을 경우 나타나는 오류 메시지는?

	A	B
1	**과일**	**금액**
2	딸기	4000
3	사과	5000
4	포도	10000
5	자두	3000
6	복숭아	5000
7	수박	17000
8		

① # NAME?　　　　　　　　　　② # REF!

③ # VALUE!　　　　　　　　　　④ # DIV/0

⑤ # NUM!

　① #NAME? : 지정하지 않은 이름을 사용한 때나 함수 이름을 잘못 사용한 때, 인식할 수
　　없는 텍스트를 수식에 사용했을 때
② #REF! : 수식이 있는 셀에 셀 참조가 유효하지 않을 때
③ #VALUE! : 잘못된 인수나 피연산자를 사용하거나 수식 자동고침 기능으로 수식을 고칠
　수 없을 때
④ #DIV/0 : 나누는 수가 빈 셀이나 0이 있는 셀을 참조하였을 때
⑤ #NUM! : 표현할 수 있는 숫자의 범위를 벗어났을 때

25 다음 워크시트는 학생들의 수리영역 성적을 토대로 순위를 매긴 것이다. 다음 중 [C2] 셀의 수식으로 옳은 것은?

	A	B	C
1		수리영역	순위
2	이순자	80	3
3	이준영	95	2
4	정소이	50	7
5	금나라	65	6
6	윤민준	70	5
7	도성민	75	4
8	최지애	100	1

① =RANK(B2,$B$2:$B$8)

② =RANK(B2,$B$2:$B$8,1)

③ =RANK(C2,$B$2:$B$8)

④ =RANK(C2,$B$2:$B$8,0)

⑤ =RANK(C2,$B$2:$B$8,1)

 RANK(number,ref,[order]) : number는 순위를 지정하는 수이므로 B2, ref는 범위를 지정하는 것이므로 $B$2:$B$8이다. oder는 0이나 생략하면 내림차순으로 순위가 매겨지고 0이 아닌 값을 지정하면 오름차순으로 순위가 매겨진다.

Answer⤶ 23.② 24.① 25.①

06 직업윤리

1 윤리와 직업

(1) 윤리의 의미

① 윤리적 인간 … 공동의 이익을 추구하고 도덕적 가치 신념을 기반으로 형성된다.

② 윤리규범의 형성 … 공동생활과 협력을 필요로 하는 인간생활에서 형성되는 공동행동의 룰을 기반으로 형성된다.

③ 윤리의 의미 … 인간과 인간 사이에서 지켜야 할 도리를 바르게 하는 것으로 인간 사회에 필요한 올바른 질서라고 할 수 있다.

예제 1

윤리에 대한 설명으로 옳지 않은 것은?

① 윤리는 인간과 인간 사이에서 지켜져야 할 도리를 바르게 하는 것으로 볼 수 있다.
② 동양적 사고에서 윤리는 인륜과 동일한 의미이며, 엄격한 규율이나 규범의 의미가 배어 있다.
③ 인간은 윤리를 존중하며 살아야 사회가 질서와 평화를 얻게 되고, 모든 사람이 안심하고 개인적 행복을 얻게 된다.
④ 윤리는 세상에 두 사람 이상이 있으면 존재하며, 반대로 혼자 있을 때도 지켜져야 한다.

[출제의도]
윤리의 의미와 윤리적 인간, 윤리규범의 형성 등에 대한 기본적인 이해를 평가는 문제이다.
[해설]
윤리는 인간과 인간 사이에서 지켜져야 할 도리를 바르게 하는 것으로서 이 세상에 두 사람 이상이 있으면 존재하고 반대로 혼자 있을 때에는 의미가 없는 말이 되기도 한다.

답 ④

---

(2) 직업의 의미

① 직업은 본인의 자발적 의사에 의한 장기적으로 지속하는 일로, 경제적 보상이 따라야 한다.

② **입신출세론** … 입신양명(立身揚名)이 입신출세(立身出世)로 바뀌면서 현대에 와서는 직업 활동의 결과를 출세에 비중을 두는 경향이 짙어졌다.

③ 3D 기피현상 ··· 힘들고(Difficult), 더럽고(Dirty), 위험한(Dangerous) 일은 하지 않으려고 하는 현상

(3) 직업윤리

① 직업윤리란 직업인이라면 반드시 지켜야 할 공통적인 윤리규범으로 어느 직장에 다니느냐를 구분하지 않는다.

② 직업윤리와 개인윤리의 조화
  ㉠ 업무상 행해지는 개인의 판단과 행동이 사회적 파급력이 큰 기업시스템을 통하여 다수의 이해관계자와 관련된다.
  ㉡ 많은 사람의 고도화 된 협력을 요구하므로 맡은 역할에 대한 책임완수와 투명한 일 처리가 필요하다.
  ㉢ 규모가 큰 공동 재산·정보 등을 개인이 관리하므로 높은 윤리의식이 요구된다.
  ㉣ 직장이라는 특수 상황에서 갖는 집단적 인간관계는 가족관계, 친분관계와는 다른 배려가 요구된다.
  ㉤ 기업은 경쟁을 통하여 사회적 책임을 다하고, 보다 강한 경쟁력을 키우기 위하여 조직원인의 역할과 능력을 꾸준히 향상시켜야 한다.
  ㉥ 직무에 따른 특수한 상황에서는 개인 차원의 일반 상식과 기준으로는 규제할 수 없는 경우가 많다.

예제 2

직업윤리에 대한 설명으로 옳지 않은 것은?

① 개인윤리를 바탕으로 각자가 직업에 종사하는 과정에서 요구되는 특수한 윤리규범이다.
② 직업에 종사하는 현대인으로서 누구나 공통적으로 지켜야 할 윤리기준을 직업윤리라 한다.
③ 개인윤리의 기본 덕목인 사랑, 자비 등과 공동발전의 추구, 장기적 상호이익 등의 기본은 직업윤리도 동일하다.
④ 직업을 가진 사람이라면 반드시 지켜야 할 윤리규범이며, 중소기업 이상의 직장에 다니느냐에 따라 구분된다.

[출제의도]
직업윤리의 정의와 내용에 대한 올바른 이해를 요구하는 문제이다.
[해설]
직업윤리란 직업을 가진 사람이라면 반드시 지켜야 할 공통적인 윤리규범을 말하는 것으로 어느 직장에 다니느냐를 구분하지 않는다.

답 ④

2 직업윤리를 구성하는 하위능력

(1) 근로윤리

① 근면한 태도
- ⊙ 근면이란 게으르지 않고 부지런한 것으로 근면하기 위해서는 일에 임할 때 적극적이고 능동적인 자세가 필요하다.
- ⓒ 근면의 종류
  - 외부로부터 강요당한 근면
  - 스스로 자진해서 하는 근면

② 정직한 행동
- ⊙ 정직은 신뢰를 형성하고 유지하는 데 기본적이고 필수적인 규범이다.
- ⓒ 정직과 신용을 구축하기 위한 지침
  - 정직과 신뢰의 자산을 매일 조금씩 쌓아가자.
  - 잘못된 것도 정직하게 밝히자.
  - 타협하거나 부정직을 눈감아 주지 말자.
  - 부정직한 관행은 인정하지 말자.

③ 성실한 자세 … 성실은 일관하는 마음과 정성의 덕으로 자신의 일에 최선을 다하고자 하는 마음자세를 가지고 업무에 임하는 것이다.

예제 3

우리 사회에서 정직과 신용을 구축하기 위한 지침으로 볼 수 없는 것은?

① 정직과 신뢰의 자산을 매일 조금씩 쌓아가도록 한다.
② 잘못된 것도 정직하게 밝혀야 한다.
③ 작은 실수는 눈감아 주고 때론 타협을 하여야 한다.
④ 부정직한 관행은 인정하지 말아야 한다.

[출제의도]
근로윤리 중에서도 정직한 행동과 성실한 자세에 대해 올바르게 이해하고 있는지 평가하는 문제이다.
[해설]
타협하거나 부정직한 일에 대해서는 눈감아주지 말아야 한다.

답 ③

---

(2) 공동체윤리

① 봉사(서비스)의 의미
- ⊙ 직업인에게 봉사란 자신보다 고객의 가치를 최우선으로 하는 서비스 개념이다.

   © SERVICE의 7가지 의미
    • S(Smile & Speed) : 서비스는 미소와 함께 신속하게 하는 것
    • E(Emotion) : 서비스는 감동을 주는 것
    • R(Respect) : 서비스는 고객을 존중하는 것
    • V(Value) : 서비스는 고객에게 가치를 제공하는 것
    • I(Image) : 서비스는 고객에게 좋은 이미지를 심어 주는 것
    • C(Courtesy) : 서비스는 예의를 갖추고 정중하게 하는 것
    • E(Excellence) : 서비스는 고객에게 탁월하게 제공되어져야 하는 것
   © **고객접점서비스** : 고객과 서비스 요원 사이에서 15초 동안의 짧은 순간에 이루어지는 서비스로, 이 순간을 진실의 순간(MOT ; Moment of Truth) 또는 결정적 순간이라고 한다.

② **책임의 의미** ⋯ 책임은 모든 결과는 나의 선택으로 인한 결과임을 인식하는 태도로, 상황을 회피하지 않고 맞닥뜨려 해결하는 자세가 필요하다.

③ **준법의 의미** ⋯ 준법은 민주 시민으로서 기본적으로 지켜야 하는 의무이며 생활 자세이다.

④ **예절의 의미** ⋯ 예절은 일정한 생활문화권에서 오랜 생활습관을 통해 하나의 공통된 생활방법으로 정립되어 관습적으로 행해지는 사회계약적 생활규범으로, 언어문화권에 따라 다르고 같은 언어문화권이라도 지방에 따라 다를 수 있다.

⑤ **직장에서의 예절**
  ㅇ **직장에서의 인사예절**
   • 악수
   −악수를 하는 동안에는 상대에게 집중하는 의미로 반드시 눈을 맞추고 미소를 짓는다.
   −악수를 할 때는 오른손을 사용하고, 너무 강하게 쥐어짜듯이 잡지 않는다.
   −악수는 힘 있게 해야 하지만 상대의 뼈를 부수듯이 손을 잡지 말아야 한다.
   −악수는 서로의 이름을 말하고 간단한 인사 몇 마디를 주고받는 정도의 시간 안에 끝내야 한다.
   • 소개
   −나이 어린 사람을 연장자에게 소개한다.
   −내가 속해 있는 회사의 관계자를 타 회사의 관계자에게 소개한다.
   −신참자를 고참자에게 소개한다.
   −동료임원을 고객, 손님에게 소개한다.
   −비임원을 임원에게 소개한다.
   −소개받는 사람의 별칭은 그 이름이 비즈니스에서 사용되는 것이 아니라면 사용하지 않는다.
   −반드시 성과 이름을 함께 말한다.
   −상대방이 항상 사용하는 경우라면, Dr. 또는 Ph.D. 등의 칭호를 함께 언급한다.

-정부 고관의 직급명은 퇴직한 경우라도 항상 사용한다.

-천천히 그리고 명확하게 말한다.

-각각의 관심사와 최근의 성과에 대하여 간단한 언급을 한다.

• 명함 교환

-명함은 반드시 명함 지갑에서 꺼내고 상대방에게 받은 명함도 명함 지갑에 넣는다.

-상대방에게서 명함을 받으면 받은 즉시 호주머니에 넣지 않는다.

-명함은 하위에 있는 사람이 먼저 꺼내는데 상위자에 대해서는 왼손으로 가볍게 받쳐 내
는 것이 예의이며, 동위자, 하위자에게는 오른손으로만 쥐고 건넨다.

-명함을 받으면 그대로 집어넣지 말고 명함에 관해서 한두 마디 대화를 건네 본다.

-쌍방이 동시에 명함을 꺼낼 때는 왼손으로 서로 교환하고 오른손으로 옮겨진다.

ⓛ 직장에서의 전화예절

• 전화걸기

-전화를 걸기 전에 먼저 준비를 한다. 정보를 얻기 위해 전화를 하는 경우라면 얻고자
하는 내용을 미리 메모하도록 한다.

-전화를 건 이유를 숙지하고 이와 관련하여 대화를 나눌 수 있도록 준비한다.

-전화는 정상적인 업무가 이루어지고 있는 근무 시간에 걸도록 한다.

-당신이 통화를 원하는 상대와 통화할 수 없을 경우에 대비하여 비서나 다른 사람에게
메시지를 남길 수 있도록 준비한다.

-전화는 직접 걸도록 한다.

-전화를 해달라는 메시지를 받았다면 가능한 한 48시간 안에 답해주도록 한다.

• 전화받기

-전화벨이 3~4번 울리기 전에 받는다.

-당신이 누구인지를 즉시 말한다.

-천천히, 명확하게 예의를 갖추고 말한다.

-밝은 목소리로 말한다.

-말을 할 때 상대방의 이름을 함께 사용한다.

-메시지를 받아 적을 수 있도록 펜과 메모지를 곁에 둔다.

-주위의 소음을 최소화한다.

-긍정적인 말로서 전화 통화를 마치고 전화를 건 상대방에게 감사를 표시한다.

• 휴대전화

-당신이 어디에서 휴대전화로 전화를 하든지 간에 상대방에게 통화를 강요하지 않는다.

-상대방이 장거리 요금을 지불하게 되는 휴대전화의 사용은 피한다.

-운전하면서 휴대전화를 하지 않는다.

-친구의 휴대전화를 빌려 달라고 부탁하지 않는다.

-비상시에만 휴대전화를 사용하는 친구에게는 휴대전화로 전화하지 않는다.

ⓒ 직장에서의 E-mail 예절
- E-mail 보내기
-상단에 보내는 사람의 이름을 적는다.
-메시지에는 언제나 제목을 넣도록 한다.
-메시지는 간략하게 만든다.
-요점을 빗나가지 않는 제목을 잡도록 한다.
-올바른 철자와 문법을 사용한다.
- E-mail 답하기
-원래 이-메일의 내용과 관련된 일관성 있는 답을 하도록 한다.
-다른 비즈니스 서신에서와 마찬가지로 화가 난 감정의 표현을 보내는 것은 피한다.
-답장이 어디로, 누구에게로 보내는지 주의한다.

⑥ 성예절을 지키기 위한 자세 ⋯ 직장에서 여성의 특징을 살린 한정된 업무를 담당하던 과거와는 달리 여성과 남성이 대등한 동반자 관계로 동등한 역할과 능력발휘를 한다는 인식을 가질 필요가 있다.

ⓐ 직장 내에서 여성이 남성과 동등한 지위를 보장 받기 위해서 그만한 책임과 역할을 다해야 하며, 조직은 그에 상응하는 여건을 조성해야 한다.

ⓑ 성희롱 문제를 사전에 예방하고 효과적으로 처리하는 방안이 필요한 것이다.

ⓒ 남성 위주의 가부장적 문화와 성 역할에 대한 과거의 잘못된 인식을 타파하고 남녀공존의 직장문화를 정착하는 노력이 필요하다.

| 예제 4

예절에 대한 설명으로 옳지 않은 것은?

① 예절은 일정한 생활문화권에서 오랜 생활습관을 통해 하나의 공통된 생활방식으로 정립되어 관습적으로 행해지는 사회계약적인 생활규범이라 할 수 있다.
② 예절은 언어문화권에 따라 다르나 동일한 언어문화권일 경우에는 모두 동일하다.
③ 무리를 지어 하나의 문화를 형성하여 사는 일정한 지역을 생활문화권이라 하며, 이 문화권에 사는 사람들이 가장 편리하고 바람직한 방법이라고 여겨 그렇게 행하는 생활방법이 예절이다.
④ 예절은 한 나라에서 통일되어야 국민들이 생활하기가 수월하며, 올바른 예절을 지키는 것이 바른 삶을 사는 것이라 할 수 있다.

[출제의도]
공동체윤리에 속하는 여러 항목 중 예절의 의미와 특성에 대한 이해능력을 평가하는 문제이다.
[해설]
예절은 언어문화권에 따라 다르고, 동일한 언어문화권이라도 지방에 따라 다를 수 있다. 예를 들면 우리나라의 경우 서울과 지방에 따라 예절이 조금씩 다르다.

답 ②

출제예상문제

1 다음과 같은 직업윤리의 덕목을 참고할 때, 빈칸에 공통으로 들어갈 알맞은 말은 어느 것인가?

> 사회시스템은 구성원 서로가 신뢰하는 가운데 운영이 가능한 것이며, 그 신뢰를 형성하고 유지하는데 필요한 가장 기본적이고 필수적인 규범이 바로 (   )인 것이다.
> 그러나 우리 사회의 (   )은(는) 아직까지 완벽하지 못하다. 거센 역사의 소용돌이 속에서 여러 가지 부당한 핍박을 받은 경험이 있어서 그럴 수도 있지만, 원칙보다는 집단내의 정과 의리를 소중히 하는 문화적 정서도 그 원인이라 할 수 있다.

① 성실 ② 정직
③ 인내 ④ 희생
⑤ 도전

 이러한 정직과 신용을 구축하기 위한 4가지 지침으로 다음과 같은 것들이 있다.
• 정직과 신뢰의 자산을 매일 조금씩 쌓아가자.
• 잘못된 것도 정직하게 밝히자.
• 정직하지 못한 것을 눈감아 주지 말자.
• 부정직한 관행은 인정하지 말자.

2 공동체윤리의 하나인 '예절'에 대한 다음 설명 중 적절한 행동 사례로 보기 어려운 것은 어느 것인가?

① 사람을 가리지 않고 동일한 인사법을 사용하였다.
② 내가 속해 있는 회사의 관계자를 타 회사의 관계자에게 먼저 소개하여야 한다.
③ 소개할 때에는 반드시 성과 이름을 함께 말하여야 한다.
④ 나이 어린 사람을 연장자에게 먼저 소개한다.
⑤ 악수를 할 경우 상대방의 다리 쪽으로 시선을 향하며 진지한 표정을 짓는다.

 악수를 할 경우의 올바른 인사 예절은 상대방의 눈을 보며 밝은 표정을 짓는 것이다.

3 '내부고발제도'와 관련한 다음의 글을 참고할 때, 내부고발제도를 효과적으로 실행할 수 있는 방안으로 적절하지 않은 것은 어느 것인가?

> 내부고발제도가 뿌리내리기 위해 요구되는 것은 법 제도에 앞선 사회적 인식의 전환이다. 우선 조직을 지배하는 온정주의와 연고주의 문화가 뿌리 뽑혀야 한다. 인간적 관계 때문에 부정행위를 보고도 모른 체하고 넘어가는 조직문화 속에서 내부고발제도는 제대로 작동하기 어렵다. 지난 6월 세계일보 조사 결과, 사소한 관행적인 부정행위를 '신고하겠다.'는 응답은 39.7%에 불과했다. 이 결과의 가장 큰 이유는 조직의 '보복과 불이익'(46.3%) 때문이다. 내부고발자가 "너 혼자 깨끗한 척 하는 바람에 조직이 망가지고 동료 직원이 쫓겨났다."는 비난을 받으면 괜한 일을 했는가라는 좌절감에 빠진다. 따라서 보복행위를 명확히 규정하여 그 처벌을 강화하고, 공익제보자의 포상 및 보상 기준을 높여 경제적 불이익 때문에 실제 내부고발을 주저하는 일이 없게 해야 한다. 그 제도적 대안으로는 부패 몰수자산의 일정액을 공익신고자지원기금으로 조성하여 공익제보자에 대한 실질적 지원에 활용하는 방안을 생각할 수 있다.
>
> 현행 내부고발제도는 본인이 직접 실명 신고했을 경우에만 인정한다. 비밀이 보장되어도 신분이 노출될 수 있다는 두려움 때문에 신고에 나서지 않는 현실을 감안해 변호사나 시민단체를 통한 대리신고 역시 인정되어야 할 것이다. 부득이하게 내부고발자의 신분이 노출된 경우 조직차원에서는 감사·윤리경영 관련 부서에 배치해 관련 업무를 맡기거나 국가 차원에서도 공공기관의 감사부서에서 이들이 일할 수 있는 기회를 적극적으로 제공할 필요가 있다. 결국, 조직의 투명성 강화와 윤리경영은 내부고발제도가 불법행위의 예방제 역할을 할 때 가능하다.

① 내부고발과 개인적인 불평불만은 분명히 구분돼야 하므로 이 둘은 별도의 보고체계를 통해 관리한다.

② 내부고발자의 신원이 확실히 보호될 수 있는 법적, 제도적 장치를 마련해야 한다.

③ 내부고발 정책은 조직 내의 모든 관리자와 직원에게 동일하게 적용되어야 한다.

④ 내부고발 메커니즘이 실제로 어떻게 작동하는지를 보여주고 직원들의 질의에 응답하는 특정 교육 과정을 마련한다.

⑤ 내부고발자의 상황을 고려해 외부로의 확산을 우선 차단하고 직속상관에게 우선 보고하는 시스템을 마련해야 한다.

 직원들이 항상 불법이나 과실을 직속상관과 편하게 논의할 수 있는 것은 아니며 때로는 직속상관이 문제의 몸통일 수도 있다. 직원들이 내부자와의 대화를 불편하게 생각할 수 있기 때문에 다양한 내부의 제보 라인 외에도 외부의 공익 제보단체들과 핫라인을 구축하여 효과적인 고발이 이루어지도록 시스템을 갖추어야 한다.

Answer 1.② 2.⑤ 3.⑤

4 A공사의 성희롱 방지 관련 다음 규정을 참고할 때, 규정의 내용에 부합하지 않는 설명은 어느 것인가?

제○○조(피해자 등 보호 및 비밀유지)

① 위원장(인사·복무 등에 관한 권한을 위원장으로부터 위임받은 자를 포함한다)은 피해자 등, 신고자, 조력자에 대하여 고충의 상담, 조사신청, 협력을 이유로 다음 각 호의 어느 하나에 해당하는 불리한 처우를 하여서는 아니 된다.

  1. 파면, 해임, 그 밖에 신분상실에 해당하는 불이익 조치

  2. 징계, 정직, 감봉, 강등, 승진 제한 등 부당한 인사조치

  3. 직무 미부여, 직무 재배치, 그 밖에 본인의 의사에 반하는 인사조치

  4. 성과평가, 동료평가 등에서 차별이나 그에 따른 임금 또는 상여금 등의 차별 지급

  5. 직업능력 개발 및 향상을 위한 교육훈련 기회의 제한

  6. 집단 따돌림, 폭행 또는 폭언 등 정신적·신체적 손상을 가져오는 행위를 하거나 그 행위의 발생을 방치하는 행위

  7. 그 밖에 피해를 주장하는 자, 조사 등에 협력하는 자의 의사에 반하는 불리한 처우

② 위원장은 피해자등의 의사를 고려하여 행위자와의 업무분장·업무공간 분리, 휴가 등 적절한 조치를 취해야 한다.

③ 성희롱·성폭력 사건 발생 시 피해자 치료 지원, 행위자에 대한 인사 조치 등을 통해 2차 피해를 방지하고 피해자의 근로권 등을 보호하여야 한다.

④ 고충상담원 등 성희롱·성폭력 고충과 관계된 사안을 직무상 알게 된 자는 사안의 조사 및 처리를 위해 필요한 경우를 제외하고는 사안 관계자의 신원은 물론 그 내용 등에 대하여 이를 누설하여서는 아니 된다.

---

① 성희롱을 목격하여 신고한 사람에게 인사상 불이익을 주어서는 안 된다고 설명하였다.

② 성희롱 피해자가 원할 경우, 직장에서는 행위자와의 격리 조치를 취해주어야 한다고 설명하였다.

③ 성희롱 사건을 직무상 알게 된 사람이 피해자의 이름을 누설하는 것은 규정 위반이라고 설명하였다.

④ 성희롱 피해자에게 성희롱 피해를 이유로 상여금을 더 많이 지급하는 것도 옳지 않다고 설명하였다.

⑤ 성희롱 피해 당사자에게는 우선 어떠한 직무도 부여하지 말고 절대 휴식을 주어야 한다고 설명하였다.

(Tip) 본인의 의사에 반하는 어떠한 인사상의 조치도 취하면 안 된다고 규정하고 있다. 따라서 피해 당사자라 하더라도 직무에서 배제할 수 없으며, 오히려 치료지원 등을 위한 업무 상 공백을 인정해야 주어야 한다.
④ 상여금 차별 지급으로 볼 수 있으며, 돈으로 사안을 무마하려는 의도로 보일 수 있으므로 옳은 처사가 아니다.

5 다음 사례에서 엿볼 수 있는 직업윤리 정신으로 가장 알맞은 것은 어느 것인가?

> 고려청자 재현의 기초를 습득한 해강 유근형 선생은 일본인 공장을 나온 후 경기도 분원의 사기장 출신인 김완배를 찾아 그가 은거하고 있는 강원도 양구로 간다. 그에게 유약 제조법의 기본을 배운 유근형은 청자 제작에 좋은 태토를 찾기 위해 황해도 봉산 관정리와 함경북도 생기령 등을 다녔다. 청자 유약의 비법을 알아내기 위해, 고려시대 때 청자 가마터를 수소문해서 강진을 비롯한 전국의 옛 가마터를 답사했다. 유약과 태토의 비법을 어느 정도 찾아낸 그는 여주와 수원의 야산에 장작 가마를 만든 후 끝없는 실패를 반복하면서도 불과 씨름을 했고, 1928년 드디어 일본 벳푸시(別府市) 박람회에 청자를 출품하여 금상을 수상했다.

① 봉사 ② 성실

③ 희생 ④ 근면

⑤ 책임

  해강 유근형 선생이 고려청자 재현에 열성을 보인 사례를 소개하고 있다. 이는 성실한 모습을 보여주는 사례로, 성실은 일관하는 마음과 정성의 덕이다. 우리는 정성스러움을 '진실하여 전연 흠이 없는 완전한 상태에 도달하고자 하는 사람이 선을 택하여 노력하는 태도'라 말할 수 있다. 그러한 태도가 보통 사람들의 삶 속으로 스며들면서 자신의 일에 최선을 다하고자 하는 마음자세로 연결되었다고 볼 수 있다.

Answer → 4.⑤ 5.②

6 SERVICE의 7가지 의미에 대한 설명으로 옳은 것은?

① S : 서비스는 감동을 주는 것

② V : 서비스는 고객에게 좋은 이미지를 심어주는 것

③ C : 서비스는 미소와 함께 신속하게 하는 것

④ R : 서비스는 고객을 존중하는 것

⑤ I : 서비스는 예의를 갖추고 정중하게 하는 것

 SERVICE의 7가지 의미
- ㉠ S(smile & speed) : 서비스는 미소와 함께 신속하게 하는 것
- ㉡ E(emotion) : 서비스는 감동을 주는 것
- ㉢ R(respect) : 서비스는 고객을 존중하는 것
- ㉣ V(value) : 서비스는 고객에게 가치를 제공하는 것
- ㉤ I(image) : 서비스는 고객에게 좋은 이미지를 심어 주는 것
- ㉥ C(courtesy) : 서비스는 예의를 갖추고 정중하게 하는 것
- ㉦ E(excellence) : 서비스는 고객에게 탁월하게 제공되어져야 하는 것

7 서비스업무자가 고객 앞에서 해서는 안 될 행동이 아닌 것은?

① 고객을 방치한 채 업무자끼리 대화하는 행위

② 시끄럽게 구두소리를 내며 걷는 행위

③ 업무상 전화를 받는 행위

④ 화장을 하거나 고치는 행위

⑤ 동료와 사적인 이야기를 하는 행위

 ③ 고객 앞에서 개인 용무의 전화 통화는 금지해야 하지만 업무상 전화를 받는 행위는 그렇지 않다.

8 다음 중 인사 예절에 어긋난 행동은?

① 윗사람에게는 먼저 목례를 한 후 악수를 한다.

② 상대의 눈을 보며 밝은 표정을 짓는다.

③ 손끝만 잡는 행위는 금한다.

④ 주머니에 손을 넣고 악수를 한다.

⑤ 명함을 받으면 즉시 호주머니에 넣지 않는다.

 ④ 주머니에 손을 넣고 악수를 하지 않는다.

9 전화예절로 바르지 않은 것은?

① 전화벨이 3~4번 울리기 전에 받는다.

② 자신이 누구인지를 즉시 말한다.

③ 말을 할 때 상대방의 이름을 사용하지 않는다.

④ 주위의 소음을 최소화한다.

⑤ 천천히, 명확하게 예의를 갖추고 말한다.

　　　③ 말을 할 때는 상대방의 이름을 함께 사용한다.

10 다음 빈칸에 들어갈 용어로 올바른 것은?

> • 1980년대 이후 소득수준과 생활수준이 급격히 향상되면서 근로자들이 일하기를 꺼리는
>   업종을 지칭하는 신조어를 말한다.
> • 더러움을 의미하는 dirty, 힘듦을 의미하는 difficult, ___㉠___ 을 의미하는 dangerous
>   의 앞 글자를 따 만들었다.
> • 본래는 제조업, 광업, 건축업 등 더럽고 어려우며 위험한 분야의 산업을 일컬었으나
>   최근에는 주로 젊은층을 위주로 한 노동인력의 취업경향을 설명하는 데 사용된다.

① 위험함　　　　　　　　　② 연관성

③ 어두움　　　　　　　　　④ 이질감

⑤ 선명함

　　　3D 기피현상 : 힘들고(Difficult), 더럽고(Dirty), 위험한(Dangerous) 일은 하지 않으려고 하는 현상

11 다음 중 공동체 윤리에 해당하는 것이 아닌 것은?

① 봉사　　　　　　　　　　② 책임

③ 준법　　　　　　　　　　④ 근면

⑤ 예절

　　　④는 근로윤리에 해당한다.

Answer ⟿　6.④　7.③　8.④　9.③　10.①　11.④

12 직장 내에서 성희롱을 당한 경우 대처방법으로 바르지 못한 것은?

① 직접적으로 거부의사를 밝히고 중지할 것을 항의한다.

② 증거자료를 수거하고 공식적 처리를 준비한다.

③ 공정한 처리를 위해 개인 정보를 공개한다.

④ 가해자에 대해 납득할 정도의 조치를 취하고 결과를 피해자에게 통지한다.

⑤ 직장 내 노사협의회에 신고한다.

 ③ 직장은 성예절에 어긋나는 행동에 대해 도움을 요청 받았을 시 개인 정보의 유출을 철저히 방지해야 한다.
①②⑤ 개인적 대응
④ 직장의 대응

13 다음 설명에 해당하는 직업윤리의 덕목은?

> 자신의 일이 누구나 할 수 있는 것이 아니라 해당분야의 지식을 바탕으로 가능한 것이라 믿는 태도

① 전문가의식   ② 소명의식

③ 천직의식   ④ 직분의식

⑤ 책임의식

 직업윤리의 덕목
㉠ 소명의식 : 자신이 맡은 일을 하늘에 의해 맡겨진 일이라고 생각하는 태도
㉡ 천직의식 : 자신의 일이 자신의 능력에 맞는다 여기고 열성을 가지고 성실히 임하는 태도
㉢ 직분의식 : 자신이 하고 있는 일이 사회나 기업을 위해 중요한 역할을 하고 있다고 믿는 태도
㉣ 책임의식 : 직업에 대한 사회적 역할과 책무를 충실히 수행하고 책임을 다하는 태도
㉤ 전문가의식 : 자신의 일이 누구나 할 수 있는 것이 아니라 해당분야의 지식을 바탕으로 가능한 것이라 믿는 태도
㉥ 봉사의식 : 직업활동을 통해 다른 사람과 공동체에 대해 봉사하는 정신을 갖춘 태도

14 다음 중 직장에서의 소개 예절로 옳지 않은 것은?

① 나이 어린 사람을 연장자에게 소개한다.

② 신참자를 고참자에게 소개한다.

③ 반드시 성과 이름을 함께 말한다.

④ 빠르게 그리고 명확하게 말한다.

⑤ 성과 이름을 함께 말한다.

 소개
- 나이 어린 사람을 연장자에게 소개한다.
- 내가 속해 있는 회사의 관계자를 타 회사의 관계자에게 소개한다.
- 신참자를 고참자에게 소개한다.
- 동료임원을 고객, 손님에게 소개한다.
- 비임원을 임원에게 소개한다.
- 소개받는 사람의 별칭은 그 이름이 비즈니스에서 사용되는 것이 아니라면 사용하지 않는다.
- 반드시 성과 이름을 함께 말한다.
- 상대방이 항상 사용하는 경우라면, Dr. 또는 Ph.D. 등의 칭호를 함께 언급한다.
- 정부 고관의 직급명은 퇴직한 경우라도 항상 사용한다.
- 천천히 그리고 명확하게 말한다.
- 각각의 관심사와 최근의 성과에 대하여 간단한 언급을 한다.

15 다음 중 직장에서의 명함교환 예절로 옳지 않은 것은?

① 상대방에게서 명함을 받으면 받은 즉시 호주머니에 넣는다.

② 명함은 하위에 있는 사람이 먼저 꺼낸다.

③ 명함을 받으면 그대로 집어넣지 말고 명함에 관해서 한두 마디 대화를 건네 본다.

④ 쌍방이 동시에 명함을 꺼낼 때는 왼손으로 서로 교환하고 오른손으로 옮겨진다.

⑤ 명함은 반드시 명함 지갑에서 꺼내고 상대방에게 받은 명함도 명함 지갑에 넣는다.

 명함 교환
- 명함은 반드시 명함 지갑에서 꺼내고 상대방에게 받은 명함도 명함 지갑에 넣는다.
- 상대방에게서 명함을 받으면 받은 즉시 호주머니에 넣지 않는다.
- 명함은 하위에 있는 사람이 먼저 꺼내는데 상위자에 대해서는 왼손으로 가볍게 받쳐 내는 것이 예의이며, 동위자, 하위자에게는 오른손으로만 쥐고 건넨다.
- 명함을 받으면 그대로 집어넣지 말고 명함에 관해서 한두 마디 대화를 건네 본다.
- 쌍방이 동시에 명함을 꺼낼 때는 왼손으로 서로 교환하고 오른손으로 옮겨진다.

Answer → 12.③ 13.① 14.④ 15.①

16 다음 중 휴대전화 예절로 옳지 않은 것은?

① 당신이 어디에서 휴대전화로 전화를 하든지 간에 상대방에게 통화를 강요하지 않는다.

② 상대방이 장거리 요금을 지불하게 되는 휴대전화의 사용은 피한다.

③ 비상시에만 휴대전화를 사용하는 친구에게는 휴대전화로 전화하지 않는다.

④ 운전하면서 휴대전화를 사용 할 수 있다.

⑤ 친구의 휴대전화를 빌려 달라고 부탁하지 않는다.

 휴대전화 예절
- 당신이 어디에서 휴대전화로 전화를 하든지 간에 상대방에게 통화를 강요하지 않는다.
- 상대방이 장거리 요금을 지불하게 되는 휴대전화의 사용은 피한다.
- 운전하면서 휴대전화를 사용 하지 않는다.
- 친구의 휴대전화를 빌려 달라고 부탁하지 않는다.
- 비상시에만 휴대전화를 사용하는 친구에게는 휴대전화로 전화하지 않는다.

17 직장에서 성예절을 지키기 위한 자세로 옳지 않은 것은?

① 여성과 남성이 대등한 동반자 관계로 동등한 역할과 능력발휘를 한다는 인식을 가진다.

② 직장에서 여성은 본인의 특징을 살린 한정된 업무를 담당하게 한다.

③ 직장 내에서 여성이 남성과 동등한 지위를 보장 받기 위해서 그만한 책임과 역할을 다해야 한다.

④ 성희롱 문제를 사전에 예방하고 효과적으로 처리하는 방안이 필요하다.

⑤ 남녀공존의 직장문화를 정착하는 노력이 필요하다.

 직장에서 여성의 특징을 살린 한정된 업무를 담당하던 과거와는 달리 여성과 남성이 대등한 동반자 관계로 동등한 역할과 능력발휘를 한다는 인식을 가질 필요가 있다.

18 다음 중 근로윤리에 관한 설명으로 옳지 않은 것은?

① 정직은 신뢰를 형성하는 데 기본적인 규범이다.

② 정직은 부정직한 관행을 인정하지 않는다.

③ 신용을 위해 동료와 타협하여 부정직을 눈감아준다.

④ 신용을 위해 잘못된 것도 정직하게 밝혀야 한다.

⑤ 성실은 자신의 일에 최선을 다하고자 하는 마음자세를 가지고 일하는 것이다.

 ③ 타협하거나 부정직을 눈감아 주지 말아야 한다.

19 다음 중 직장에서의 E-mail 예절로 옳지 않은 것은?

① 올바른 철자와 문법을 사용한다.

② 메시지는 간략하게 만든다.

③ 단문의 메시지인 경우 제목은 생략한다.

④ 답장이 어디로, 누구에게로 보내는지 주의한다.

⑤ 요점을 빗나가지 않는 제목을 잡도록 한다.

 직장에서의 E-mail 예절
ㄱ E-mail 보내기
- 상단에 보내는 사람의 이름을 적는다.
- 메시지에는 언제나 제목을 넣도록 한다.
- 메시지는 간략하게 만든다.
- 요점을 빗나가지 않는 제목을 잡도록 한다.
- 올바른 철자와 문법을 사용한다.

ㄴ E-mail 답하기
- 원래 이-메일의 내용과 관련된 일관성 있는 답을 하도록 한다.
- 다른 비즈니스 서신에서와 마찬가지로 화가 난 감정의 표현을 보내는 것은 피한다.
- 답장이 어디로, 누구에게로 보내는지 주의한다.

20 다음에서 설명하고 있는 개념으로 적절한 것은?

> 이것은 일정한 생활문화권에서 오랜 생활습관을 통해 하나의 공통된 생활방법으로 정립되어 관습적으로 행해지는 사회계약적 생활규범으로, 언어문화권에 따라 다르고 같은 언어문화권이라도 지방에 따라 다를 수 있다.

① 봉사   ② 책임
③ 준법   ④ 예절
⑤ 문화

 공동체윤리
① 봉사 : 직업인에게 봉사란 자신보다 고객의 가치를 최우선으로 하는 서비스 개념이다.
② 책임 : 책임은 모든 결과는 나의 선택으로 인한 결과임을 인식하는 태도로, 상황을 회피하지 않고 맞닥뜨려 해결하는 자세가 필요하다.
③ 준법 : 준법은 민주 시민으로서 기본적으로 지켜야 하는 의무이며 생활 자세이다.
④ 예절 : 예절은 일정한 생활문화권에서 오랜 생활습관을 통해 하나의 공통된 생활방법으로 정립되어 관습적으로 행해지는 사회계약적 생활규범으로, 언어문화권에 따라 다르고 같은 언어문화권이라도 지방에 따라 다를 수 있다.

Answer → 16.④ 17.② 18.③ 19.③ 20.④

PART

III

한국사

1 (가)와 (나)의 나라에 대한 설명으로 옳은 것을 고르시오.

> (가) 살인자는 사형에 처하고 그 가족은 노비로 삼았다. 도둑질을 하면 12배로 변상케 했다. 남녀 간에 음란한 짓을 하거나 부인이 투기하면 모두 죽였다. 투기하는 것을 더욱 미워하여, 죽이고 나서 시체를 산 위에 버려서 썩게 했다. 친정에서 시체를 가져가려면 소와 말을 바쳐야 했다.
>
> (나) 귀신을 믿기 때문에 국읍에 각각 한 사람씩 세워 천신에 대한 제사를 주관하게 했다. 이를 천군이라 했다. 여러 국(國)에는 각각 소도라고 하는 별읍이 있었다. 큰 나무를 세우고 방울과 북을 매달아 놓고 귀신을 섬겼다. 다른 지역에서 거기로 도망쳐 온 사람은 누구든 돌려보내지 않았다.

① (가)-가축의 이름을 딴 가를 두어 저마다 따로 행정구역을 직접 다스렸다.

② (가)-혼인을 정한 뒤 신부집의 뒤꼍에 조그만 집을 짓고 거기서 자식을 낳고 장성하면 아내를 데리고 신랑집으로 돌아가는 제도이다.

③ (가)-'무천'이라는 제천행사를 10월에 열었다.

④ (나)-왕이 죽으면 많은 사람들을 껴묻거리와 함께 묻는 풍습이 있었다.

⑤ (나)-왕 아래 상가, 고추가, 등의 대가들이 있었으며, 대가들은 독립적인 세력을 유지하고 각기 사자, 조의, 선인 등의 관리를 거느렸다.

 (가)는 '살인자는 사형에 처하고 그 가족은 노비로 삼았다. 도둑질을 하면 12배로 변상케 했다'라는 부분을 통해 부여의 1책 12법임을 알 수 있고 (나)는 '천군', '소도'라는 용어로 보아 삼한에 대한 글임을 알 수 있다.
① 부여는 가축의 이름을 딴 마가, 우가, 저가, 구가는 저마다 따로 행정구역을 직접 다스렸는데 이를 사출도라 하며, 중앙과 더불어 5부를 이루었다.
②⑤ 고구려의 풍습이다.
③ 동예에 대한 설명이다.
④ 부여에 대한 설명이다.

2 다음 ㉠의 사건이 있은 후 ㉡의 사건이 발생하기 전에 있었던 역사적 사건으로 옳은 것은?

> ㉠ 문주가 신라에서 군사 1만 명을 얻어 가지고 돌아왔다. 고구려 군사는 물러갔지만 이미 왕은 죽었고 성은 파괴되었다. 이에 문주가 왕으로 즉위하였다.
> ㉡ 봄에 사비로 서울을 옮기고 국호를 남부여라 하였다.

① 고구려 간섭을 배제하기 위해 나·제 동맹을 결성하였다.
② 고구려는 수도를 평양으로 천도하였다.
③ 신라는 원산만 진출을 기념하기 위해 황초령비와 마운령비를 건립하였다.
④ 고구려의 남하정책을 기념하여 중원고구려비를 건립하였다.
⑤ 왕성이 고구려 광개토왕의 군대에 점령당했다.

 문주왕이 즉위한 시기는 475년이고 백제가 사비로 도읍을 옮겨 국호를 남부여라 한 것은 538년(성왕 16)의 일이다.
④ 중원고구려비 건립(481)
① 나·제 동맹(433)
② 고구려의 평양천도(427)
③ 황초령비와 마운령비는 568년에 건립되었다.
⑤ 광개토왕(재위 391~413) 대의 일이다.

3 다음과 같은 문서가 작성되었던 시대에 대한 설명으로 옳지 않은 것은?

> 토지는 논, 밭, 촌주위답, 내시령답 등 토지의 종류와 면적을 기록하고, 사람들은 인구, 가호, 노비의 수와 3년 동안의 사망, 이동 등 변동 내용을 기록하였다. 그 밖에 소와 말의 수, 뽕나무, 잣나무, 호두나무의 수까지 기록하였다.

① 관료에게는 관료전을, 백성에게는 정전을 지급했다.
② 인구는 남녀별로 나누고 연령별로 6등급으로 나누어 파악했다.
③ 경덕왕 때 녹읍제가 부활되고 관료전이 폐지되었다.
④ 전국을 9주로 나누고, 주 아래에는 군이나 현을 두어 지방관을 파견하였다.
⑤ 국가에 봉사하는 대가로 관료에게 토지를 나누어 주는 전시과 제도를 운영하였다.

 제시된 문서는 통일 신라 시대의 민정문서이다. ⑤는 고려 시대의 일이다.

Answer 1.① 2.④ 3.⑤

4 신라 승려 ㉠과 ㉡에 대한 설명으로 옳지 않은 것은?

> (㉠)은(는) 불교 서적을 폭넓게 이해하고, 일심(一心) 사상을 바탕으로 여러 종파들의 사상적 대립을 조화시키며 분파 의식을 극복하려고 노력하였다. 한편 (㉡)은(는) 모든 존재가 상호 의존적인 관계에 있으면서 서로 조화를 이룬다는 화엄 사상을 적립하고, 교단을 형성하여 많은 제자를 양성하였다.

① ㉠은 무애가라는 노래를 유포하며 일반 백성을 교화하였다.
② ㉠은 미륵 신앙을 전파하며 불교 대중화의 길을 걸었다.
③ ㉠은 「금강삼매경론」, 「대승기신론소」등을 통해 불교의 사상적 이해기준을 확립시켰다.
④ ㉡은 「화엄일승법계도」를 통해 화엄사상을 정립하였다.
⑤ ㉡은 국왕이 큰 공사를 일으켜 도성을 새로이 정비하려 할 때 백성을 위해 이를 만류하였다.

 ㉠은 원효, ㉡은 의상이다.
② 원효는 아미타 신앙에 근거하여 불교 대중화의 길을 열었다.

5 다음 사건을 일어난 순서대로 나열한 것으로 옳은 것은?

> ㉠ 조광조가 능주로 귀양 가서 사약을 받고 죽었다.
> ㉡ 김종직의 무덤을 파헤쳐 시신을 참수하였다.
> ㉢ 연산군은 생모 윤씨의 폐비 사건에 관여한 사람을 몰아냈다.
> ㉣ 명종을 해치려 했다는 이유로 윤임 일파가 몰락하였다.

① ㉡ - ㉠ - ㉢ - ㉣　　　　② ㉡ - ㉢ - ㉠ - ㉣
③ ㉢ - ㉡ - ㉣ - ㉠　　　　④ ㉣ - ㉢ - ㉡ - ㉠
⑤ ㉣ - ㉡ - ㉢ - ㉠

 ㉠ 기묘사화는 1519년, 중종 14 때의 일이다.
㉡ 무오사화는 1498년, 연산군 4 때의 일이다.
㉢ 갑자사화는 1504년, 연산군 10 때의 일이다.
㉣ 을사사화는 1545년 명종 즉위년 때의 일이다.

6 다음과 같은 무덤 양식을 보인 나라에 대한 설명이 아닌 것은?

> 굴식 돌방무덤으로 모줄임 천장구조가 고구려 고분과 닮았고, 이 곳에서 나온 돌사자 상은 매우 힘차고 생동감이 있다.

① 왕족 대씨와 귀족 고씨 등 고구려계가 지배층의 대부분을 구성하였다.
② 당의 제도를 수용하여 정치체계를 마련하였으나 명칭과 그 운영은 독자성을 유지했다.
③ 주자감을 설립하여 귀족 자제들에게 유교경전을 교육하였다.
④ 광대한 영토를 효과적으로 통치하기 위해 5경 15부 62주의 지방행정제도를 완비하였다.
⑤ 군사조직인 9서당은 옷소매의 색깔로 표시하였는데 부속민에 대한 회유와 견제의 양 면적 성격을 지녔다.

 제시된 자료와 같은 무덤 양식은 발해의 정혜공주묘이다.
⑤ 통일신라의 군사조직에 대한 설명이다.

7 다음에서 설명하는 사건에 대한 설명을 고르시오.

> 임오년 서울의 영군(營軍)들이 큰 소란을 피웠다. 갑술년 이후 대대의 경비가 불법으 로 지출되고 호조와 선혜청의 창고도 고갈되어 서울의 관리들은 봉급을 못 받았으며, 5 영의 병사들도 가끔씩 결식을 하여 급기야 5영을 2영으로 줄이고 노별과 약졸들을 쫓아 냈는데, 내쫓긴 사람들은 발붙일 곳이 없으므로 그들은 난을 일으키려 했다.

① 군대 해산에 반발한 군인들은 의병 부대에 합류하였다.
② 보국안민. 제폭구민의 대의를 위해 봉기할 것을 호소하였다.
③ 정부의 개화 정책에 반대하는 서울의 하층민도 참여하였다.
④ 충의를 위해 역적을 토벌한다는 명분을 내걸고 유생들이 주동하였다.
⑤ 운요호 사건으로 강화도조약을 맺게 되자 최익현, 유인석 등은 개항불가론을 주장하 였다.

 ③ 제시된 사건은 임오군란이다.
① 정미의병
② 동학농민운동
④ 을미의병, 을사의병
⑤ 1870년대 개항 반대 운동

Answer↱ 4.② 5.⑤ 6.⑤ 7.③

8 다음 지도와 같은 영토 수복이 이루어진 왕대에 일어난 사실은?

① 위화도 회군
② 전민변정도감 설치
③ 서경천도운동
④ 과전법의 시행
⑤ 철령위의 설치

 지도는 고려 공민왕대의 영토 수복을 보여주고 있다. 공민왕은 전민변정도감을 설치하여 권문세족이 부당하게 빼앗은 토지를 원래의 주인에게 돌려주고 억울하게 노비가 된 양민을 해방시켰다.
①⑤ 우왕
③ 묘청의 서경천도운동(인종, 1135)
④ 공양왕

9 다음 밑줄 친 '왕'에 대한 설명으로 옳은 것은?

> 왕은 왕권 강화를 위해 중앙집권체계를 강화하고, 변방중심에서 전국적인 지역 중심 방어체제로 바꾸는 등 국방을 강화하였다. 또 국가재정을 안정시키기 위해 과전을 현직 관료에게만 지급하기 시작하였다.

① 6조직계제를 폐지하고 의정부서사제(재상합의제)로 정책을 심의하였다.

② 양전사업과 호패법을 시행하였다.

③ 간경도감을 두어 「월인석보」를 언해하여 간행하였다.

④ 홍문관을 설치하여 학문 연구 및 국왕의 자문기구 역할을 담당하도록 하였다.

⑤ 「경국대전」을 완성하고 반포하여 조선왕조의 통치규범을 집대성하였다.

 주어진 글에 밑줄 친 '왕'은 세조이다.
  ① 세종
  ② 태종
  ④⑤ 성종

10 조선시대에서 시행한 다음의 시책들의 공통된 목적으로 옳은 것은?

> • 특권층의 범위를 축소하였다.
> • 16세 이상의 장정들에게 호패를 착용하게 하였다.
> • 양안을 작성하고 호적을 정리하였다.
> • 노비변정사업을 실시하였다.

① 유교적 사회질서 확립

② 향촌자치체제의 강화

③ 신분 간 갈등 완화

④ 국가재정기반의 확대

⑤ 양천이원제의 신분제도 확립

 제시된 시책들은 세금을 원활히 징수하여 국가의 재정기반을 확고히 하기 위한 것들이다.

Answer → 8.② 9.③ 10.④

11 그림은 어느 시대 향촌 사회의 지배 구조를 도식화한 것이다. (가)의 기능으로 옳은 것은?

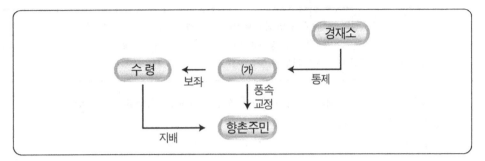

① 향리의 부정과 비리를 감찰하였다.

② 부호장을 임명하고 행정을 총괄하였다.

③ 환곡제를 실시하여 농민을 구제하였다.

④ 노비 소송과 산송 문제의 재판을 담당하였다.

⑤ 지방 관청에 소속되어 조세와 공물을 징수하였다.

 그림의 (가)는 유향소이다. 유향소는 수령의 보좌 및 향리의 감찰 기능을 담당하였다.
②는 고려의 향리, ③은 정부, ④는 장례원, 관찰사와 수령에 해당하며, ⑤는 향리이다.

12 다음 두 정책의 시행이 갖는 공통된 의의로 옳은 것을 모두 고르면?

• 대한 제국 광무 개혁 : 지계 발급
• 조선 총독부 : 토지 조사 사업

㉠ 재정 수입의 안정적 확보
㉡ 농민의 몰락으로 소작 쟁의가 확대
㉢ 토지의 소유권을 근대적으로 정리
㉣ 자영농 육성으로 농촌 경제의 안정 확보

① ㉠, ㉡
② ㉡, ㉢
③ ㉠, ㉢
④ ㉡, ㉣
⑤ ㉢, ㉣

 대한 제국 광무 개혁(1897년), 토지 조사 사업(1912년~1918년)이다.
㉡은 1920년대 이후, ㉣은 사실무근이다.

13 다음 대화가 소재가 된 조약이 체결된 시기를 연표에서 찾으면?

> 갑 : 이번 조약 체결로 청나라 상인이 우리나라 내륙에서 자유로운 상행위가 가능해졌다지?
> 을 : 그래, 그렇다네. 청나라 상인의 우리나라 상권 침탈이 심해질 것 같아. 그런데 일본 상인들도 가만히 있지 않을 것 같네. 개항장에서 벗어나 활동하려고 할 것 같네.

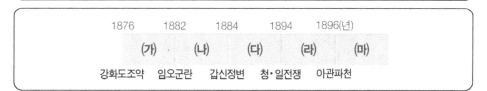

① (가)
② (나)
③ (다)
④ (라)
⑤ (마)

 대화의 내용은 임오군란 이후 조·청상민수륙무역장정이 체결되면서 조선에서의 청·일 양국의 경제적 각축이 심화되었음을 보여주고 있다.

14 다음은 동학 농민 운동을 배경으로 한 연극 대본의 일부이다. (가)~(마) 대사를 사건의 전개 과정 순으로 나열한 것은?

> (가) 황토현에서 농민군이 크게 승리하여 사기가 하늘을 찌른다는군.
> (나) 새로 보를 쌓게 하여 백성들만 힘들게 했으니 만석보를 부숴버립시다.
> (다) 농민군이 전주성에 들어가고 폐정 개혁안도 발표되었으니 곧 좋은 세상이 오겠지.
> (라) 왜놈들이 군대를 동원해 경복궁을 점령하고 임금님을 핍박한다니, 이게 말이나 되나?
> (마) 농민군이 여러 날 동안 우금치에서 치열하게 싸웠는데 패배하였다고 하니 어쩌면 좋은가!

① (가)→(나)→(다)→(라)→(마)
② (가)→(다)→(나)→(마)→(라)
③ (나)→(가)→(다)→(라)→(마)
④ (나)→(다)→(가)→(마)→(라)
⑤ (다)→(나)→(마)→(가)→(라)

 지문의 (가)는 1차 봉기, (나)는 고부 농민 봉기, (다)는 황토현 전투 승리 이후에 나타난 전주 화약, (라)는 2차 봉기의 배경, (마)는 2차 봉기와 관련된 내용이다.

Answer 11.① 12.③ 13.② 14.③

15 다음 표는 북한 정부의 수립 과정을 나타낸 것이다. 당시 북한의 상황에 대한 설명으로 옳은 것은?

1946.2. 북조선 임시 인민 위원회 수립
1946.3. 토지 개혁
1946.6. 북조선 노동당 창당
1947.2. 북조선 인민 위원회 수립
1948.4. 제1차 남북 협상
1948.6. 제2차 남북 협상
1948.9. 조선 민주주의 인민 공화국 수립

① 남한에 앞서 정부가 수립되었다.
② 통일 정부 수립 활동을 방해하였다.
③ 농민들의 지지를 얻기 위해 노력하였다.
④ 대한민국 임시 정부의 법통을 계승하였다.
⑤ 유상 매입, 유상 분배를 실시하였다.

(Tip) 남한보다 늦게 정부가 수립되었으며, 무상 몰수, 무상 분배 등의 토지개혁 등을 실시하여 농민들의 지지를 얻기 위해 노력하였다.

16 다음에 해당하는 나라에 대한 설명으로 옳은 것을 고르면?

5월이 되어 씨를 다 뿌리고 나면 귀신에게 제사를 올린다. 이 때는 모든 사람이 모여서 밤낮으로 노래하고 춤을 추며 술을 마시고 논다. …… 또 이들 여러 나라에는 각각 별읍이 있는데 큰 나무를 세우고 방울과 북을 달아 귀신을 섬겼다. 모든 도망온 자가 여기에 이르면 돌려보내지 않았다. 5곡과 벼를 농사짓기에 좋았다.

– 「삼국지위서동이전」 –

㉠ 농업이 발달하여 공동체적 전통인 두레 조직이 있었다.
㉡ 철이 많이 생산되어 낙랑, 왜 등 주변 국가에 수출하였다.
㉢ 제사장인 천군은 신성 지역인 소도에서 의례를 주관하였다.
㉣ 다른 부족의 생활권을 침범하면 노비와 소, 말을 변상하게 하였다.
㉤ 시체를 가매장하였다가 뼈를 추려 목곽에 안치하는 풍습이 있었다.

① ㉠, ㉡, ㉢　　　　　　　　　　② ㉠, ㉣, ㉤

③ ㉡, ㉢, ㉣　　　　　　　　　　④ ㉡, ㉢, ㉤

⑤ ㉢, ㉣, ㉤

 사료 내용의 국가는 삼한이다. 다른 부족의 생활권을 침범하면 노비와 소, 말을 변상하게 하였던 풍습은 책화로 동예이다. 시체를 가매장하였다가 뼈를 추려 목곽에 안치하는 풍습은 세골장(가족 공동묘)으로 옥저이다.

17 다음은 고구려 후기의 조세제도에 관한 자료이다. 이에 대한 추론으로 옳은 것을 〈보기〉에서 모두 고른 것은?

- 포목 5필과 곡식 5섬을 인세로 낸다. 유인의 경우 3년에 한 번씩 열 사람이 합쳐서 가는 베 1필을 낸다.
- 조는 상호가 1섬을 내고, 그 다음이 7말이며, 하호는 5말을 낸다.

〈보기〉
㉠ 이 시기 수취의 중심을 이룬 것은 인세였다.
㉡ 인세의 수취는 3년마다 일률적으로 이루어졌다.
㉢ 조의 수취는 호의 등급을 기준으로 이루어졌다.
㉣ 일반 민에 비해 유인의 조세 부담이 상대적으로 컸다.

① ㉠, ㉡　　　　　　　　　　② ㉡, ㉢

③ ㉡, ㉣　　　　　　　　　　④ ㉢, ㉣

⑤ ㉠, ㉢

 ㉡ 인세의 수취는 3년마다 일률적으로 이루어지는 것이 아니라, 포목 5필과 곡식 5섬을 인세로 내고 유인의 경우 3년에 한 번씩 열 사람이 합쳐서 가는 베 1필을 낸다.
㉣ 일반민에 비해 유인의 조세 부담이 상대적으로 작았다.

Answer↴ 15.③ 16.① 17.⑤

18 (가)~(마) 시기에 있었던 역사적 사실로 옳은 것은?

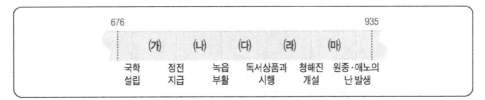

① (가) - 왕의 장인인 김흠돌의 무리가 반란을 꾀하다가 붙잡혀 처형되었다.

② (나) - 이찬 김지정이 일으킨 반란을 상대등 김양상이 진압하였다.

③ (다) - 일길찬 대공과 대아찬 김융이 차례로 반란을 일으켰으나 실패하였다.

④ (라) - 왕위 계승전에서 패배한 김우징이 김양상 등의 도움으로 왕위에 올랐다.

⑤ (마) - 김헌창이 원성왕계의 왕위 계승에 불만을 품고 지방에서 반란을 일으켰다.

신문왕 : 국학설립(682)
     (가)
성덕왕 : 정전지급(722)
     (나)
경덕왕 : 녹읍 부활(757)
     (다)
원성왕 : 독서삼품과 시행(788)
     (라)
흥덕왕 : 청해진 개설(828)
     (마)
진성여왕 : 원종 · 애노의 난(889)

① (가) 김흠돌의 난은 신라에서 681년 소판(蘇判) 김흠돌이 파진찬 흥원(興員), 대아찬 진공(眞功)등과 함께 모반을 꾀하다 발각되어 처형된 사건으로 신라의 왕권이 전제화 되는 과정에 일어난 사건이다.

② (나) 혜공왕은 이찬 김지정의 반란을 계기로 군사를 일으킨 상대등 김양상과 이찬 김경신에 의해 피살되고 김양상은 왕위에 오르니 이가 선덕왕(780~785)으로 내물계 10손이어서 무열계 직계의 중대 왕실의 단절을 불렀다. 선덕왕 사후 내물계 12손인 김경신이 왕위에 올라 원성왕(785~798)이 되고 이후에는 원성왕계에서 왕위를 계승하였다.

③ (다) 혜공왕대 전제왕권의 강화는 일길찬 대공과 그의 동생 아찬 대렴이 768년에 반란을 일으켰으나 왕의 측근인물인 이찬 김은거를 비롯한 왕군에 의해서 토멸되고 혜공왕의 인재 등용과 전제왕권 체제 강화는 지속되지만 770년 대아찬 김융의 난, 778년 대공의 난으로 무너져 간다.

④ 45대왕 신무왕(839~3개월만에 죽음) : 희강왕 즉위 과정에서 왕위 쟁탈 지원세력으로써 패배한 우징은 김양 등과 더불어 청해진으로 도망하여 장보고에게 의탁하였다. 838년 청해진에 의탁해 있던 우징 등이 장보고의 군사 5,000을 이끌고 민애왕을 토벌하기 위하여 진격해왔다. 김양, 염장, 장변, 정년, 낙금, 장건영, 이순행 등이 우징을 받들고 있었다. 이때 민애왕을 대신하여 왕군을 이끈 자는 대흔, 윤린 등이었는데, 토벌군에게 대패하였다. 민애왕은 난중에 월유댁(月遊宅)으로 도망갔으나 병사들에게 살해당하고, 우징이 왕이 되었다.

⑤ 822년(헌덕왕 14) 웅천주도독 김헌창이 일으킨 반란은, 김헌창의 아버지 김주원이 선덕 왕이 죽은 뒤 왕위에 오를 수 있는 위치였으나 여러 가지 정치 알력으로 즉위하지 못했 기에, 821년 웅천주도독이 되고 이듬해 부친이 왕이 되지 못한 것을 구실로 반란을 일 으켰다. 국호를 장안, 연호를 경운이라 하고, 무진·완산·청·사벌 4주의 도독과 국 원·서원·금관 3소경의 사신을 비롯하여 여러 군현의 수령을 위협하여 한때 충청도· 전라도·경상도 일대의 넓은 지역을 제압하기도 했으나 제압당했다. 그 아들 김범문이 825년 고달산적 수신의 무리와 함께 다시 난을 일으켰으나 실패했다.

19 다음 주장을 한 인물에 대한 설명으로 옳은 것은?

> • 대승의 법은 오직 일심(一心)이 있을 뿐이며 일심 이외에 다른 법은 없다. …… 이처럼 일심으로 말미암아 온갖 세계를 지어내기 때문에 널리 중생을 극락으로 인도하겠다는 원(願) 을 일으킬 수가 있다.
>
> - 「대승기신론소」 -
>
> • 만일 말 그대로 취한다면 두 주장은 모두 옳지 못하다. 서로 다른 주장을 내세워 다투 면서 부처의 뜻을 잃었기 때문이다. 그러나 만일 결정적인 고집이 아니라면 두 주장이 모두 옳다. 법문(法門)은 걸림이 없어서 서로 방해하지 않기 때문이다.
>
> - 「열반종요」 -

① 세속 오계를 지어 청소년이 지켜야 할 규범을 제시하였다.
② 일본에 화엄 사상을 전해 일본 화엄종 성립에 기여하였다.
③ 일본에 종이, 벼루, 먹 제조법을 알려주었으며, 호류사의 금당 벽화를 그렸다.
④ 인도와 중앙아시아의 풍물을 기록한 「왕오천축국전」을 남겼다.
⑤ 아미타 신앙을 직접 전도하며 불교 대중화의 길을 열었다.

> Tip 자료는 원효가 남긴 글이다. 원효는 일심 사상을 바탕으로 종파 간의 사상적 대립을 조화 시키기 위해 노력하였다.
> ① 원광, ② 심상, ③ 담징, ④ 혜초에 대한 설명이다.

20 다음 사료와 관련 있는 고려시대의 신분층(소:所)에 관하여 옳게 설명한 것을 〈보기〉에서 모두 고른 것은?

> 공주 명학소의 백성 망이, 망소이 등이 자기 무리를 규합하여 산행병마사로 자칭하고 공주를 공격하여 함몰시켰다. 갑술일에 왕이 신중원에 가서 분향하고 지후 채원부와 안장 박강수 등을 시켜 남부 지방의 적을 무마하게 하였으나 그들은 순종하지 않았다.

> 〈보기〉
> ㉠ 남반, 군반, 잡류, 향리, 역리 등 통치 체제의 하부 구조를 맡아 중간 역할을 하였다.
> ㉡ 신분은 양민이면서 양민에 비하여 규제가 심하였다.
> ㉢ 백정 농민층으로 조세, 공납, 역이 부과되었다.
> ㉣ 수공업이나 광업품의 생산을 주된 생업으로 하였다.

① ㉠, ㉡

② ㉡, ㉣

③ ㉢, ㉣

④ ㉠, ㉣

⑤ ㉡, ㉢

 고려 시대 향·부곡·소는 특수 양민 구역이었다.
㉠ 남반, 군반, 잡류, 향리, 역리 등 통치 체제의 하부 구조를 맡아 중간 역할을 하였던 계층은 중류층에 대한 설명이다.
㉢ 백정 농민층은 일반 양민들이었다.

21 다음은 고려시대에 제작된 조형예술품이다. 이에 대한 설명으로 옳지 않은 것은?

(가)	(나)	(다)
경천사 10층 석탑	청자상감 구름 학 무늬 매병	관촉사석조 미륵보살 입상

① (가)는 다양한 형식을 가미한 다각 다층탑이다.

② (나)는 조선 시대 석탑 양식에 영향을 주었다.

③ (가), (다)는 안정감은 부족하나 자연스러운 모습을 띄고 있다.

④ (다)는 대형불로서 균형미와 조형미가 다소 부족하다.

⑤ (나)는 문벌 귀족이 등장한 당시의 문화 특색을 반영하고 있다.

(Tip) ⑤ (나)는 신진 사대부가 등장한 당시의 문화 특색을 반영하고 있다.

22 다음 토지 및 조세제도에 관한 내용을 시기순으로 바르게 나열한 것은?

> ⊙ 풍흉에 관계없이 전세를 토지 1결당 미곡 4두로 고정시켰다.
> ⓒ 토지 비옥도와 풍흉의 정도에 따라 조세 액수를 1결당 최고 20두에서 최하 4두로 하였다.
> ⓒ 토지의 지급 대상을 현직 관리로 한정하였다.
> ⓔ 관료들을 18과로 나누어 최고 150결에서 최하 10결의 과전을 지급하였다.

① ⓒ→ⓒ→ⓔ→⊙　　　　② ⓒ→ⓔ→⊙→ⓒ
③ ⓔ→⊙→ⓒ→ⓒ　　　　④ ⓔ→ⓒ→ⓒ→⊙
⑤ ⊙→ⓒ→ⓔ→ⓒ

 조선시대 재정과 세법(세액)의 변천 문제 자체가 쉬운 것은 아니었으나 출제자가 최근 집중되고 있어 수험생이라면 보기의 지식들을 모두 습득하였으리라 생각되어 난이도를 하위로 잡았다. ⓔ 과전법(1과는 최고 150결이며 18과는 최하 10결)→ⓒ 세종 때 공법 하에서 수등이척법→ⓒ 세조 때의 직전법→⊙ 효종 때의 양척동일법이다.

23 고려의 전시과와 조선의 과전법에서 공통점에 해당되는 것으로 묶은 것은?

> ⊙ 관리들에게 18등급에 따라 차등적으로 지급하였다.
> ⓒ 과전은 본인 사후 반납이 원칙이었다.
> ⓒ 현직관리에게만 지급하였다.
> ⓔ 5품 이상의 관리들에게 세습이 허용된 별도의 토지가 지급되었다.

① ⊙, ⓒ　　　　② ⊙, ⓒ
③ ⓒ, ⓔ　　　　④ ⓒ, ⓔ
⑤ ⓒ, ⓒ

 왕토사상으로 원칙적인 소유권은 국가에 있었으며, 수조권의 귀속여부에 따라 공전과 사전으로 분급하였다는 점 등이 전시과와 과전법의 공통점이다. 또한 과전법과 전시과 모두 과전은 18등급에 따라 구분하여 지급하였고 현직·구직 관리에게 모두 지급하였으며 1대에 한하는 수조권이 위임되었기 때문에 사후에는 반납하는 것이 원칙이었다.
ⓒ 전시과의 마지막 형태인 경정전시과에서는 현직관리에게만 지급하는 것으로 변경되었다.
ⓔ 5품 이상의 관리들에게 세습이 허용된 별도의 토지 지급은 고려 전시과의 경정전시과 하에서 공음전의 지급을 말한다.

※ 전시과와 과전법의 비교

구분	전시과(고려)	과전법(조선)
유사점	• 토지 국유제 원칙 • 직·산관에게 수조권 지급(시정 전시과) • 관등에 따라 차등 지급 • 세습 불가	• 토지 국유제 원칙 • 직·산관에게 수조권 지급 • 관등에 따라 차등 지급 • 세습 불가
차이점	• 전지와 시지 지급 • 전국 어느 곳의 토지나 지급할 수 있었음. • 농민의 경작권이 법적 보장 안 됨.	• 전지만 지급 • 경기에 한하여 지급(중앙 집권과 재정 확보책) • 농민의 경작권이 법적 보장됨(영구 경작권 = 실질적 소유권).
비고	과전법과 전시과는 그 원칙에 있어서 유사한 점이 많았다. 그러므로 고려 말 이성계의 과전법 공포는 전시과의 원칙으로 환원한 것이라 할 수 있다.	

24 (개), (내)제도의 시행 결과로 옳은 것은?

> (개) 왕이 하교하여 문무 관료전을 내리되 차이를 두었다. …… 내외관의 녹읍을 혁파하고 매년 조를 내리되 차등이 있게 하여 이로써 영원한 법식으로 삼았다.
> ―「삼국사기」―
>
> (내) 직전(職田)의 세(稅)는 소재지의 관리로 하여금 감독하여 거두어 주도록 하였다.
> ―「성종실록」―

① (개) – 농민에 대한 귀족의 권한이 강화되었다.
② (개) – 수조권을 지급하는 제도가 사라지게 되었다.
③ (내) – 국가의 토지에 대한 지배권이 강화되었다.
④ (내) – 자작농의 수가 증가하여 국가 재정이 확충되었다.
⑤ (개), (내) – 관리에게 지급할 토지가 부족하게 되었다.

 (개)는 신라 신문왕 때 조세와 노동력을 수취할 수 있는 녹읍을 폐지하고, 수조권만을 징수할 수 있는 관료전을 지급한 것을 나타내는 것이다. (내)는 조선 시대 관수관급제에 관한 자료이다. 관수관급제가 실시됨에 따라 국가의 토지 지배권이 강화되었다.

25 다음 글을 쓴 실학자들의 주장으로 적절하지 않은 것은?

> • 농업은 물론이고 상공업에 이르기까지 어느 것이고 배워서 …… 우리 백성을 이롭게 한 다음에야, 중국에는 볼 만한 것이 없다 하여도 좋을 것이다.
>
> • 먼 지방의 물자가 통한 다음이라야 재물을 늘리고 백 가지 기구를 생산할 수 있다. 무릇 수레 백 채에 싣는 양이 배 한 척에 싣는 것에 미치지 못하며, 육로로 천 리를 가는 것이 뱃길로 만 리를 가는 것보다 편리하지 못하다.

① 청의 문물을 받아들이고 통상을 확대하자.
② 화폐 사용을 금지하여 빈부 격차를 줄이자.
③ 기술을 혁신하여 백성의 생활을 향상시키자.
④ 수리 시설을 확충하고 상업적 농업을 장려하자.
⑤ 수레, 선박 등을 이용하여 국내 유통망을 확충하자.

(Tip) 자료는 박지원의 열하일기와 박제가의 북학의이다. 이들은 중상 학파로 상공업 발달을 통한 부국강병을 추구하였다.

26 다음은 지청천의 활동을 표시한 지도이다. (가)~(마)에 대한 설명으로 옳지 않은 것은?

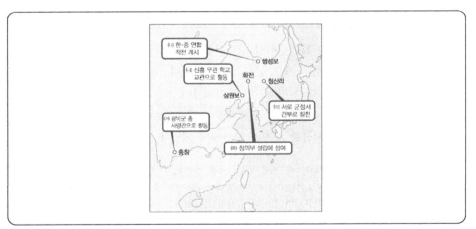

① (가) – 중국 국민당과 연합하여 일본에 대항하였다.
② (나) – 독립군 양성에 공헌하였다.
③ (다) – 한국 독립군을 지휘하여 일본군을 격파하였다.
④ (라) – 대한 민국 임시 정부의 직할 부대를 지휘하였다.
⑤ (마) – 북로 군정서군과 연합하여 일본군을 격파하였다.

27 다음은 근대사회의 전개 과정에서 나타난 개혁에 관한 내용들이다. 개혁을 추진했던 순서가 바르게 된 것은?

> ㉠ 지조법을 개혁하여 간악한 관리를 근절하고 국가 재정을 충실히 하라.
> ㉡ 토지는 평균으로 나누어 경작하게 하라.
> ㉢ 조세의 금납제와 외국 화폐를 혼용하게 하였다.
> ㉣ 전국의 토지를 측량하고 지계를 발급하였다.

① ㉡→㉢→㉠→㉣
② ㉠→㉢→㉣→㉡
③ ㉡→㉢→㉣→㉠
④ ㉠→㉡→㉢→㉣
⑤ ㉣→㉠→㉡→㉢

28 ㉠~㉤에 대한 설명으로 옳지 않은 것은?

• 평양에서의 사건은 ㉠ <u>귀국 상선이 도발 행위를 하여 파멸을 자초한 것이다.</u> 조선은 국적 여하를 불문하고 조난 선원을 인도적으로 구제하고 있기 때문에 새삼스럽게 조난 구휼 협정을 체결할 필요가 없다. ㉡ <u>조선은 전통적으로 중국 이외의 나라와는 외교 관계를 맺지 않았다.</u>

　　　　　　　　　　　　　　　　　　　　　－ 「로우 공사의 서한에 대한 회신문」 －

• 조선과 미국은 영원히 평화 우호를 지키되 ㉢ <u>만약 타국이 불공정하게 업신여기는 일이 있으면 알려서 반드시 서로 돕고 거중 조정함으로써 그 우의의 두터움을 표시한다.</u>

　　　　　　　　　　　　　　　　　　　　　　　　　－ 「조ㆍ미 수호 통상 조약」 －

• 대한 제국의 황제는 최후의 수단으로 본국과의 우호 관계에 의지하려 합니다. 황제는 ㉣ <u>러ㆍ일 전쟁</u>이 끝나기를 바라며, 본국이 한국의 독립을 보존하기 위해 무엇인가 해 주기를 기대하고 있습니다. 그는 ㉤ <u>1882년 인천에서 맺은 조약</u>의 한 조문을 아주 유리하게 번역하여 제시하곤 합니다.

　　　　　　　　　　　　　　　　　　　　　－ 「알렌이 미국 국무장관에게 보낸 서한」 －

---

① ㉠ – 제너럴 셔먼호가 대동강에서 격침되었다.

② ㉡ – 당시 조선은 조ㆍ청 상민 수륙 무역 장정을 체결한 상태였다.

③ ㉢ – 고종이 을사조약의 부당성을 미국에 호소하는 근거가 되었다.

④ ㉣ – 전쟁 직전 대한 제국 정부는 중립을 선언하였다.

⑤ ㉤ – 미국의 최혜국 대우를 인정한 불평등한 조약이었다.

(Tip) 흥선 대원군 정권은 제너럴 셔먼호 사건을 구실로 침략해 온 미국을 물리쳤다. 조ㆍ청 상민 수륙 무역 장정은 1882년 임오군란 후에 체결되었다.

29 다음의 발언을 한 (가), (나)정치인에 대한 설명으로 옳은 것은?

> (가) 이제 우리는 무기 휴회된 미·소 공동 위원회가 재개될 기색도 보이지 않으며, 통일
> 정부를 고대하나 여의케되지 않으니, 우리는 남방만이라도 임시 정부 혹은 위원회 같
> 은 것을 조직하여 38 이북에서 소련이 철퇴하도록 세계 공론에 호소하여야 될 것이
> 니 여러분도 결심하여야 될 것이다.
>
> (나) 현시에 있어서 나의 유일한 염원은 3천만 동포와 손을 잡고 통일된 조국의 달성을
> 위하여 공동 분투하는 것뿐이다. 이 육신을 조국이 수요(需要)로 한다면 당장에라도
> 제단에 바치겠다. 나는 통일된 조국을 건설하려다 38도선을 베고 쓰러질지언정 일신
> 에 구차한 안일을 취하여 단독 정부를 세우는 데는 협력하지 아니하겠다.

① (가)는 신한청년당의 대표로 활동하였다.
② (나)는 독립촉성중앙협의회 대표로 활약하였다.
③ (가), (나)는 신탁 통치 실시를 반대하였다.
④ (가), (나)는 좌우 합작 운동에 적극 참여하였다.
⑤ (가), (나)는 북한과 남북정상회담을 추진하였다.

사료의 (가)는 1946년 6월 이승만의 '정읍 발언'이며, (나)는 1948년 2월 김구의 '3천만 동포에
게 읍고함'이다. 현대사의 중요한 인물인 이승만과 김구는 모두 우익세력으로서 신탁통치
실시를 반대하였다.
① 신한청년당의 대표는 여운형이다.
② 독립총성중앙협의회의 대표는 이승만이다.
④ 좌우 합작 운동에 적극 참여한 인사는 여운형과 김규식이다.
⑤ 남북 정상회담 추진은 김대중과 노무현이다.

Answer → 28.② 29.③

30 동아시아의 중국, 일본, 한국은 외국과 조약을 맺어 문호가 개방되었다. 다음 글을 읽고 3국이 맺은 불평등 조약의 공통적인 특징을 고르면?

> • 1842년 청은 아편 전쟁에 패배하여 영국과 난징 조약을 맺고, 이어서 후속 조치로 추가 조약을 맺었다.
> • 1854년 일본은 미국의 포함 외교에 굴복하여 미·일 화친 조약을 맺은 후 이어서 수호 통상 조약을 체결하였다.
> • 1876년 조선은 일본의 강압에 굴하여 강화도 조약을 체결하고, 이어서 수호 조규 부록과 통상 장정을 체결하였다.

① 외국군 주둔권 허용   ② 영사 재판권의 인정
③ 광산 채굴권의 양도   ④ 최혜국 대우의 규정
⑤ 외교권 박탈

 위의 세 조약은 문호 개방 조약, 불평등 조약이라는 공통적인 특징을 갖고 있다. 이들 조약에서는 모두 상대국 국민들에게 치외법권, 즉 영사 재판권을 인정하여 주권이 침해되었다.

31 다음 글에 대한 설명으로 옳지 않은 것은?

> (가) 연왕이었던 노관이 반란을 일으키고 흉노로 들어가자 (나) 연인(燕人) 위만이 망명하여 야만인 복장과 상투를 하고 동쪽으로 패수를 건너 준왕에게 가서 항복하고, 서쪽 국경지방에서 살게 해줄 것을 청했다. 준왕은 위만을 믿고 사랑하여 …… 서쪽 변방을 지키도록 하였다. (다) 위만이 망명해오는 사람들을 꾀어 그 무리가 점점 많아졌다. 이에 위만은 거짓을 꾸며 준왕에게 사람을 보내어 한(漢)의 병사가 쳐들어오고 있으니 들어가 숙위(宿衛)하겠다고 말하고 결국 돌아와 준왕을 공격하였다. (라) 준왕은 위만과 싸웠으나 이기지 못하고 그 좌우의 궁인(宮人)을 거느리고 달아나 (마) 바다를 건너 한(韓)땅에 살면서 스스로 한왕(韓王)이라 하였다.
>
> – 사기, 「조선전」 –

① (가) – 당시 중국은 전국 시대에 해당한다.
② (나) – 위만의 국적문제에 대한 논란이 있기도 하였다.
③ (다) – 위만은 중국 유이민 세력을 바탕으로 성장했다.
④ (라) – 위만은 결국 고조선의 준왕을 몰아내고 왕이 되었다.
⑤ (마) – 고조선의 준왕은 이후 중국 한나라의 왕이 되었다.

 ⑤ (마)에서 고조선의 준왕이 이후 중국 한나라의 왕이 되었다는 것은 사실무근이다.

32 다음 유물을 통하여 추론할 수 있는 사실을 연결한 것으로 옳지 않은 것은?

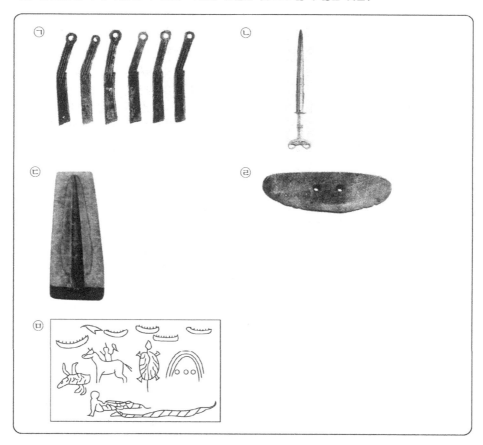

① ㉠ - 중국과 활발하게 교류하였음을 보여주고 있다.

② ㉡ - 청동기가 중국에서 전래되었음을 알려주고 있다.

③ ㉢ - 각종 청동 제품을 제작하였음을 알려주고 있다.

④ ㉣ - 이 유물을 제작한 시기에 농경이 더욱 발달했음을 보여주고 있다.

⑤ ㉤ - 사냥과 고기잡이의 성공과 풍성한 수확을 기원하고 있다.

 ㉠ 명도전, ㉡ 세형동검, ㉢ 거푸집, ㉣ 반달돌칼, ㉤ 바위그림(울산 반구대)
② ㉡의 세형동검은 우리가 독자적으로 제작한 것이다.

Answer → 30.② 31.⑤ 32.②

33 ㉠~㉤에 관한 설명으로 옳지 않은 것은?

> 고려의 상업은 크게 국내 상업과 외국 무역으로 나눌 수 있다. 국내 상업은 도시 상업과 지방 상업으로 나눌 수 있는데, 도시 상업은 ㉠시전이 그 중심이었지만, ㉡관영 상점들과 비정기적인 시장도 있었다. 지방 상업은 장시를 중심으로 발전하였다. 고려 후기에 이르러 상업 활동이 전기보다 활발하게 나타났으며 지방 상업의 경우에는 행상의 활동이 두드러졌다. 한편 국가는 재정 수입을 늘리기 위하여 ㉢소금 전매제를 이행하였다. 또 관천, 관리, 사원 등은 몽민에게 물건을 강매하는 등 농민을 강제적으로 유통 경제에 참여시켰다. 이렇게 상업 활동이 활발해지면서 ㉣화폐가 발행되었고 국내 상업이 안정적으로 발전하면서 ㉤외국과 무역도 활발해졌다.

① ㉠ – 감독 기관으로 경시서를 두었다.

② ㉡ – 주점, 다점 등이 있었다.

③ ㉢ – 공민왕대에 비로소 시행되었다.

④ ㉣ – 공양왕대에 처음으로 저화가 발행되었다.

⑤ ㉤ – 대식국의 상인들도 찾아와 무역하였다.

고려는 국초부터 상업을 육성·보호하는 정책을 펼쳐 도시를 중심으로 발달하였다. 3경을 비롯한 도시와 이밖에도 비정기적인 시장이 있어 도시 거주민이 일용품을 매매할 수 있었다. 지방에서는 농민, 수공업자, 관리 등이 관아 근처에 모여들어 쌀, 베 등 일용품을 서로 바꿀 수 있는 시장을 열었다. 행상들은 이런 지방 시장에서 물품을 팔거나 마을을 돌아다니며 베나 곡식을 받고 소금, 일용품 등을 판매하였다.

시전은 국가가 지어 상인에게 빌려 주었는데, 관부나 지배층·사원과 연결된 상인이 주로 활동하였다. 개경에는 시전 상인 말고도 장작감(將作監) 같은 정부 관청에 드나들면서 물품을 대주는 어용 상인도 있었다. 시전 상업은 도시 생활에 필요한 물품을 팔았는데, 중앙 지배층과 사원 등을 주요 소비층으로 한 고급 상품을 취급하였다.

법정 화폐는 성종 15년(996)에 철전을 만들었으며, 이후 동전도 같이 만들었다. 이 법정 화폐를 유통시켜 경제를 통합하고 국가 재정을 보강하려는 의도였다. 화폐 발행은 주관자인 국가에 막대한 이익이 돌아갔으며, 또한 재정 지출을 화폐로 하면 귀금속이나 쌀·포 등 실질 적인 가치가 있는 재화를 비축할 수 있었다. 성종대 화폐 유통책은 목종대에 들어 반대에 부딪혀 목종 5년(1002)에 차나 술을 파는 가게와 음식점 등에서는 종전대로 화폐를 쓰되, 그 밖의 상품 교환에서는 관행에 따르도록 한발 물러났다. 이후 법정 화폐는 의천의 건의로 숙종대에 다시 시행했다. 고려 말기 공양왕대에 다시 화폐 문제가 거론되었는데, 방사량은 당시 민간에서 널리 쓰이는 추포 유통을 금지하고 관 주도로 화폐를 만들며 저화를 쓰라고 건의하였다. 그리하여 공양왕 4년(1392) 최초의 지폐인 저화를 발행하였으나 정치 격변으로 널리 시행되지 못하고 조선 초 다시 시도되었다. 상업이 활발하던 고려 후기 국가는 직접 생산과 유통 과정을 아우르는 전매제를 실시하여 상업 활동에 적극 끼어들었다. 국가는 권력 기관과 권세가, 사원이 사유한 염분을 각 가에 귀속시켜 민부로 하여금 관리하게 하여 생산 과정을 거머쥐고 염호가 생산한 소금을 관이 직접 팔아 유통 과정을 장악하여, 생산과 유통에서 나오는 이익을 독점해 재정난을 극복하려는 것이었다.

③ 소금의 전매제는 충선왕 원년(1309)에 실시되었으나 소금 전매제 운영 과정에서 수많은 문제를 일으키면서 유명무실해졌다.

① 개경 시전은 태조 2년(919) 처음 설치해 경시서가 감독했으며 상설 시장으로서 관부에서 필요한 물품을 대주었다.

② 개경에는 시전을 설치하여 관부와 양반 등 부귀층이 이용하도록 하였으며, 개경·서경·동경 등 큰 도시에는 관청의 수공업점에서 생산한 물품을 판매하는 서적점, 약점과 술, 차 등을 판매하는 주점, 다점 등 관영 상점을 두었다.

④ 공양왕 4년(1392) 최초의 지폐인 저화를 발행하였으나 정치 격변으로 널리 시행되지 못하고 조선 초 다시 시도되었다.

⑤ 고려시대 항구이자 국제적 무역항인 벽란도는 개경 부근의 황해안의 예성강 하류에 위치하였고 고려 중기에는 송나라와 일본뿐만 아니라 남양과 서역 지방의 상인들과 활발한 교역을 하였다.

34 다음 〈보기〉의 자료 ⑺, ⑻와 관련된 설명으로 옳은 것은?

〈보기〉

⑺ 금관국주 김구해가 아내와 세 아들을 데리고 가야의 보물을 가지고 와서 항복하였다. (법흥)왕은 예를 다하여 대접한 후 상등의 지위를 내려주고 그 나라를 식읍으로 주었다. 그의 아들 김무력은 벼슬이 각간(이벌찬)에 이르렀다.

－「삼국사기」－

⑻ 신라 경순왕 김부가 항복해 오니 신라국을 없애고 경주라 하였다. 김부로 하여금 경주의 사심으로 삼아 부호장 이하의 임명을 맡게 하였다.

－「고려사」－

① ⑺ － 신라는 호족 세력을 통합하기 위해 노력하였다.

② ⑺ － 가야 왕족은 백성들의 정전을 식읍으로 받았다.

③ ⑻ － 김부는 경주의 지배권을 일부 인정받았다.

④ ⑻ － 사심관 제도는 부호장 이하의 임명권과 연대 책임을 지고 있었다.

⑤ ⑺, ⑻ － 김구해와 김부는 왕족으로 편입되지 못하였다.

 ④ 사심관 제도는 호족 세력을 통제하기 위한 정책으로 경순왕 김부를 경주의 사심관으로 임명하였다.

Answer → 33.③ 34.④

35 밑줄 친 '이번 문서'를 보낸 조직에 대한 설명으로 옳은 것은?

> • 이전 문서에서는 몽고의 연호를 사용했는데, <u>이번 문서</u>에서는 연호를 사용하지 않았다.
> • 이전 문서에서는 몽고의 덕에 귀의하여 군신 관계를 맺었다고 하였는데, <u>이번 문서</u>에서는 강화로 도읍을 옮긴 지 40년에 가깝지만, 오랑캐의 풍습을 미워하여 진도로 도읍을 옮겼다고 한다.
>
> − 「고려첩장(高麗牒狀)」 −

① 최우가 도적을 막기 위해 만든 조직에서 비롯되었다.

② 최충헌이 신변 보호와 집권체제 강화를 위해 조직하였다.

③ 거란의 침입에 대비하기 위한 조직으로 편성되었다.

④ 쌍성총관부 탈환에 주도적인 역할을 한 조직이었다.

⑤ 풍속을 교정하고 관리들의 비리를 감찰하는 조직이었다.

 위에 나온 내용 중 '이번 문서'에서는 강화로 도읍을 옮긴 지 40년에 가깝지만, 오랑캐의 풍습을 미워하여 진도로 도읍을 옮겼다는 내용을 통해 해당 조직이 고려시대 삼별초임을 알 수 있다.

※ **삼별초** … 정확한 설치 연대는 알 수 없으나 고려시대 최씨 정권의 최우 집권기 때 만들어진 야별초가 좌별초·우별초로 나뉘고 후에 몽고의 포로로 잡혀갔던 이들이 돌아와 편성된 신의군이 합쳐져 삼별초가 되었다. 따라서 삼별초의 형성은 최씨 정권 말엽이라 할 수 있지만 그 시작은 최우의 야별초에서 비롯되었다고 볼 수 있다.

36 다음 그림에 대한 설명으로 옳지 않은 것은?

① (가)와 (나)를 비롯한 고려의 탑은 높이가 높아지면서 신라탑보다 균형미가 떨어지는 경향이 있다.

② (가)는 송나라의 영향을, (나)는 원나라의 영향을 받은 석탑이다.

③ 통일 신라의 3층 석탑 양식이 고려의 다각 다층탑으로 변화되었다.

④ (가), (나)와는 달리 현화사 7층 석탑은 고려의 독특한 형태이다.

⑤ (나)의 양식은 조선 세종 때 세워진 원각사 10층 석탑에 영향을 주었다.

 (가)는 월정사 8각 9층 석탑, (나)는 경천사 10층 석탑이다.
⑤ (나)는 조선 세조 때 세워진 탑이다.

37 다음 중 조선시대의 사회상에 대한 내용을 종합한 결론으로 옳은 것은?

> • 특수행정구역인 향·부곡·소가 점차 소멸, 일반 군현에 편입되었다.
> • 주인이 사적으로 솔거노비를 처벌하는 것을 금지하였다.
> • 억울한 일이 있어 고소하고자 하는 자는 소장을 해당 관찰사에게 제출하고, 그러고도 억울한 것은 사헌부에 고소하고, 또 억울한 것이 있으면 신문고를 친다.
> • 전주가 전객의 소경전을 빼앗으면 1부에서 5부는 20대, 다시 5부씩 증가할 때마다 한 등급씩 가산한 형벌을 받았다.

① 천민계급이 소멸되었다.
② 지주전호제가 약화되었다.
③ 하층민의 지위가 개선되었다.
④ 사적인 토지소유가 금지되었다.
⑤ 사회적 계층별 유대가 강화되었다.

 양인의 수가 증가하고, 노비제도가 개선되고, 재판의 복수심 제도를 운영한 것은 조선시대의 사회·신분제도가 개선되었음을 보여주는 것이다.

38 다음의 글에 대한 견해로 타당하지 않은 것은?

> • 재인과 화척은 이리저리 떠돌아다니면서 농업에 종사하지 않는다. 배고픔과 추위를 면하지 못하여 수시로 모여서 도적질을 하고 소와 말을 도살한다. 이들이 있는 주, 군에서는 이들을 호적에 올려 농토에 정착시켜 농사를 짓도록 하고 이를 어기는 사람들은 죄를 줄 것이다.
>
> $\qquad\qquad\qquad\qquad\qquad\qquad\qquad\qquad\qquad\qquad\qquad$ ―태조실록―
>
> • 무릇 노비 매매는 관청에 신고해야 한다. 사사로이 몰래 매매하였을 경우에는 관청에서는 그 노비 및 대가로 받은 물건을 모두 몰수한다. 나이 16세 이상 50세 이하는 가격이 저화 4천장이고, 15세 이상 50세 이하는 3천장이다.
>
> $\qquad\qquad\qquad\qquad\qquad\qquad\qquad\qquad\qquad\qquad\qquad$ ―경국대전―
>
> • 아 우리는 본시 모두 사대부였는데 혹은 의(醫)에 들어가고 혹은 역(譯)에 들어가 7, 8대 또는 10여 대를 대대로 전하니 …(중략)… 문장과 덕(德)은 비록 사대부에 비길 수 없으나, 명공(名公) 거실(居室)외에 우리보다 나은 자는 없다.

① 노비는 일종의 재산으로 취급되어 매매나 상속의 대상이었다.
② 조선시대의 노비들은 향·부곡·소에 집단으로 거주하며 천역에 종사하거나 노비생활을 하였다.
③ 조선시대나 고려시대나 노비들의 삶이 크게 달라지지 않았다.
④ 조선 초기에는 천역종사자들을 양인으로 흡수하려는 국가의 노력이 있었다.
⑤ 양반과 상민의 중간계층을 의미하는 신분이 있었다.

 ② 조선시대에는 천민 거주 집단인 향·부곡·소는 소멸되었지만 여전히 천민으로서 노비와 천역에 종사하는 사람들이 존재하였다. 또한 노비는 재산으로 취급되어 매매, 상속, 증여의 대상이었으며, 천역에 종사하는 사람에는 백정, 무당, 창기, 광대 등이 있다.
  ※ 중인 … 좁은 의미로는 기술관, 넓은 의미로는 양반과 상민의 중간계층을 의미한다. 이들은 중인과 서얼(중서)로 이루어져있으며 중인은 중앙과 지방관청의 서리와 향리 및 기술관은 직역을 세습하고, 같은 신분 안에서 혼인하였으며 관청 주변에 거주하였고, 서얼은 중인과 같은 신분적 처우를 받았으며, 이들은 문과에 응시하는 것이 금지되어 무반직에 등용되었다.

39 다음 기구에서 추진한 개혁 내용으로 옳은 것은?

> 총재 1명, 부총재 1명 그리고 16명에서 20명 사이의 회의원으로 구성되었다. 이 밖에 2명 정도의 서기관이 있어서 활동을 도왔고, 또 회의원 중 3명이 기초 위원으로 선정되어 의안의 작성을 책임졌다. 총재는 영의정 김홍집이 겸임하고, 부총재는 내아문독판으로 회의원인 박정양이 겸임하였다.

① 은본위제 화폐제도를 실시하였다.
② 의정부와 삼군부의 기능을 회복하였다.
③ 양전 사업을 실시하여 지계를 발급하였다.
④ 재판소를 설치하여 사법권과 행정권을 분리시켰다.
⑤ 7종의 천인 차별을 개선하고, 백정이 쓰는 평량갓은 없앤다.

 지문에 설명된 기구는 국군기무처이며, 국군기무처는 제1차 갑오개혁의 중추적인 역할을 한 기관이다. 정치제도의 개혁을 중점적 목표로 하였으며, 개국기원을 사용하였다. 또한 중앙관제를 의정부와 궁내부로 구별, 종래의 6조를 8아문으로 개편한 뒤 의정부 직속으로 하였다. 국왕의 인사권·재정권·군사권을 축소 또는 박탈하여 강력한 중앙집권적 체제를 수립하고자 하였다. 경제적으로는 재정의 일원화를 꾀하였으며, 은본위제도를 채택하고 조세의 금납화를 실시하였다. 그 외에도 문무존비 구별의 폐지, 노비의 매매 금지, 연좌율 폐지, 조혼 금지 등의 관습에 대한 개혁도 추진하였다.
② 흥선대원군의 개혁내용이다.
③ 광무개혁의 내용이다.
④ 제2차 갑오개혁의 내용이다.
⑤ 폐정개혁안의 내용이다.

40 조선 후기의 다음과 같은 현상으로 인한 사회상으로 옳은 것은?

> • 붕당정치가 변질되면서 일당전제화의 추세가 나타났다.
> • 이앙법과 견종법의 실시로 노동력이 절감되어 광작이 성행하였다.
> • 납포장이 등장하고, 특정 물품을 대량으로 취급하는 도고가 성장하였다.

① 경제적인 부에 따라 신분이 결정되었다.
② 신분 이동의 가능성이 점차 줄어들었다.
③ 계층 분화 현상으로 신분 내부의 동질성이 약화되었다.
④ 개인적 이동의 가능성이 줄고 구조적 이동의 가능성이 높아졌다.
⑤ 부모세대의 신분이 세습되고 각 계층의 구분이 명확해졌다.

 일당전제화로 소수의 가문만이 권력을 독점하게 되어 양반층의 분화가 일어났고, 광작과 도고로 일부 농민·상인이 부를 축적하여 납속 등을 통해 신분상승을 하였다. 이러한 계층의 분화는 계층별 위화감을 일으키게 하였다.

PART

IV

인성검사

01 인성검사의 개요

1 인성(성격)검사의 개념과 목적

인성(성격)이란 개인을 특징짓는 평범하고 일상적인 사회적 이미지, 즉 지속적이고 일관된 공적 성격(Public – personality)이며, 환경에 대응함으로써 선천적·후천적 요소의 상호작용으로 결정화된 심리적·사회적 특성 및 경향을 의미한다.

인성검사는 직무적성검사를 실시하는 대부분의 기업체에서 병행하여 실시하고 있으며, 인성검사만 독자적으로 실시하는 기업도 있다.

기업체에서는 인성검사를 통하여 각 개인이 어떠한 성격 특성이 발달되어 있고, 어떤 특성이 얼마나 부족한지, 그것이 해당 직무의 특성 및 조직문화와 얼마나 맞는지를 알아보고 이에 적합한 인재를 선발하고자 한다. 또한 개인에게 적합한 직무 배분과 부족한 부분을 교육을 통해 보완하도록 할 수 있다.

인성검사의 측정요소는 검사방법에 따라 차이가 있다. 또한 각 기업체들이 사용하고 있는 인성검사는 기존에 개발된 인성검사방법에 각 기업체의 인재상을 적용하여 자신들에게 적합하게 재개발하여 사용하는 경우가 많다. 그러므로 기업체에서 요구하는 인재상을 파악하여 그에 따른 대비책을 준비하는 것이 바람직하다. 본서에서 제시된 인성검사는 크게 '특성'과 '유형'의 측면에서 측정하게 된다.

2 성격의 특성

(1) 정서적 측면

정서적 측면은 평소 마음의 당연시하는 자세나 정신상태가 얼마나 안정되어 있는지 또는 불안정한지를 측정한다.

정서의 상태는 직무수행이나 대인관계와 관련하여 태도나 행동으로 드러난다. 그러므로 정서적 측면을 측정하는 것에 의해, 장래 조직 내의 인간관계에 어느 정도 잘 적응할 수 있을까(또는 적응하지 못할까)를 예측하는 것이 가능하다.

그렇기 때문에, 정서적 측면의 결과는 채용 시에 상당히 중시된다. 아무리 능력이 좋아도 장기적으로 조직 내의 인간관계에 잘 적응할 수 없다고 판단되는 인재는 기본적으로는 채용되지 않는다.

일반적으로 인성(성격)검사는 채용과는 관계없다고 생각하나 정서적으로 조직에 적응하지 못하는 인재는 채용단계에서 가려내지는 것을 유의하여야 한다.

① **민감성(신경도)** … 꼼꼼함, 섬세함, 성실함 등의 요소를 통해 일반적으로 신경질적인지 또는 자신의 존재를 위협받는다는 불안을 갖기 쉬운지를 측정한다.

질문	전혀 그렇지 않다	그렇지 않다	그렇다	매우 그렇다
• 배려적이라고 생각한다. • 어지러진 방에 있으면 불안하다. • 실패 후에는 불안하다. • 세세한 것까지 신경쓴다. • 이유 없이 불안할 때가 있다.				

▶**측정결과**

㉠ **'그렇다'가 많은 경우(상처받기 쉬운 유형)**: 사소한 일에 신경 쓰고 다른 사람의 사소한 한마디 말에 상처를 받기 쉽다.
- **면접관의 심리**: '동료들과 잘 지낼 수 있을까?', '실패할 때마다 위축되지 않을까?'
- **면접대책**: 다소 신경질적이라도 능력을 발휘할 수 있다는 평가를 얻도록 한다. 주변과 충분한 의사소통이 가능하고, 결정한 것을 실행할 수 있다는 것을 보여주어야 한다.

㉡ **'그렇지 않다'가 많은 경우(정신적으로 안정적인 유형)**: 사소한 일에 신경 쓰지 않고 금방 해결하며, 주위 사람의 말에 과민하게 반응하지 않는다.
- **면접관의 심리**: '계약할 때 필요한 유형이고, 사고 발생에도 유연하게 대처할 수 있다.'
- **면접대책**: 일반적으로 '민감성'의 측정치가 낮으면 플러스 평가를 받으므로 더욱 자신감 있는 모습을 보여준다.

② **자책성(과민도)** ··· 자신을 비난하거나 책망하는 정도를 측정한다.

질문	전혀 그렇지 않다	그렇지 않다	그렇다	매우 그렇다
• 후회하는 일이 많다. • 자신이 하찮은 존재라 생각된다. • 문제가 발생하면 자기의 탓이라고 생각한다. • 무슨 일이든지 끙끙대며 진행하는 경향이 있다. • 온순한 편이다.				

▶측정결과

㉠ '그렇다'가 많은 경우(자책하는 유형) : 비관적이고 후회하는 유형이다.
- **면접관의 심리** : '끙끙대며 괴로워하고, 일을 진행하지 못할 것 같다.'
- **면접대책** : 기분이 저조해도 항상 의욕을 가지고 생활하는 것과 책임감이 강하다는 것을 보여준다.

㉡ '그렇지 않다'가 많은 경우(낙천적인 유형) : 기분이 항상 밝은 편이다.
- **면접관의 심리** : '안정된 대인관계를 맺을 수 있고, 외부의 압력에도 흔들리지 않는다.'
- **면접대책** : 일반적으로 '자책성'의 측정치가 낮아야 좋은 평가를 받는다.

③ **기분성(불안도)** ··· 기분의 굴곡이나 감정적인 면의 미숙함이 어느 정도인지를 측정하는 것이다.

질문	전혀 그렇지 않다	그렇지 않다	그렇다	매우 그렇다
• 다른 사람의 의견에 자신의 결정이 흔들리는 경우가 많다. • 기분이 쉽게 변한다. • 종종 후회한다. • 다른 사람보다 의지가 약한 편이라고 생각한다. • 금방 싫증을 내는 성격이라는 말을 자주 듣는다.				

▶측정결과

㉠ '그렇다'가 많은 경우(감정의 기복이 많은 유형) : 의지력보다 기분에 따라 행동하기 쉽다.
- **면접관의 심리** : '감정적인 것에 약하며, 상황에 따라 생산성이 떨어지지 않을까?'
- **면접대책** : 주변 사람들과 항상 협조한다는 것을 강조하고 한결같은 상태로 일할 수 있다는 평가를 받도록 한다.

㉡ '그렇지 않다'가 많은 경우(감정의 기복이 적은 유형) : 감정의 기복이 없고, 안정적이다.
- **면접관의 심리** : '안정적으로 업무에 임할 수 있다.'
- **면접대책** : 기분성의 측정치가 낮으면 플러스 평가를 받으므로 자신감을 가지고 면접에 임한다.

④ 독자성(개인도) … 주변에 대한 견해나 관심, 자신의 견해나 생각에 어느 정도의 속박감을 가지고 있는지를 측정한다.

질문	전혀 그렇지 않다	그렇지 않다	그렇다	매우 그렇다
• 창의적 사고방식을 가지고 있다. • 융통성이 있는 편이다. • 혼자 있는 편이 많은 사람과 있는 것보다 편하다. • 개성적이라는 말을 듣는다. • 교제는 번거로운 것이라고 생각하는 경우가 많다.				

▶측정결과

㉠ '그렇다'가 많은 경우 : 자기의 관점을 중요하게 생각하는 유형으로, 주위의 상황보다 자신의 느낌과 생각을 중시한다.

• 면접관의 심리 : '제멋대로 행동하지 않을까?'

• 면접대책 : 주위 사람과 협조하여 일을 진행할 수 있다는 것과 상식에 얽매이지 않는다는 인상을 심어준다.

㉡ '그렇지 않다'가 많은 경우 : 상식적으로 행동하고 주변 사람의 시선에 신경을 쓴다.

• 면접관의 심리 : '다른 직원들과 협조하여 업무를 진행할 수 있겠다.'

• 면접대책 : 협조성이 요구되는 기업체에서는 플러스 평가를 받을 수 있다.

⑤ **자신감(자존심도)** ··· 자기 자신에 대해 얼마나 긍정적으로 평가하는지를 측정한다.

질문	전혀 그렇지 않다	그렇지 않다	그렇다	매우 그렇다
• 다른 사람보다 능력이 뛰어나다고 생각한다. • 다소 반대의견이 있어도 나만의 생각으로 행동할 수 있다. • 나는 다른 사람보다 기가 센 편이다. • 동료가 나를 모욕해도 무시할 수 있다. • 대개의 일을 목적한 대로 헤쳐나갈 수 있다고 생각한다.				

▶측정결과

㉠ **'그렇다'가 많은 경우**: 자기 능력이나 외모 등에 자신감이 있고, 비판당하는 것을 좋아하지 않는다.
  • **면접관의 심리**: '자만하여 지시에 잘 따를 수 있을까?'
  • **면접대책**: 다른 사람의 조언을 잘 받아들이고, 겸허하게 반성하는 면이 있다는 것을 보여주고, 동료들과 잘 지내며 리더의 자질이 있다는 것을 강조한다.
㉡ **'그렇지 않다'가 많은 경우**: 자신감이 없고 다른 사람의 비판에 약하다.
  • **면접관의 심리**: '패기가 부족하지 않을까?', '쉽게 좌절하지 않을까?'
  • **면접대책**: 극도의 자신감 부족으로 평가되지는 않는다. 그러나 마음이 약한 면은 있지만 의욕적으로 일을 하겠다는 마음가짐을 보여준다.

⑥ **고양성(분위기에 들뜨는 정도)** ··· 자유분방함, 명랑함과 같이 감정(기분)의 높고 낮음의 정도를 측정한다.

질문	전혀 그렇지 않다	그렇지 않다	그렇다	매우 그렇다
• 침착하지 못한 편이다. • 다른 사람보다 쉽게 우쭐해진다. • 모든 사람이 아는 유명인사가 되고 싶다. • 모임이나 집단에서 분위기를 이끄는 편이다. • 취미 등이 오랫동안 지속되지 않는 편이다.				

▶측정결과
㉠ '그렇다'가 많은 경우 : 자극이나 변화가 있는 일상을 원하고 기분을 들뜨게 하는 사람과 친밀하게 지내는 경향이 강하다.
  • 면접관의 심리 : '일을 진행하는 데 변덕스럽지 않을까?'
  • 면접대책 : 밝은 태도는 플러스 평가를 받을 수 있지만, 착실한 업무능력이 요구되는 직종에서는 마이너스 평가가 될 수 있다. 따라서 자기조절이 가능하다는 것을 보여준다.
㉡ '그렇지 않다'가 많은 경우 : 감정이 항상 일정하고, 속을 드러내 보이지 않는다.
  • 면접관의 심리 : '안정적인 업무 태도를 기대할 수 있겠다.'
  • 면접대책 : '고양성'의 낮음은 대체로 플러스 평가를 받을 수 있다. 그러나 '무엇을 생각하고 있는지 모르겠다' 등의 평을 듣지 않도록 주의한다.

⑦ 허위성(진위성) … 필요 이상으로 자기를 좋게 보이려 하거나 기업체가 원하는 '이상형'에 맞춘 대답을 하고 있는지, 없는지를 측정한다.

질문	전혀 그렇지 않다	그렇지 않다	그렇다	매우 그렇다
• 약속을 깨뜨린 적이 한 번도 없다. • 다른 사람을 부럽다고 생각해 본 적이 없다. • 꾸지람을 들은 적이 없다. • 사람을 미워한 적이 없다. • 화를 낸 적이 한 번도 없다.				

▶측정결과
㉠ '그렇다'가 많은 경우 : 실제의 자기와는 다른, 말하자면 원칙으로 해답할 가능성이 있다.
  • 면접관의 심리 : '거짓을 말하고 있다.'
  • 면접대책 : 조금이라도 좋게 보이려고 하는 '거짓말쟁이'로 평가될 수 있다. '거짓을 말하고 있다.'는 마음 따위가 전혀 없다 해도 결과적으로는 정직하게 답하지 않는다는 것이 되어 버린다. '허위성' 의 측정 질문은 구분되지 않고 다른 질문 중에 섞여 있다. 그러므로 모든 질문에 솔직하게 답하여야 한다. 또한 자기 자신과 너무 동떨어진 이미지로 답하면 좋은 결과를 얻지 못한다. 그리고 면접에서 '허위성'을 기본으로 한 질문을 받게 되므로 당황하거나 또다른 모순된 답변을 하게 된다. 겉치레를 하거나 무리한 욕심을 부리지 말고 '이런 사회인이 되고 싶다.'는 현재의 자신보다, 조금 성장한 자신을 표현하는 정도가 적당하다.
㉡ '그렇지 않다'가 많은 경우 : 냉정하고 정직하며, 외부의 압력과 스트레스에 강한 유형이다. '대쪽 같음'의 이미지가 굳어지지 않도록 주의한다.

(2) 행동적인 측면

행동적 측면은 인격 중에 특히 행동으로 드러나기 쉬운 측면을 측정한다. 사람의 행동 특징 자체에는 선도 악도 없으나, 일반적으로는 일의 내용에 의해 원하는 행동이 있다. 때문에 행동적 측면은 주로 직종과 깊은 관계가 있는데 자신의 행동 특성을 살려 적합한 직종을 선택한다면 플러스가 될 수 있다.

행동 특성에서 보여 지는 특징은 면접장면에서도 드러나기 쉬운데 본서의 모의 TEST의 결과를 참고하여 자신의 태도, 행동이 면접관의 시선에 어떻게 비치는지를 점검하도록 한다.

① **사회적 내향성** … 대인관계에서 나타나는 행동경향으로 '낯가림'을 측정한다.

질문	선택
A : 파티에서는 사람을 소개받은 편이다. B : 파티에서는 사람을 소개하는 편이다.	
A : 처음 보는 사람과는 어색하게 시간을 보내는 편이다. B : 처음 보는 사람과는 즐거운 시간을 보내는 편이다.	
A : 친구가 적은 편이다. B : 친구가 많은 편이다.	
A : 자신의 의견을 말하는 경우가 적다. B : 자신의 의견을 말하는 경우가 많다.	
A : 사교적인 모임에 참석하는 것을 좋아하지 않는다. B : 사교적인 모임에 항상 참석한다.	

▶**측정결과**

㉠ **'A'가 많은 경우** : 내성적이고 사람들과 접하는 것에 소극적이다. 자신의 의견을 말하지 않고 조심스러운 편이다.
  • 면접관의 심리 : '소극적인데 동료와 잘 지낼 수 있을까?'
  • 면접대책 : 대인관계를 맺는 것을 싫어하지 않고 의욕적으로 일을 할 수 있다는 것을 보여준다.

㉡ **'B'가 많은 경우** : 사교적이고 자기의 생각을 명확하게 전달할 수 있다.
  • 면접관의 심리 : '사교적이고 활동적인 것은 좋지만, 자기주장이 너무 강하지 않을까?'
  • 면접대책 : 협조성을 보여주고, 자기주장이 너무 강하다는 인상을 주지 않도록 주의한다.

② 내성성(침착도) … 자신의 행동과 일에 대해 침착하게 생각하는 정도를 측정한다.

질문	선택
A : 시간이 걸려도 침착하게 생각하는 경우가 많다. B : 짧은 시간에 결정을 하는 경우가 많다.	
A : 실패의 원인을 찾고 반성하는 편이다. B : 실패를 해도 그다지(별로) 개의치 않는다.	
A : 결론이 도출되어도 몇 번 정도 생각을 바꾼다. B : 결론이 도출되면 신속하게 행동으로 옮긴다.	
A : 여러 가지 생각하는 것이 능숙하다. B : 여러 가지 일을 재빨리 능숙하게 처리하는 데 익숙하다.	
A : 여러 가지 측면에서 사물을 검토한다. B : 행동한 후 생각을 한다.	

▶측정결과

㉠ 'A'가 많은 경우 : 행동하기 보다는 생각하는 것을 좋아하고 신중하게 계획을 세워 실행한다.
• 면접관의 심리 : '행동으로 실천하지 못하고, 대응이 늦은 경향이 있지 않을까?'
• 면접대책 : 발로 뛰는 것을 좋아하고, 일을 더디게 한다는 인상을 주지 않도록 한다.

㉡ 'B'가 많은 경우 : 차분하게 생각하는 것보다 우선 행동하는 유형이다.
• 면접관의 심리 : '생각하는 것을 싫어하고 경솔한 행동을 하지 않을까?'
• 면접대책 : 계획을 세우고 행동할 수 있는 것을 보여주고 '사려깊다'라는 인상을 남기도록 한다.

③ 신체활동성 … 몸을 움직이는 것을 좋아하는가를 측정한다.

질문	선택
A : 민첩하게 활동하는 편이다. B : 준비행동이 없는 편이다.	
A : 일을 척척 해치우는 편이다. B : 일을 더디게 처리하는 편이다.	
A : 활발하다는 말을 듣는다. B : 얌전하다는 말을 듣는다.	
A : 몸을 움직이는 것을 좋아한다. B : 가만히 있는 것을 좋아한다.	
A : 스포츠를 하는 것을 즐긴다. B : 스포츠를 보는 것을 좋아한다.	

▶측정결과

㉠ 'A'가 많은 경우 : 활동적이고, 몸을 움직이게 하는 것이 컨디션이 좋다.
 • 면접관의 심리 : '활동적으로 활동력이 좋아 보인다.'
 • 면접대책 : 활동하고 얻은 성과 등과 주어진 상황의 대응능력을 보여준다.
㉡ 'B'가 많은 경우 : 침착한 인상으로, 차분하게 있는 타입이다.
 • 면접관의 심리 : '좀처럼 행동하려 하지 않아 보이고, 일을 빠르게 처리할 수 있을까?'

④ 지속성(노력성) … 무슨 일이든 포기하지 않고 끈기 있게 하려는 정도를 측정한다.

질문	선택
A : 일단 시작한 일은 시간이 걸려도 끝까지 마무리한다. B : 일을 하다 어려움에 부딪히면 단념한다.	
A : 끈질긴 편이다. B : 바로 단념하는 편이다.	
A : 인내가 강하다는 말을 듣는다. B : 금방 싫증을 낸다는 말을 듣는다.	
A : 집념이 깊은 편이다. B : 담백한 편이다.	
A : 한 가지 일에 구애되는 것이 좋다고 생각한다. B : 간단하게 체념하는 것이 좋다고 생각한다.	

▶측정결과

㉠ 'A'가 많은 경우 : 시작한 것은 어려움이 있어도 포기하지 않고 인내심이 높다.
  • 면접관의 심리 : '한 가지의 일에 너무 구애되고, 업무의 진행이 원활할까?'
  • 면접대책 : 인내력이 있는 것은 플러스 평가를 받을 수 있지만 집착이 강해 보이기도 한다.
㉡ 'B'가 많은 경우 : 뒤끝이 없고 조그만 실패로 일을 포기하기 쉽다.
  • 면접관의 심리 : '질리는 경향이 있고, 일을 정확히 끝낼 수 있을까?'
  • 면접대책 : 지속적인 노력으로 성공했던 사례를 준비하도록 한다.

⑤ 신중성(주의성) … 자신이 처한 주변상황을 즉시 파악하고 자신의 행동이 어떤 영향을 미치는지를 측정한다.

질문	선택
A : 여러 가지로 생각하면서 완벽하게 준비하는 편이다. B : 행동할 때부터 임기응변적인 대응을 하는 편이다.	
A : 신중해서 타이밍을 놓치는 편이다. B : 준비 부족으로 실패하는 편이다.	
A : 자신은 어떤 일에도 신중히 대응하는 편이다. B : 순간적인 충동으로 활동하는 편이다.	
A : 시험을 볼 때 끝날 때까지 재검토하는 편이다. B : 시험을 볼 때 한 번에 모든 것을 마치는 편이다.	
A : 일에 대해 계획표를 만들어 실행한다. B : 일에 대한 계획표 없이 진행한다.	

▶측정결과

㉠ 'A'가 많은 경우 : 주변 상황에 민감하고, 예측하여 계획 있게 일을 진행한다.
  • 면접관의 심리 : '너무 신중해서 적절한 판단을 할 수 있을까?', '앞으로의 상황에 불안을 느끼지 않을까?'
  • 면접대책 : 예측을 하고 실행을 하는 것은 플러스 평가가 되지만, 너무 신중하면 일의 진행이 정체될 가능성을 보이므로 추진력이 있다는 강한 의욕을 보여준다.
㉡ 'B'가 많은 경우 : 주변 상황을 살펴보지 않고 착실한 계획 없이 일을 진행시킨다.
  • 면접관의 심리 : '사려 깊지 않고, 실패하는 일이 많지 않을까?', '판단이 빠르고 유연한 사고를 할 수 있을까?'
  • 면접대책 : 사전준비를 중요하게 생각하고 있다는 것 등을 보여주고, 경솔한 인상을 주지 않도록 한다. 또한 판단력이 빠르거나 유연한 사고 덕분에 일 처리를 잘 할 수 있다는 것을 강조한다.

(3) 의욕적인 측면

의욕적인 측면은 의욕의 정도, 활동력의 유무 등을 측정한다. 여기서의 의욕이란 우리들이 보통 말하고 사용하는 '하려는 의지'와는 조금 뉘앙스가 다르다. '하려는 의지'란 그 때의 환경이나 기분에 따라 변화하는 것이지만, 여기에서는 조금 더 변화하기 어려운 특징, 말하자면 정신적 에너지의 양으로 측정하는 것이다.

의욕적 측면은 행동적 측면과는 다르고, 전반적으로 어느 정도 점수가 높은 쪽을 선호한다. 모의검사의 의욕적 측면의 결과가 낮다면, 평소 일에 몰두할 때 조금 의욕 있는 자세를 가지고 서서히 개선하도록 노력해야 한다.

① 달성의욕 ··· 목적의식을 가지고 높은 이상을 가지고 있는지를 측정한다.

질문	선택
A : 경쟁심이 강한 편이다. B : 경쟁심이 약한 편이다.	
A : 어떤 한 분야에서 제1인자가 되고 싶다고 생각한다. B : 어느 분야에서든 성실하게 임무를 진행하고 싶다고 생각한다.	
A : 규모가 큰 일을 해보고 싶다. B : 맡은 일에 충실히 임하고 싶다.	
A : 아무리 노력해도 실패한 것은 아무런 도움이 되지 않는다. B : 가령 실패했을 지라도 나름대로의 노력이 있었으므로 괜찮다.	
A : 높은 목표를 설정하여 수행하는 것이 의욕적이다. B : 실현 가능한 정도의 목표를 설정하는 것이 의욕적이다.	

▶측정결과

㉠ 'A'가 많은 경우 : 큰 목표와 높은 이상을 가지고 승부욕이 강한 편이다.
 • 면접관의 심리 : '열심히 일을 해줄 것 같은 유형이다.'
 • 면접대책 : 달성의욕이 높다는 것은 어떤 직종이라도 플러스 평가가 된다.
㉡ 'B'가 많은 경우 : 현재의 생활을 소중하게 여기고 비약적인 발전을 위하여 기를 쓰지 않는다.
 • 면접관의 심리 : '외부의 압력에 약하고, 기획입안 등을 하기 어려울 것이다.'
 • 면접대책 : 일을 통하여 하고 싶은 것들을 구체적으로 어필한다.

② **활동의욕** … 자신에게 잠재된 에너지의 크기로, 정신적인 측면의 활동력이라 할 수 있다.

질문	선택
A : 하고 싶은 일을 실행으로 옮기는 편이다. B : 하고 싶은 일을 좀처럼 실행할 수 없는 편이다.	
A : 어려운 문제를 해결해 가는 것이 좋다. B : 어려운 문제를 해결하는 것을 잘하지 못한다.	
A : 일반적으로 결단이 빠른 편이다. B : 일반적으로 결단이 느린 편이다.	
A : 곤란한 상황에도 도전하는 편이다. B : 사물의 본질을 깊게 관찰하는 편이다.	
A : 시원시원하다는 말을 잘 듣는다. B : 꼼꼼하다는 말을 잘 듣는다.	

▶**측정결과**

㉠ '**A**'가 **많은 경우** : 꾸물거리는 것을 싫어하고 재빠르게 결단해서 행동하는 타입이다.
 • **면접관의 심리** : '일을 처리하는 솜씨가 좋고, 일을 척척 진행할 수 있을 것 같다.'
 • **면접대책** : 활동의욕이 높은 것은 플러스 평가가 된다. 사교성이나 활동성이 강하다는 인상을 준다.

㉡ '**B**'가 **많은 경우** : 안전하고 확실한 방법을 모색하고 차분하게 시간을 아껴서 일에 임하는 타입이다.
 • **면접관의 심리** : '재빨리 행동을 못하고, 일의 처리속도가 느린 것이 아닐까?'
 • **면접대책** : 활동성이 있는 것을 좋아하고 움직임이 더디다는 인상을 주지 않도록 한다.

3 성격의 유형

(1) 인성검사유형의 4가지 척도

  정서적인 측면, 행동적인 측면, 의욕적인 측면의 요소들은 성격 특성이라는 관점에서 제시된 것들로 각 개인의 장·단점을 파악하는 데 유용하다. 그러나 전체적인 개인의 인성을 이해하는 데는 한계가 있다.

  성격의 유형은 개인의 '성격적인 특색'을 가리키는 것으로, 사회인으로서 적합한지, 아닌지를 말하는 관점과는 관계가 없다. 따라서 채용의 합격 여부에는 사용되지 않는 경우가 많으며, 입사 후의 적정 부서 배치의 자료가 되는 편이라 생각하면 된다. 그러나 채용과 관계가 없다고 해서 아무런 준비도 필요없는 것은 아니다. 자신을 아는 것은 면접 대책의 밑거름이 되므로 모의검사 결과를 충분히 활용하도록 하여야 한다.

본서에서는 4개의 척도를 사용하여 기본적으로 16개의 패턴으로 성격의 유형을 분류하고 있다. 각 개인의 성격이 어떤 유형인지 재빨리 파악하기 위해 사용되며, '적성'에 맞는지, 맞지 않는지의 관점에 활용된다.

- 흥미 · 관심의 방향 : 내향형 ←————→ 외향형
- 사물에 대한 견해 : 직관형 ←————→ 감각형
- 판단하는 방법 : 감정형 ←————→ 사고형
- 환경에 대한 접근방법 : 지각형 ←————→ 판단형

(2) 성격유형

① 흥미 · 관심의 방향(내향⇆외향) ··· 흥미 · 관심의 방향이 자신의 내면에 있는지, 주위환경 등 외면에 향하는 지를 가리키는 척도이다.

질문	선택
A : 내성적인 성격인 편이다. B : 개방적인 성격인 편이다.	
A : 항상 신중하게 생각을 하는 편이다. B : 바로 행동에 착수하는 편이다.	
A : 수수하고 조심스러운 편이다. B : 자기 표현력이 강한 편이다.	
A : 다른 사람과 함께 있으면 침착하지 않다. B : 혼자서 있으면 침착하지 않다.	

▶측정결과

㉠ 'A'가 많은 경우(내향) : 관심의 방향이 자기 내면에 있으며, 조용하고 낯을 가리는 유형이다. 행동력은 부족하나 집중력이 뛰어나고 신중하고 꼼꼼하다.

㉡ 'B'가 많은 경우(외향) : 관심의 방향이 외부환경에 있으며, 사교적이고 활동적인 유형이다. 꼼꼼함이 부족하여 대충하는 경향이 있으나 행동력이 있다.

② 일(사물)을 보는 방법(직감 ⇆ 감각) … 일(사물)을 보는 법이 직감적으로 형식에 얽매이는지, 감각적으로 상식적인지를 가리키는 척도이다.

질문	선택
A : 현실주의적인 편이다. B : 상상력이 풍부한 편이다. A : 정형적인 방법으로 일을 처리하는 것을 좋아한다. B : 만들어진 방법에 변화가 있는 것을 좋아한다. A : 경험에서 가장 적합한 방법으로 선택한다. B : 지금까지 없었던 새로운 방법을 개척하는 것을 좋아한다. A : 성실하다는 말을 듣는다. B : 호기심이 강하다는 말을 듣는다.	

▶측정결과
㉠ 'A'가 많은 경우(감각) : 현실적이고 경험주의적이며 보수적인 유형이다.
㉡ 'B'가 많은 경우(직관) : 새로운 주제를 좋아하며, 독자적인 시각을 가진 유형이다.

③ 판단하는 방법(감정 ⇆ 사고) … 일을 감정적으로 판단하는지, 논리적으로 판단하는지를 가리키는 척도이다.

질문	선택
A : 인간관계를 중시하는 편이다. B : 일의 내용을 중시하는 편이다. A : 결론을 자기의 신념과 감정에서 이끌어내는 편이다. B : 결론을 논리적 사고에 의거하여 내리는 편이다. A : 다른 사람보다 동정적이고 눈물이 많은 편이다. B : 다른 사람보다 이성적이고 냉정하게 대응하는 편이다. A : 남의 이야기를 듣고 감정몰입이 빠른 편이다. B : 고민 상담을 받으면 해결책을 제시해주는 편이다.	

▶측정결과
㉠ 'A'가 많은 경우(감정) : 일을 판단할 때 마음·감정을 중요하게 여기는 유형이다. 감정이 풍부하고 친절하나 엄격함이 부족하고 우유부단하며, 합리성이 부족하다.
㉡ 'B'가 많은 경우(사고) : 일을 판단할 때 논리성을 중요하게 여기는 유형이다. 이성적이고 합리적이나 타인에 대한 배려가 부족하다.

④ 환경에 대한 접근방법 … 주변상황에 어떻게 접근하는지, 그 판단기준을 어디에 두는지를 측정한다.

질문	선택
A : 사전에 계획을 세우지 않고 행동한다. B : 반드시 계획을 세우고 그것에 의거해서 행동한다.	
A : 자유롭게 행동하는 것을 좋아한다. B : 조직적으로 행동하는 것을 좋아한다.	
A : 조직성이나 관습에 속박당하지 않는다. B : 조직성이나 관습을 중요하게 여긴다.	
A : 계획 없이 낭비가 심한 편이다. B : 예산을 세워 물건을 구입하는 편이다.	

▶측정결과

㉠ 'A'가 많은 경우(지각) : 일의 변화에 융통성을 가지고 유연하게 대응하는 유형이다. 낙관적이며 질서보다는 자유를 좋아하나 임기응변식의 대응으로 무계획적인 인상을 줄 수 있다.

㉡ 'B'가 많은 경우(판단) : 일의 진행시 계획을 세워서 실행하는 유형이다. 순차적으로 진행하는 일을 좋아하고 끈기가 있으나 변화에 대해 적절하게 대응하지 못하는 경향이 있다.

4 **인성검사의 대책**

(1) 미리 알아두어야 할 점

① **출제 문항 수** … 인성검사의 출제 문항 수는 특별히 정해진 것이 아니며 각 기업체의 기준에 따라 달라질 수 있다. 보통 100문항 이상에서 500문항까지 출제된다고 예상하면 된다.

② **출제형식**

　　㉠ 1Set로 묶인 세 개의 문항 중 자신에게 가장 가까운 것(Most)과 가장 먼 것(Least)을 하나씩 고르는 유형(72Set, 1Set당 3문항)

다음 세 가지 문항 중 자신에게 가장 가까운 것은 Most, 가장 먼 것은 Least에 체크하시오.

질문	Most	Least
① 자신의 생각이나 의견은 좀처럼 변하지 않는다.	✔	
② 구입한 후 끝까지 읽지 않은 책이 많다.		✔
③ 여행가기 전에 계획을 세운다.		

　　㉡ '예' 아니면 '아니오'의 유형(178문항)

다음 문항을 읽고 자신에게 해당되는지 안 되는지를 판단하여 해당될 경우 '예'를, 해당되지 않을 경우 '아니오'를 고르시오.

질문	예	아니오
① 걱정거리가 있어서 잠을 못 잘 때가 있다.	✔	
② 시간에 쫓기는 것이 싫다.		✔

　　㉢ 그 외의 유형

다음 문항에 대해서 평소에 자신이 생각하고 있는 것이나 행동하고 있는 것에 체크하시오.

질문	전혀 그렇지 않다	그렇지 않다	그렇다	매우 그렇다
① 머리를 쓰는 것보다 땀을 흘리는 일이 좋다.			✔	
② 자신은 사교적이 아니라고 생각한다.	✔			

(2) 임하는 자세

① **솔직하게 있는 그대로 표현한다** … 인성검사는 평범한 일상생활 내용들을 다룬 짧은 문장과 어떤 대상이나 일에 대한 선로를 선택하는 문장으로 구성되었으므로 평소에 자신이 생각한 바를 너무 골똘히 생각하지 말고 문제를 보는 순간 떠오른 것을 표현한다.

② **모든 문제를 신속하게 대답한다** … 인성검사는 시간 제한이 없는 것이 원칙이지만 기업체들은 일정한 시간 제한을 두고 있다. 인성검사는 개인의 성격과 자질을 알아보기 위한 검사이기 때문에 정답이 없다. 다만, 기업체에서 바람직하게 생각하거나 기대되는 결과가 있을 뿐이다. 따라서 시간에 쫓겨서 대충 대답을 하는 것은 바람직하지 못하다.

③ **일관성 있게 대답한다** … 간혹 반복되는 문제들이 출제되기 때문에 일관성 있게 답하지 않으면 감점될 수 있으므로 유의한다. 실제로 공기업 인사부 직원의 인터뷰에 따르면 일관성이 없게 대답한 응시자들이 감점을 받아 탈락했다고 한다. 거짓된 응답을 하다보면 일관성 없는 결과가 나타날 수 있으므로, 위에서 언급한 대로 신속하고 솔직하게 답해 일관성 있는 응답을 하는 것이 중요하다.

④ **마지막까지 집중해서 검사에 임한다** … 장시간 진행되는 검사에 지치지 않고 마지막까지 집중해서 정확히 답할 수 있도록 해야 한다.

02 실전 인성검사

>> 유형 1

┃1~20┃ 다음 주어진 질문에 대해서 평소 자신이 생각하고 있는 것이나 행동하고 있는 것에 대해 박스에 주어진 응답요령에 따라 답하시오.

응답 Ⅰ : 제시된 문항들을 읽은 다음 각각의 문항에 자신이 동의하는 정도를 전혀 그렇지 않다, 그렇지 않다, 보통이다, 그렇다, 매우 그렇다에 맞게 표시하면 된다.
응답 Ⅱ : 제시된 문항들을 비교하여 상대적으로 자신의 성격과 가장 가까운 문항 하나와 가장 거리가 먼 문항 하나를 선택하여야 한다. 응답 Ⅱ의 응답은 가깝다 1개, 멀다 1개, 무응답 2개여야 한다.

1

문항	응답 Ⅰ					응답 Ⅱ	
	전혀 그렇지 않다	그렇지 않다	보통 이다	그렇다	매우 그렇다	멀다	가깝다
1-1 구체적인 일에 관심이 있는 편이다.	○	○	○	○	○	○	○
1-2 무슨 일도 좀처럼 바로 시작하지 못한다.	○	○	○	○	○	○	○
1-3 일은 착실히 하는 편이다.	○	○	○	○	○	○	○
1-4 일을 할 때 나의 의견을 강요한다.	○	○	○	○	○	○	○

2

문항	응답 Ⅰ					응답 Ⅱ	
	전혀 그렇지 않다	그렇지 않다	보통 이다	그렇다	매우 그렇다	멀다	가깝다
2-1 나는 밝고 개방적인 편이다.	○	○	○	○	○	○	○
2-2 보수적인 면을 추구한다.	○	○	○	○	○	○	○
2-3 질서보다 자유를 중요시 하는 편이다.	○	○	○	○	○	○	○
2-4 창조적인 편이다.	○	○	○	○	○	○	○

3

문항	응답 I					응답 II	
	전혀 그렇지 않다	그렇지 않다	보통 이다	그렇다	매우 그렇다	멀다	가깝다
3-1 혼자서 취미에 몰두하는 것을 좋아한다.	○	○	○	○	○	○	○
3-2 새로운 일을 시도하는 것이 즐겁다.	○	○	○	○	○	○	○
3-3 누군가 나를 해칠 것 같다.	○	○	○	○	○	○	○
3-4 나는 폭력적이라는 말을 자주 듣는다.	○	○	○	○	○	○	○

4

문항	응답 I					응답 II	
	전혀 그렇지 않다	그렇지 않다	보통 이다	그렇다	매우 그렇다	멀다	가깝다
4-1 모임에서 회장에 어울리지 않는다고 생각한다.	○	○	○	○	○	○	○
4-2 어떠한 일에도 의욕이 없이 임하는 편이다.	○	○	○	○	○	○	○
4-3 학급에서는 존재가 두드러졌었다.	○	○	○	○	○	○	○
4-4 아무것도 생각하지 않을 때가 많다.	○	○	○	○	○	○	○

5

문항	응답 I					응답 II	
	전혀 그렇지 않다	그렇지 않다	보통 이다	그렇다	매우 그렇다	멀다	가깝다
5-1 매사에 열정적인 편이다.	○	○	○	○	○	○	○
5-2 조금만 더 노력하면 되는데 라는 소릴 자주 듣는다.	○	○	○	○	○	○	○
5-3 멋진 조연역할을 하는 배우를 좋아한다.	○	○	○	○	○	○	○
5-4 모든 일에 리드를 하는 편이다.	○	○	○	○	○	○	○

6

문항	응답 I					응답 II	
	전혀 그렇지 않다	그렇지 않다	보통 이다	그렇다	매우 그렇다	멀다	가깝다
6-1 남의 앞에 나서기를 좋아하지 않는다.	○	○	○	○	○	○	○
6-2 매사 여유 있게 대비하는 타입이다.	○	○	○	○	○	○	○
6-3 업무가 진행 중이라도 야근은 하지 않는다.	○	○	○	○	○	○	○
6-4 무리해서 행동할 필요는 없다.	○	○	○	○	○	○	○

7

문항	응답 I					응답 II	
	전혀 그렇지 않다	그렇지 않다	보통 이다	그렇다	매우 그렇다	멀다	가깝다
7-1 정해진 대로 움직이지 것이 안심이 된다.	○	○	○	○	○	○	○
7-2 자유분방한 편이다.	○	○	○	○	○	○	○
7-3 비교적 냉정한 편이다.	○	○	○	○	○	○	○
7-4 봉사활동에 관심이 많은 편이다.	○	○	○	○	○	○	○

8

문항	응답 I					응답 II	
	전혀 그렇지 않다	그렇지 않다	보통 이다	그렇다	매우 그렇다	멀다	가깝다
8-1 동료나 형제에게 양보를 많이 하는 편이다.	○	○	○	○	○	○	○
8-2 문학작품을 보고 감동한 적이 없다.	○	○	○	○	○	○	○
8-3 상대방의 감정에 대해 소중하게 생각한다.	○	○	○	○	○	○	○
8-4 매우 이성적인 사람으로 보이고 싶다.	○	○	○	○	○	○	○

9

문항	응답 I					응답 II	
	전혀 그렇지 않다	그렇지 않다	보통 이다	그렇다	매우 그렇다	멀다	가깝다
9-1 조직의 일원으로 어울린다.	○	○	○	○	○	○	○
9-2 업무는 매뉴얼대로 철저히 진행한다.	○	○	○	○	○	○	○
9-3 매사에 새로운 시도를 즐기지 않는다.	○	○	○	○	○	○	○
9-4 환경은 변하지 않는 것이 좋다.	○	○	○	○	○	○	○

10

문항	응답 I					응답 II	
	전혀 그렇지 않다	그렇지 않다	보통 이다	그렇다	매우 그렇다	멀다	가깝다
10-1 활동범위가 좁은 편이다.	○	○	○	○	○	○	○
10-2 발이 넓다는 소릴 많이 듣는다.	○	○	○	○	○	○	○
10-3 자신을 시원시원한 사람이라고 생각한다.	○	○	○	○	○	○	○
10-4 좋다고 생각하면 바로 행동한다.	○	○	○	○	○	○	○

11

문항	응답 I					응답 II	
	전혀 그렇지 않다	그렇지 않다	보통 이다	그렇다	매우 그렇다	멀다	가깝다
11-1 가끔 자신이 속이 좁은 행동을 한다고 느낀다.	○	○	○	○	○	○	○
11-2 생각이 복잡할 때가 많다.	○	○	○	○	○	○	○
11-3 질문을 받으면 그때의 느낌으로 대답하는 편 이다.	○	○	○	○	○	○	○
11-4 매사 신중하게 일을 진행하지 못한다.	○	○	○	○	○	○	○

12

문항	응답 I					응답 II	
	전혀 그렇지 않다	그렇지 않다	보통 이다	그렇다	매우 그렇다	멀다	가깝다
12-1 외출시 문을 잠갔는지 별로 확인하지 않는다.	○	○	○	○	○	○	○
12-2 안전책을 고르는 타입이다.	○	○	○	○	○	○	○
12-3 꼼꼼하지 못하다.	○	○	○	○	○	○	○
12-4 단념은 중요하다고 생각한다.	○	○	○	○	○	○	○

13

문항	응답 I					응답 II	
	전허 그렇지 않다	그렇지 않다	보통 이다	그렇다	매우 그렇다	멀다	가깝다
13-1 무슨 일이든지 끝까지 도전하는 편이다.	○	○	○	○	○	○	○
13-2 예상하지 못한 업무도 도전해 보고 싶다.	○	○	○	○	○	○	○
13-3 평범하고 평온하게 행복한 인생을 살고 싶다.	○	○	○	○	○	○	○
13-4 특별히 소극적이라고 생각하지 않는다.	○	○	○	○	○	○	○

14

문항	응답 I					응답 II	
	전허 그렇지 않다	그렇지 않다	보통 이다	그렇다	매우 그렇다	멀다	가깝다
14-1 반복되는 일상보다 새로운 경험을 좋아한다.	○	○	○	○	○	○	○
14-2 내일의 계획은 머리 속에 기억해 둔다.	○	○	○	○	○	○	○
14-3 꾸준히 노력하는 것을 잘 하지 못한다.	○	○	○	○	○	○	○
14-4 나는 성급하지 않다고 생각한다.	○	○	○	○	○	○	○

15

문항	응답 Ⅰ					응답 Ⅱ	
	전혀 그렇지 않다	그렇지 않다	보통 이다	그렇다	매우 그렇다	멀다	가깝다
15-1 말보다 행동이 강한 편이다.	○	○	○	○	○	○	○
15-2 엉덩이가 무거운 편이다.	○	○	○	○	○	○	○
15-3 일이 늦어지더라도 신중하게 진행하는 것이 좋다.	○	○	○	○	○	○	○
15-4 특별히 구애받는 것이 싫다.	○	○	○	○	○	○	○

16

문항	응답 Ⅰ					응답 Ⅱ	
	전혀 그렇지 않다	그렇지 않다	보통 이다	그렇다	매우 그렇다	멀다	가깝다
16-1 돌다리도 두들겨 보고 건너는 편이다.	○	○	○	○	○	○	○
16-2 행동하기 전에 생각을 많이 하는 편이다.	○	○	○	○	○	○	○
16-3 전통을 지키는 것은 중요하다.	○	○	○	○	○	○	○
16-4 요즘 신세대를 보면 부러움을 느낀다.	○	○	○	○	○	○	○

17

문항	응답 Ⅰ					응답 Ⅱ	
	전혀 그렇지 않다	그렇지 않다	보통 이다	그렇다	매우 그렇다	멀다	가깝다
17-1 상식적인 판단을 하는 타입이라고 생각한다.	○	○	○	○	○	○	○
17-2 객관적인 사람이라는 평을 자주 듣는다.	○	○	○	○	○	○	○
17-3 틀에 박힌 사고방식은 싫다.	○	○	○	○	○	○	○
17-4 대인관계에서 가장 중요한 것은 배려이다.	○	○	○	○	○	○	○

18

문항	응답 I					응답 II	
	전혀 그렇지 않다	그렇지 않다	보통 이다	그렇다	매우 그렇다	멀다	가깝다
18-1 나에게 도움이 되는 사람만 만난다.	○	○	○	○	○	○	○
18-2 괴로워하는 사람을 보면 그 이유부터 묻는다.	○	○	○	○	○	○	○
18-3 대화할 때 상대방을 배려하지 않는 편이다.	○	○	○	○	○	○	○
18-4 상식 이하의 행동을 하는 사람을 보면 화가 난다.	○	○	○	○	○	○	○

19

문항	응답 I					응답 II	
	전혀 그렇지 않다	그렇지 않다	보통 이다	그렇다	매우 그렇다	멀다	가깝다
19-1 대화할 때 상대방의 눈을 바라보며 말한다.	○	○	○	○	○	○	○
19-2 시시해도 계획대로 행동하는 것이 좋다.	○	○	○	○	○	○	○
19-3 업무가 많은 때는 철야도 필요하다고 생각한 다.	○	○	○	○	○	○	○
19-4 주변의 일을 모두 하는 편이다.	○	○	○	○	○	○	○

20

문항	응답 I					응답 II	
	전혀 그렇지 않다	그렇지 않다	보통 이다	그렇다	매우 그렇다	멀다	가깝다
20-1 항상 바쁜 편이다.	○	○	○	○	○	○	○
20-2 독서를 즐기는 편이다.	○	○	○	○	○	○	○
20-3 남들과 경쟁하는 것을 즐긴다.	○	○	○	○	○	○	○
20-4 목표 달성을 위해 노력하지 않는 편이다.	○	○	○	○	○	○	○

〉〉 유형 2

┃1~150┃ 다음 제시된 문항이 당신에게 해당한다면 YES, 그렇지 않다면 NO를 선택하시오.

	YES	NO
1. 조금이라도 나쁜 소식은 절망의 시작이라고 생각해 버린다.	( )	( )
2. 언제나 실패가 걱정이 되어 어쩔 줄 모른다.	( )	( )
3. 다수결의 의견에 따르는 편이다.	( )	( )
4. 혼자서 커피숍에 들어가는 것은 전혀 두려운 일이 아니다.	( )	( )
5. 승부근성이 강하다.	( )	( )
6. 자주 흥분해서 침착하지 못하다.	( )	( )
7. 지금까지 살면서 타인에게 폐를 끼친 적이 없다.	( )	( )
8. 소곤소곤 이야기하는 것을 보면 자기에 대해 험담하고 있는 것으로 생각된다.	( )	( )
9. 무엇이든지 자기가 나쁘다고 생각하는 편이다.	( )	( )
10. 자신을 변덕스러운 사람이라고 생각한다.	( )	( )
11. 고독을 즐기는 편이다.	( )	( )
12. 자존심이 강하다고 생각한다.	( )	( )
13. 금방 흥분하는 성격이다.	( )	( )
14. 거짓말을 한 적이 없다.	( )	( )
15. 신경질적인 편이다.	( )	( )
16. 끙끙대며 고민하는 타입이다.	( )	( )
17. 감정적인 사람이라고 생각한다.	( )	( )
18. 자신만의 신념을 가지고 있다.	( )	( )
19. 다른 사람을 바보 같다고 생각한 적이 있다.	( )	( )
20. 금방 말해버리는 편이다.	( )	( )
21. 싫어하는 사람이 없다.	( )	( )
22. 대재앙이 오지 않을까 항상 걱정을 한다.	( )	( )
23. 쓸데없는 고생을 사서 하는 일이 많다.	( )	( )
24. 자주 생각이 바뀌는 편이다.	( )	( )
25. 문제점을 해결하기 위해 여러 사람과 상의한다.	( )	( )
26. 내 방식대로 일을 한다.	( )	( )

27. 영화를 보고 운 적이 많다. ···(   )(   )

28. 어떤 것에 대해서도 화낸 적이 없다. ···································(   )(   )

29. 사소한 충고에도 걱정을 한다. ··(   )(   )

30. 자신은 도움이 안되는 사람이라고 생각한다. ·····················(   )(   )

31. 금방 싫증을 내는 편이다. ···(   )(   )

32. 개성적인 사람이라고 생각한다. ··(   )(   )

33. 자기주장이 강한 편이다. ···(   )(   )

34. 산만하다는 말을 들은 적이 있다. ·······································(   )(   )

35. 학교를 쉬고 싶다고 생각한 적이 한 번도 없다. ··················(   )(   )

36. 사람들과 관계 맺는 것을 보면 잘하지 못한다. ···················(   )(   )

37. 사려 깊은 편이다. ···(   )(   )

38. 몸을 움직이는 것을 좋아한다. ··(   )(   )

39. 끈기가 있는 편이다. ···(   )(   )

40. 신중한 편이라고 생각한다. ··(   )(   )

41. 인생의 목표는 큰 것이 좋다. ···(   )(   )

42. 어떤 일이라도 바로 시작하는 타입이다. ···························(   )(   )

43. 낯가림을 하는 편이다. ··(   )(   )

44. 생각하고 나서 행동하는 편이다. ··(   )(   )

45. 쉬는 날은 밖으로 나가는 경우가 많다. ·····························(   )(   )

46. 시작한 일은 반드시 완성시킨다. ··(   )(   )

47. 면밀한 계획을 세운 여행을 좋아한다. ································(   )(   )

48. 야망이 있는 편이라고 생각한다. ··(   )(   )

49. 활동력이 있는 편이다. ··(   )(   )

50. 많은 사람들과 와자지껄하게 식사하는 것을 좋아하지 않는다. ······(   )(   )

51. 돈을 허비한 적이 없다. ··(   )(   )

52. 운동회를 아주 좋아하고 기대했다. ····································(   )(   )

53. 하나의 취미에 열중하는 타입이다. ····································(   )(   )

54. 모임에서 회장에 어울린다고 생각한다. ·····························(   )(   )

55. 입신출세의 성공이야기를 좋아한다. ···································(   )(   )

YES　NO

56. 어떠한 일도 의욕을 가지고 임하는 편이다. ……………………………………(　)(　)
57. 학급에서는 존재가 희미했다. …………………………………………………(　)(　)
58. 항상 무언가를 생각하고 있다. …………………………………………………(　)(　)
59. 스포츠는 보는 것보다 하는 게 좋다. …………………………………………(　)(　)
60. '참 잘했네요'라는 말을 듣는다. ………………………………………………(　)(　)
61. 흐린 날은 반드시 우산을 가지고 간다. ………………………………………(　)(　)
62. 주연상을 받을 수 있는 배우를 좋아한다. ……………………………………(　)(　)
63. 공격하는 타입이라고 생각한다. …………………………………………………(　)(　)
64. 리드를 받는 편이다. ………………………………………………………………(　)(　)
65. 너무 신중해서 기회를 놓친 적이 있다. ………………………………………(　)(　)
66. 시원시원하게 움직이는 타입이다. ……………………………………………(　)(　)
67. 야근을 해서라도 업무를 끝낸다. ………………………………………………(　)(　)
68. 누군가를 방문할 때는 반드시 사전에 확인한다. ……………………………(　)(　)
69. 노력해도 결과가 따르지 않으면 의미가 없다. ………………………………(　)(　)
70. 무조건 행동해야 한다. …………………………………………………………(　)(　)
71. 유행에 둔감하다고 생각한다. …………………………………………………(　)(　)
72. 정해진 대로 움직이는 것은 시시하다. ………………………………………(　)(　)
73. 꿈을 계속 가지고 있고 싶다. …………………………………………………(　)(　)
74. 질서보다 자유를 중요시하는 편이다. ………………………………………(　)(　)
75. 혼자서 취미에 몰두하는 것을 좋아한다. ……………………………………(　)(　)
76. 직관적으로 판단하는 편이다. …………………………………………………(　)(　)
77. 영화나 드라마를 보면 등장인물의 감정에 이입된다. ………………………(　)(　)
78. 시대의 흐름에 역행해서라도 자신을 관철하고 싶다. ………………………(　)(　)
79. 다른 사람의 소문에 관심이 없다. ……………………………………………(　)(　)
80. 창조적인 편이다. …………………………………………………………………(　)(　)
81. 비교적 눈물이 많은 편이다. …………………………………………………(　)(　)
82. 융통성이 있다고 생각한다. ……………………………………………………(　)(　)
83. 친구의 휴대전화 번호를 잘 모른다. …………………………………………(　)(　)
84. 스스로 고안하는 것을 좋아한다. ………………………………………………(　)(　)

85. 정이 두터운 사람으로 남고 싶다. ·······································(   )(   )

86. 조직의 일원으로 별로 안 어울린다. ·································(   )(   )

87. 세상의 일에 별로 관심이 없다. ·······································(   )(   )

88. 변화를 추구하는 편이다. ···(   )(   )

89. 업무는 인간관계로 선택한다. ···(   )(   )

90. 환경이 변하는 것에 구애되지 않는다. ·····························(   )(   )

91. 불안감이 강한 편이다. ···(   )(   )

92. 인생은 살 가치가 없다고 생각한다. ·······························(   )(   )

93. 의지가 약한 편이다. ···(   )(   )

94. 다른 사람이 하는 일에 별로 관심이 없다. ·······················(   )(   )

95. 사람을 설득시키는 것은 어렵지 않다. ·····························(   )(   )

96. 심심한 것을 못 참는다. ···(   )(   )

97. 다른 사람을 욕한 적이 한 번도 없다. ·····························(   )(   )

98. 다른 사람에게 어떻게 보일지 신경을 쓴다. ·····················(   )(   )

99. 금방 낙심하는 편이다. ···(   )(   )

100. 다른 사람에게 의존하는 경향이 있다. ····························(   )(   )

101. 그다지 융통성이 있는 편이 아니다. ······························(   )(   )

102. 다른 사람이 내 의견에 간섭하는 것이 싫다. ····················(   )(   )

103. 낙천적인 편이다. ··(   )(   )

104. 숙제를 잊어버린 적이 한 번도 없다. ·····························(   )(   )

105. 밤길에는 발소리가 들리기만 해도 불안하다. ···················(   )(   )

106. 상냥하다는 말을 들은 적이 있다. ·································(   )(   )

107. 자신은 유치한 사람이다. ··(   )(   )

108. 잡담을 하는 것보다 책을 읽는 게 낫다. ·························(   )(   )

109. 나는 영업에 적합한 타입이라고 생각한다. ······················(   )(   )

110. 술자리에서 술을 마시지 않아도 흥을 돋울 수 있다. ···········(   )(   )

111. 한 번도 병원에 간 적이 없다. ·····································(   )(   )

112. 나쁜 일은 걱정이 되어서 어쩔 줄을 모른다. ····················(   )(   )

113. 금세 무기력해지는 편이다. ···(   )(   )

114. 비교적 고분고분한 편이라고 생각한다. ································(　)(　)

115. 독자적으로 행동하는 편이다. ································(　)(　)

116. 적극적으로 행동하는 편이다. ································(　)(　)

117. 금방 감격하는 편이다. ································(　)(　)

118. 어떤 것에 대해서는 불만을 가진 적이 없다. ················(　)(　)

119. 밤에 못 잘 때가 많다. ································(　)(　)

120. 자주 후회하는 편이다. ································(　)(　)

121. 뜨거워지기 쉽고 식기 쉽다. ························(　)(　)

122. 자신만의 세계를 가지고 있다. ························(　)(　)

123. 많은 사람 앞에서도 긴장하는 일은 없다. ················(　)(　)

124. 말하는 것을 아주 좋아한다. ························(　)(　)

125. 인생을 포기하는 마음을 가진 적이 한 번도 없다. ··········(　)(　)

126. 어두운 성격이다. ································(　)(　)

127. 금방 반성한다. ································(　)(　)

128. 활동범위가 넓은 편이다. ····························(　)(　)

129. 자신을 끈기 있는 사람이라고 생각한다. ················(　)(　)

130. 좋다고 생각하더라도 좀 더 검토하고 나서 실행한다. ········(　)(　)

131. 위대한 인물이 되고 싶다. ····························(　)(　)

132. 한 번에 많은 일을 떠맡아도 힘들지 않다. ··············(　)(　)

133. 사람과 만날 약속은 부담스럽다. ····················(　)(　)

134. 질문을 받으면 충분히 생각하고 나서 대답하는 편이다. ······(　)(　)

135. 머리를 쓰는 것보다 땀을 흘리는 일이 좋다. ············(　)(　)

136. 결정한 것에는 철저히 구속받는다. ··················(　)(　)

137. 외출 시 문을 잠갔는지 몇 번을 확인한다. ··············(　)(　)

138. 이왕 할 거라면 일등이 되고 싶다. ··················(　)(　)

139. 과감하게 도전하는 타입이다. ························(　)(　)

140. 자신은 사교적이 아니라고 생각한다. ··················(　)(　)

141. 무심코 도리에 대해서 말하고 싶어진다. ················(　)(　)

142. '항상 건강하네요'라는 말을 듣는다. ··················(　)(　)

143. 단념하면 끝이라고 생각한다. ···································(   )(   )

144. 예상하지 못한 일은 하고 싶지 않다. ····················(   )(   )

145. 파란만장하더라도 성공하는 인생을 걷고 싶다. ·····(   )(   )

146. 활기찬 편이라고 생각한다. ································(   )(   )

147. 소극적인 편이라고 생각한다. ····························(   )(   )

148. 무심코 평론가가 되어 버린다. ··························(   )(   )

149. 자신은 성급하다고 생각한다. ····························(   )(   )

150. 꾸준히 노력하는 타입이라고 생각한다. ··············(   )(   )

〉〉 유형 3

▌1~10 ▌ 다음은 직장생활이나 사회생활에서 겪을 수 있는 상황들이다. 각 상황에 대한 반응의 적당한 정도를 표시하시오.

1 회사의 아이디어 공모에 평소 당신이 생각했던 것을 알고 있던 동료가 자기 이름으로 제안을 하여 당선이 되었다면 당신은 어떻게 할 것인가?

a. 나의 아이디어였음을 솔직히 말하고 당선을 취소시킨다.

매우 바람직하다						전혀 바람직하지 않다.
①	②	③	④	⑤	⑥	⑦

b. 동료에게 나의 아이디어였음을 말하고 설득한다.

매우 바람직하다						전혀 바람직하지 않다.
①	②	③	④	⑤	⑥	⑦

c. 모른 척 그냥 넘어간다.

매우 바람직하다						전혀 바람직하지 않다.
①	②	③	④	⑤	⑥	⑦

d. 상사에게 동료가 가로챈 것이라고 알린다.

매우 바람직하다						전혀 바람직하지 않다.
①	②	③	④	⑤	⑥	⑦

2 회사에서 근무를 하던 중 본의 아닌 실수를 저질렀다. 그로 인하여 상사로부터 꾸지람을 듣게 되었는데 당신의 실수에 비해 상당히 심한 인격적 모독까지 듣게 되었다면 당신은 어떻게 할 것인가?

a. 부당한 인격적 모욕에 항의한다.

매우 바람직하다						전혀 바람직하지 않다.
①	②	③	④	⑤	⑥	⑦

b. 그냥 자리로 돌아가 일을 계속 한다.

매우 바람직하다						전혀 바람직하지 않다.
①	②	③	④	⑤	⑥	⑦

c. 더 위의 상사에게 보고하여 그 상사의 사직을 권고한다.

매우 바람직하다						전혀 바람직하지 않다.
①	②	③	④	⑤	⑥	⑦

d. 동료들에게 상사의 험담을 한다.

매우 바람직하다						전혀 바람직하지 않다.
①	②	③	④	⑤	⑥	⑦

3   회사의 비품이 점점 없어지고 있다. 그런데 당신이 범인이라는 소문이 퍼져 있다면 당신은 어떻게 할 것인가?

a. 내가 아니면 그만이므로 그냥 참고 모른 척 한다.

매우 바람직하다						전혀 바람직하지 않다.
①	②	③	④	⑤	⑥	⑦

b. 소문을 퍼트린 자를 찾아낸다.

매우 바람직하다						전혀 바람직하지 않다.
①	②	③	④	⑤	⑥	⑦

c. 사람들에게 억울함을 호소한다.

매우 바람직하다						전혀 바람직하지 않다.
①	②	③	④	⑤	⑥	⑦

d. 회사 물품뿐만 아니라 회사 기밀도 마구 빼돌렸다고 과장된 거짓말을 한다.

매우 바람직하다						전혀 바람직하지 않다.
①	②	③	④	⑤	⑥	⑦

4 상사가 직원들과 대화를 할 때 항상 반말을 하며, 이름을 함부로 부른다. 당신은 어떻게 하겠는가?

a. 참고 지나간다.

매우 바람직하다						전혀 바람직하지 않다.
①	②	③	④	⑤	⑥	⑦

b. 상사에게 존댓말과 바른 호칭을 쓸 것을 요구한다.

매우 바람직하다						전혀 바람직하지 않다.
①	②	③	④	⑤	⑥	⑦

c. 더 위의 상사에게 이런 상황에 대한 불쾌감을 호소한다.

매우 바람직하다						전혀 바람직하지 않다.
①	②	③	④	⑤	⑥	⑦

d. 듣지 못한 척 한다.

매우 바람직하다						전혀 바람직하지 않다.
①	②	③	④	⑤	⑥	⑦

5 신입사원으로 출근을 한 지 한 달이 지났지만 사무실의 분위기와 환경이 잘 맞지 않아 적응하는 게 무척 힘들고 어렵다고 느끼고 있다. 그러나 어렵게 입사한 직장이라 더욱 부담은 커지고 하루하루 지친다는 생각이 든다. 당신은 어떻게 하겠는가?

a. 분위기에 적응하려고 애쓴다.

매우 바람직하다						전혀 바람직하지 않다.
①	②	③	④	⑤	⑥	⑦

b. 상사에게 힘든 사항을 말하고 조언을 구한다.

매우 바람직하다						전혀 바람직하지 않다.
①	②	③	④	⑤	⑥	⑦

c. 여가시간을 활용한 다른 취미생활을 찾아본다.

매우 바람직하다						전혀 바람직하지 않다.
①	②	③	④	⑤	⑥	⑦

d. 다른 직장을 알아본다.

매우 바람직하다						전혀 바람직하지 않다.
①	②	③	④	⑤	⑥	⑦

6 당신이 야근을 마치고 엘리베이터를 타고 내려가고 있는데 갑자기 정전이 되었다면 어떻게 할 것인가?

a. 비상벨을 누른다.

매우 바람직하다						전혀 바람직하지 않다.
①	②	③	④	⑤	⑥	⑦

b. 사람을 부른다.

매우 바람직하다						전혀 바람직하지 않다.
①	②	③	④	⑤	⑥	⑦

c. 핸드폰으로 도움을 요청한다.

매우 바람직하다						전혀 바람직하지 않다.
①	②	③	④	⑤	⑥	⑦

d. 소리를 지른다.

매우 바람직하다						전혀 바람직하지 않다.
①	②	③	④	⑤	⑥	⑦

7 30명의 회사직원들과 함께 산악회를 결성하여 산행을 가게 되었다. 그런데 오후 12시에 산 밑으로 배달되기로 했던 도시락이 배달되지 않아, 우유와 빵으로 점심을 때우게 되었다. 점심을 다 먹고 난 후 도시락 배달원이 도착하였는데 음식점 주인이 실수로 배달장소를 다른 곳으로 알려주는 바람에 늦었다고 한다. 당신은 어떻게 할 것인가?

a. 음식점 주인의 잘못이므로 돈을 주지 않는다.

매우 바람직하다   전혀 바람직하지 않다.

①   ②   ③   ④   ⑤   ⑥   ⑦

b. 빵과 우유값을 공제한 음식값을 지불한다.

매우 바람직하다   전혀 바람직하지 않다.

①   ②   ③   ④   ⑤   ⑥   ⑦

c. 음식점 주인의 잘못이므로 절반의 돈만 준다.

매우 바람직하다   전혀 바람직하지 않다.

①   ②   ③   ④   ⑤   ⑥   ⑦

d. 늦게라도 도착하였으므로 돈을 전액 주도록 한다.

매우 바람직하다   전혀 바람직하지 않다.

①   ②   ③   ④   ⑤   ⑥   ⑦

8 회사의 사정이 좋지 않아 직원을 채용하지 못해 업무량만 늘어나고 있다. 동료 중 한 명이 회사를 떠나려고 사직을 준비하고 있다. 당신은 어떻게 하겠는가?

a. 회사 사정이 좋아질 때까지 조금만 더 참을 것을 요구한다.

매우 바람직하다						전혀 바람직하지 않다.
①	②	③	④	⑤	⑥	⑦

b. 내 업무만 신경 쓴다.

매우 바람직하다						전혀 바람직하지 않다.
①	②	③	④	⑤	⑥	⑦

c. 동료가 다른 직장을 구했는지 알아보고 그 회사가 직원을 더 구하고 있는지 알아본다.

매우 바람직하다						전혀 바람직하지 않다.
①	②	③	④	⑤	⑥	⑦

d. 같이 퇴사할 것을 고려해 본다.

매우 바람직하다						전혀 바람직하지 않다.
①	②	③	④	⑤	⑥	⑦

9 회사에서 구조조정을 한다는 소문이 돌고 있으며, 상사와 동료들로부터 냉정하고 따가운 시선이 느껴진다면 당신은 어떻게 하겠는가?

a. 모르는 척 무시한다.

매우 바람직하다						전혀 바람직하지 않다.
①	②	③	④	⑤	⑥	⑦

b. 퇴사를 준비한다.

매우 바람직하다						전혀 바람직하지 않다.
①	②	③	④	⑤	⑥	⑦

c. 싸늘한 시선이 느껴짐을 사람들 앞에서 큰소리로 말한다.

매우 바람직하다						전혀 바람직하지 않다.
①	②	③	④	⑤	⑥	⑦

d. 다른 사람의 잘못된 점을 은근슬쩍 꼬집어 상사에게 말한다.

매우 바람직하다						전혀 바람직하지 않다.
①	②	③	④	⑤	⑥	⑦

10 평소 애인과 함께 보고 싶었던 유명한 오케스트라 공연 티켓을 간신히 구했다. 회사를 막 퇴근하려고 하는데 상사로부터 전원 야근이라는 소리를 들었다. 당신은 어떻게 하겠는가?

a. 상사에게 양해를 구하고 공연을 보러 간다.

매우 바람직하다						전혀 바람직하지 않다.
①	②	③	④	⑤	⑥	⑦

b. 티켓을 환불하고 다음에 다른 공연을 보러 가자고 애인에게 알린다.

매우 바람직하다						전혀 바람직하지 않다.
①	②	③	④	⑤	⑥	⑦

c. 공연 관람 후 다시 회사로 돌아와 야근을 한다.

매우 바람직하다						전혀 바람직하지 않다.
①	②	③	④	⑤	⑥	⑦

d. 애인에게 티켓을 주고 다른 사람과 보러 가라고 한다.

매우 바람직하다						전혀 바람직하지 않다.
①	②	③	④	⑤	⑥	⑦

PART

V

면접

01 면접의 기본

1 면접준비

(1) 면접의 기본 원칙

① **면접의 의미** … 면접이란 다양한 면접기법을 활용하여 지원한 직무에 필요한 능력을 지원자가 보유하고 있는지를 확인하는 절차라고 할 수 있다. 즉, 지원자의 입장에서는 채용 직무수행에 필요한 요건들과 관련하여 자신의 환경, 경험, 관심사, 성취 등에 대해 기업에 직접 어필할 수 있는 기회를 제공받는 것이며, 기업의 입장에서는 서류전형만으로 알 수 없는 지원자에 대한 정보를 직접적으로 수집하고 평가하는 것이다.

② **면접의 특징** … 면접은 기업의 입장에서 서류전형이나 필기전형에서 드러나지 않는 지원자의 능력이나 성향을 볼 수 있는 기회로, 면대면으로 이루어지며 즉흥적인 질문들이 포함될수 있기 때문에 지원자가 완벽하게 준비하기 어려운 부분이 있다. 하지만 지원자 입장에서도 서류전형이나 필기전형에서 모두 보여주지 못한 자신의 능력 등을 기업의 인사담당자에게 어필할 수 있는 추가적인 기회가 될 수도 있다.

[서류 · 필기전형과 차별화되는 면접의 특징]

- 직무수행과 관련된 다양한 지원자 행동에 대한 관찰이 가능하다.
- 면접관이 알고자 하는 정보를 심층적으로 파악할 수 있다.
- 서류상의 미비한 사항과 의심스러운 부분을 확인할 수 있다.
- 커뮤니케이션 능력, 대인관계 능력 등 행동 · 언어적 정보도 얻을 수 있다.

③ **면접의 유형**

　㉠ **구조화 면접**: 구조화 면접은 사전에 계획을 세워 질문의 내용과 방법, 지원자의 답변유형에 따른 추가 질문과 그에 대한 평가 역량이 정해져 있는 면접 방식으로 표준화면접이라고도 한다.

　　• 표준화된 질문이나 평가요소가 면접 전 확정되며, 지원자는 편성된 조나 면접관에 영향을 받지 않고 동일한 질문과 시간을 부여받을 수 있다.

- 조직 또는 직무별로 주요하게 도출된 역량을 기반으로 평가요소가 구성되어, 조직 또는 직무에서 필요한 역량을 가진 지원자를 선발할 수 있다.
- 표준화된 형식을 사용하는 특성 때문에 비구조화 면접에 비해 신뢰성과 타당성, 객관성이 높다.

  ⓒ 비구조화 면접 : 비구조화 면접은 면접 계획을 세울 때 면접 목적만을 명시하고 내용이나 방법은 면접관에게 전적으로 일임하는 방식으로 비표준화 면접이라고도 한다.
- 표준화된 질문이나 평가요소 없이 면접이 진행되며, 편성된 조나 면접관에 따라 지원자에게 주어지는 질문이나 시간이 다르다.
- 면접관의 주관적인 판단에 따라 평가가 이루어져 평가 오류가 빈번히 일어난다.
- 상황 대처나 언변이 뛰어난 지원자에게 유리한 면접이 될 수 있다.

④ 경쟁력 있는 면접 요령

ⓐ 면접 전에 준비하고 유념할 사항
- 예상 질문과 답변을 미리 작성한다.
- 작성한 내용을 문장으로 외우지 않고 키워드로 기억한다.
- 지원한 회사의 최근 기사를 검색하여 기억한다.
- 지원한 회사가 속한 산업군의 최근 기사를 검색하여 기억한다.
- 면접 전 1주일간 이슈가 되는 뉴스를 기억하고 자신의 생각을 반영하여 정리한다.
- 찬반토론에 대비한 주제를 목록으로 정리하여 자신의 논리를 내세운 예상답변을 작성한다.

ⓑ 면접장에서 유념할 사항
- 질문의 의도 파악 : 답변을 할 때에는 질문 의도를 파악하고 그에 충실한 답변이 될 수 있도록 질문사항을 유념해야 한다. 많은 지원자가 하는 실수 중 하나로 답변을 하는 도중 자기 말에 심취되어 질문의 의도와 다른 답변을 하거나 자신이 알고 있는 지식만을 나열하는 경우가 있는데, 이럴 경우 의사소통능력이 부족한 사람으로 인식될 수 있으므로 주의하도록 한다.
- 답변은 두괄식 : 답변을 할 때에는 두괄식으로 결론을 먼저 말하고 그 이유를 설명하는 것이 좋다. 미괄식으로 답변을 할 경우 용두사미의 답변이 될 가능성이 높으며, 결론을 이끌어 내는 과정에서 논리성이 결여될 우려가 있다. 또한 면접관이 결론을 듣기 전에 말을 끊고 다른 질문을 추가하는 예상치 못한 상황이 발생될 수 있으므로 답변은 자신이 전달하고자 하는 바를 먼저 밝히고 그에 대한 설명을 하는 것이 좋다.

- 지원한 회사의 기업정신과 인재상을 기억 : 답변을 할 때에는 회사가 원하는 인재라는 인상을 심어주기 위해 지원한 회사의 기업정신과 인재상 등을 염두에 두고 답변을 하는 것이 좋다. 모든 회사에 해당되는 두루뭉술한 답변보다는 지원한 회사에 맞는 맞춤형 답변을 하는 것이 좋다.
- 나보다는 회사와 사회적 관점에서 답변 : 답변을 할 때에는 자기중심적인 관점을 피하고 좀 더 넓은 시각으로 회사와 국가, 사회적 입장까지 고려하는 인재임을 어필하는 것이 좋다. 자기중심적 시각을 바탕으로 자신의 출세만을 위해 회사에 입사하려는 인상을 심어줄 경우 면접에서 불이익을 받을 가능성이 높다.
- 난처한 질문은 정직한 답변 : 난처한 질문에 답변을 해야 할 때에는 피하기보다는 정면돌파로 정직하고 솔직하게 답변하는 것이 좋다. 난처한 부분을 감추고 드러내지 않으려 회피하려는 지원자의 모습은 인사담당자에게 입사 후에도 비슷한 상황에 처했을 때 회피할 수도 있다는 우려를 심어줄 수 있다. 따라서 직장생활에 있어 중요한 덕목 중 하나인 정직을 바탕으로 솔직하게 답변을 하도록 한다.

(2) 면접의 종류 및 준비 전략

① 인성면접

  ⊙ 면접 방식 및 판단기준

- 면접 방식 : 인성면접은 면접관이 가지고 있는 개인적 면접 노하우나 관심사에 의해 질문을 실시한다. 주로 입사지원서나 자기소개서의 내용을 토대로 지원동기, 과거의 경험, 미래 포부 등을 이야기하도록 하는 방식이다.
- 판단기준 : 면접관의 개인적 가치관과 경험, 해당 역량의 수준, 경험의 구체성·진실성 등

  ⓛ 특징 : 인성면접은 그 방식으로 인해 역량과 무관한 질문들이 많고 지원자에게 주어지는 면접질문, 시간 등이 다를 수 있다. 또한 입사지원서나 자기소개서의 내용을 토대로 하기 때문에 지원자별 질문이 달라질 수 있다.

ⓒ 예시 문항 및 준비전략

• 예시 문항

> • 3분 동안 자기소개를 해 보십시오.
> • 자신의 장점과 단점을 말해 보십시오.
> • 학점이 좋지 않은데 그 이유가 무엇입니까?
> • 최근에 인상 깊게 읽은 책은 무엇입니까?
> • 회사를 선택할 때 중요시하는 것은 무엇입니까?
> • 일과 개인생활 중 어느 쪽을 중시합니까?
> • 10년 후 자신은 어떤 모습일 것이라고 생각합니까?
> • 휴학 기간 동안에는 무엇을 했습니까?

• 준비전략 : 인성면접은 입사지원서나 자기소개서의 내용을 바탕으로 하는 경우가 많으므로 자신이 작성한 입사지원서와 자기소개서의 내용을 충분히 숙지하도록 한다. 또한 최근 사회적으로 이슈가 되고 있는 뉴스에 대한 견해를 묻거나 시사상식 등에 대한 질문을 받을 수 있으므로 이에 대한 대비도 필요하다. 자칫 부담스러워 보이지 않는 질문으로 가볍게 대답하지 않도록 주의하고 모든 질문에 입사 의지를 담아 성실하게 답변하는 것이 중요하다.

② 발표면접

㉠ 면접 방식 및 판단기준

• 면접 방식 : 지원자가 특정 주제와 관련된 자료를 검토하고 그에 대한 자신의 생각을 면접관 앞에서 주어진 시간 동안 발표하고 추가 질의를 받는 방식으로 진행된다.

• 판단기준 : 지원자의 사고력, 논리력, 문제해결력 등

㉡ 특징 : 발표면접은 지원자에게 과제를 부여한 후, 과제를 수행하는 과정과 결과를 관찰·평가한다. 따라서 과제수행 결과뿐 아니라 수행과정에서의 행동을 모두 평가할 수 있다.

ⓒ 예시 문항 및 준비전략

• 예시 문항

[신입사원 조기 이직 문제]

※ 지원자는 아래에 제시된 자료를 검토한 뒤, 신입사원 조기 이직의 원인을 크게 3가지로 정리하고 이에 대한 구체적인 개선안을 도출하여 발표해 주시기 바랍니다.

※ 본 과제에 정해진 정답은 없으나 논리적 근거를 들어 개선안을 작성해 주십시오.

• A기업은 동종업계 유사기업들과 비교해 볼 때, 비교적 높은 재무안정성을 유지하고 있으며 업무강도가 그리 높지 않은 것으로 외부에 알려져 있음.

• 최근 조사결과, 동종업계 유사기업들과 연봉을 비교해 보았을 때 연봉 수준도 그리 나쁘지 않은 편이라는 것이 확인되었음.

• 그러나 지난 3년간 1~2년차 직원들의 이직률이 계속해서 증가하고 있는 추세이며, 경영진 회의에서 최우선 해결과제 중 하나로 거론되었음.

• 이에 따라 인사팀에서 현재 1~2년차 사원들을 대상으로 개선되어야 하는 A기업의 조직문화에 대한 설문조사를 실시한 결과, '상명하복식의 의사소통'이 36.7%로 1위를 차지했음.

• 이러한 설문조사와 함께, 신입사원 조기 이직에 대한 원인을 분석한 결과 파랑새 증후군, 셀프홀릭 증후군, 피터팬 증후군 등 3가지로 분류할 수 있었음.

〈동종업계 유사기업들과의 연봉 비교〉 〈우리 회사 조직문화 중 개선되었으면 하는 것〉

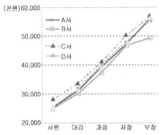
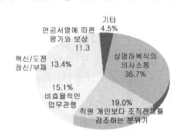

〈신입사원 조기 이직의 원인〉

• 파랑새 증후군

-현재의 직장보다 더 좋은 직장이 있을 것이라는 막연한 기대감으로 끊임없이 새로운 직장을 탐색함.

-학력 수준과 맞지 않는 '하향지원', 전공과 적성을 고려하지 않고 일단 취업하고 보자는 '묻지마 지원'이 파랑새 증후군을 초래함.

• 셀프홀릭 증후군

-본인의 역량에 비해 가치가 낮은 일을 주로 하면서 갈등을 느낌.

• 피터팬 증후군

-기성세대의 문화를 무조건 수용하기보다는 자유로움과 변화를 추구함.

-상명하복, 엄격한 규율 등 기성세대가 당연시하는 관행에 거부감을 가지며 직장에 답답함을 느낌.

• 준비전략 : 발표면접의 시작은 과제 안내문과 과제 상황, 과제 자료 등을 정확하게 이해하는 것에서 출발한다. 과제 안내문을 침착하게 읽고 제시된 주제 및 문제와 관련된 상황의 맥락을 파악한 후 과제를 검토한다. 제시된 기사나 그래프 등을 충분히 활용하여 주어진 문제를 해결할 수 있는 해결책이나 대안을 제시하며, 발표를 할 때에는 명확하고 자신 있는 태도로 전달할 수 있도록 한다.

③ 토론면접

　㉠ 면접 방식 및 판단기준

• 면접 방식 : 상호갈등적 요소를 가진 과제 또는 공통의 과제를 해결하는 내용의 토론 과제를 제시하고, 그 과정에서 개인 간의 상호작용 행동을 관찰하는 방식으로 면접이 진행된다.

• 판단기준 : 팀워크, 적극성, 갈등 조정, 의사소통능력, 문제해결능력 등

　㉡ 특징 : 토론을 통해 도출해 낸 최종안의 타당성도 중요하지만, 결론을 도출해 내는 과정에서의 의사소통능력이나 갈등상황에서 의견을 조정하는 능력 등이 중요하게 평가되는 특징이 있다.

　㉢ 예시 문항 및 준비전략

• 예시 문항

> • 군 가산점제 부활에 대한 찬반토론
> • 담뱃값 인상에 대한 찬반토론
> • 비정규직 철폐에 대한 찬반토론
> • 대학의 영어 강의 확대 찬반토론
> • 워크숍 장소 선정을 위한 토론

• 준비전략 : 토론면접은 무엇보다 팀워크와 적극성이 강조된다. 따라서 토론과정에 적극적으로 참여하며 자신의 의사를 분명하게 전달하며, 갈등상황에서 자신의 의견만 내세울 것이 아니라 다른 지원자의 의견을 경청하고 배려하는 모습도 중요하다. 갈등상황을 일목요연하게 정리하여 조정하는 등의 의사소통능력을 발휘하는 것도 좋은 전략이 될 수 있다.

④ 상황면접

　㉠ 면접 방식 및 판단기준

• 면접 방식 : 상황면접은 직무 수행 시 접할 수 있는 상황들을 제시하고, 그러한 상황에서 어떻게 행동할 것인지를 이야기하는 방식으로 진행된다.

• 판단기준 : 해당 상황에 적절한 역량의 구현과 구체적 행동지표

ⓛ 특징 : 실제 직무 수행 시 접할 수 있는 상황들을 제시하므로 입사 이후 지원자의 업무 수행능력을 평가하는 데 적절한 면접 방식이다. 또한 지원자의 가치관, 태도, 사고방식 등의 요소를 통합적으로 평가하는 데 용이하다.

ⓒ 예시 문항 및 준비전략

• 예시 문항

> 당신은 생산관리팀의 팀원으로, 생산팀이 기한에 맞춰 효율적으로 제품을 생산할 수 있도록 관리하는 역할을 맡고 있습니다. 3개월 뒤에 제품A를 정상적으로 출시하기 위해 생산팀의 생산 계획을 수립한 상황입니다. 그러나 원가가 곧 실적으로 이어지는 구매팀에서는 최대한 원가를 줄여 전반적 단가를 낮추려고 원가절감을 위한 제안을 하였으나, 연구개발팀에서는 구매팀이 제안한 방식으로 제품을 생산할 경우 대부분이 구매팀의 실적으로 산정될 것이므로 제대로 확인도 해보지 않은 채 적합하지 않은 방식이라고 판단하고 있습니다. 당신은 어떻게 하겠습니까?

• 준비전략 : 상황면접은 먼저 주어진 상황에서 핵심이 되는 문제가 무엇인지를 파악하는 것에서 시작한다. 주질문과 세부질문을 통하여 질문의 의도를 파악하였다면, 그에 대한 구체적인 행동이나 생각 등에 대해 응답할수록 높은 점수를 얻을 수 있다.

⑤ 역할면접

㉠ 면접 방식 및 판단기준

• 면접 방식 : 역할면접 또는 역할연기 면접은 기업 내 발생 가능한 상황에서 부딪히게 되는 문제와 역할을 가상적으로 설정하여 특정 역할을 맡은 사람과 상호작용하고 문제를 해결해 나가도록 하는 방식으로 진행된다. 역할연기 면접에서는 면접관이 직접 역할연기를 하면서 지원자를 관찰하기도 하지만, 역할연기 수행만 전문적으로 하는 사람을 투입할 수도 있다.

• 판단기준 : 대처능력, 대인관계능력, 의사소통능력 등

ⓛ 특징 : 역할면접은 실제 상황과 유사한 가상 상황에서의 행동을 관찰함으로서 지원자의 성격이나 대처 행동 등을 관찰할 수 있다.

ⓒ 예시 문항 및 준비전략

• 예시 문항

> [금융권 역할면접의 예]
> 당신은 ○○은행의 신입 텔러이다. 사람이 많은 월말 오전 한 할아버지(면접관 또는 역할담당자)께서 ○○은행을 사칭한 보이스피싱으로 500만 원을 피해 보았다며 소란을 일으키고 있다. 실제 업무상황이라고 생각하고 상황에 대처해 보시오.

- 준비전략 : 역할연기 면접에서 측정하는 역량은 주로 갈등의 원인이 되는 문제를 해결하고 제시된 해결방안을 상대방에게 설득하는 것이다. 따라서 갈등해결, 문제해결, 조정·통합, 설득력과 같은 역량이 중요시된다. 또한 갈등을 해결하기 위해서 상대방에 대한 이해도 필수적인 요소이므로 고객 지향을 염두에 두고 상황에 맞게 대처해야 한다. 역할면접에서는 변별력을 높이기 위해 면접관이 압박적인 분위기를 조성하는 경우가 많기 때문에 스트레스 상황에서 불안해하지 않고 유연하게 대처할 수 있도록 시간과 노력을 들여 충분히 연습하는 것이 좋다.

2 면접 이미지 메이킹

(1) 성공적인 이미지 메이킹 포인트

① 복장 및 스타일

　㉠ 남성

- 양복 : 양복은 단색으로 하며 넥타이나 셔츠로 포인트를 주는 것이 효과적이다. 짙은 회색이나 감청색이 가장 단정하고 품위 있는 인상을 준다.
- 셔츠 : 흰색이 가장 선호되나 자신의 피부색에 맞추는 것이 좋다. 푸른색이나 베이지색은 산뜻한 느낌을 줄 수 있다. 양복과의 배색도 고려하도록 한다.
- 넥타이 : 의상에 포인트를 줄 수 있는 아이템이지만 너무 화려한 것은 피한다. 지원자의 피부색은 물론, 정장과 셔츠의 색을 고려하며, 체격에 따라 넥타이 폭을 조절하는 것이 좋다.
- 구두 & 양말 : 구두는 검정색이나 짙은 갈색이 어느 양복에나 무난하게 어울리며 깔끔하게 닦아 준비한다. 양말은 정장과 동일한 색상이나 검정색을 착용한다.
- 헤어스타일 : 머리스타일은 단정한 느낌을 주는 짧은 헤어스타일이 좋으며 앞머리가 있다면 이마나 눈썹을 가리지 않는 선에서 정리하는 것이 좋다.

ⓛ 여성

• 의상 : 단정한 스커트 투피스 정장이나 슬랙스 슈트가 무난하다. 블랙이나 그레이, 네이비, 브라운 등 차분해 보이는 색상을 선택하는 것이 좋다.
• 소품 : 구두, 핸드백 등은 같은 계열로 코디하는 것이 좋으며 구두는 너무 화려한 디자인이나 굽이 높은 것을 피한다. 스타킹은 의상과 구두에 맞춰 단정한 것으로 선택한다.
• 액세서리 : 액세서리는 너무 크거나 화려한 것은 좋지 않으며 과하게 많이 하는 것도 좋은 인상을 주지 못한다. 착용하지 않거나 작고 깔끔한 디자인으로 포인트를 주는 정도가 적당하다.
• 메이크업 : 화장은 자연스럽고 밝은 이미지를 표현하는 것이 좋으며 진한 색조는 인상이 강해 보일 수 있으므로 피한다.
• 헤어스타일 : 커트나 단발처럼 짧은 머리는 활동적이면서도 단정한 이미지를 줄 수 있도록 정리한다. 긴 머리의 경우 하나로 묶거나 단정한 머리망으로 정리하는 것이 좋으며, 짙은 염색이나 화려한 웨이브는 피한다.

② 인사

㉠ 인사의 의미 : 인사는 예의범절의 기본이며 상대방의 마음을 여는 기본적인 행동이라고 할 수 있다. 인사는 처음 만나는 면접관에게 호감을 살 수 있는 가장 쉬운 방법이 될 수 있기도 하지만 제대로 예의를 지키지 않으면 지원자의 인성 전반에 대한 평가로 이어질 수 있으므로 각별히 주의해야 한다.

㉡ 인사의 핵심 포인트

• 인사말 : 인사말을 할 때에는 밝고 친근감 있는 목소리로 하며, 자신의 이름과 수험번호 등을 간략하게 소개한다.
• 시선 : 인사는 상대방의 눈을 보며 하는 것이 중요하며 너무 빤히 쳐다본다는 느낌이 들지 않도록 주의한다.
• 표정 : 인사는 마음에서 우러나오는 존경이나 반가움을 표현하고 예의를 차리는 것이므로 살짝 미소를 지으며 하는 것이 좋다.
• 자세 : 인사를 할 때에는 가볍게 목만 숙인다거나 흐트러진 상태에서 인사를 하지 않도록 주의하며 절도 있고 확실하게 하는 것이 좋다.

③ 시선처리와 표정, 목소리

　　㉠ **시선처리와 표정** : 표정은 면접에서 지원자의 첫인상을 결정하는 중요한 요소이다. 얼굴 표정은 사람의 감정을 가장 잘 표현할 수 있는 의사소통 도구로 표정 하나로 상대방에게 호감을 주거나, 비호감을 사기도 한다. 호감이 가는 인상의 특징은 부드러운 눈썹, 자연스러운 미간, 적당히 볼록한 광대, 올라간 입 꼬리 등으로 가볍게 미소를 지을 때의 표정과 일치한다. 따라서 면접 중에는 밝은 표정으로 미소를 지어 호감을 형성할 수 있도록 한다. 시선은 면접관과 고르게 맞추되 생기 있는 눈빛을 띄도록 하며, 너무 빤히 쳐다본다는 인상을 주지 않도록 한다.

　　㉡ **목소리** : 면접은 주로 면접관과 지원자의 대화로 이루어지므로 목소리가 미치는 영향이 상당하다. 답변을 할 때에는 부드러우면서도 활기차고 생동감 있는 목소리로 하는 것이 면접관에게 호감을 줄 수 있으며 적당한 제스처가 더해진다면 상승효과를 얻을 수 있다. 그러나 적절한 답변을 하였음에도 불구하고 콧소리나 날카로운 목소리, 자신감 없는 작은 목소리는 답변의 신뢰성을 떨어뜨릴 수 있으므로 주의하도록 한다.

④ **자세**

　　㉠ 걷는 자세
　　　• 면접장에 입실할 때에는 상체를 곧게 유지하고 발끝은 평행이 되게 하며 무릎을 스치듯 11자로 걷는다.
　　　• 시선은 정면을 향하고 턱은 가볍게 당기며 어깨나 엉덩이가 흔들리지 않도록 주의한다.
　　　• 발바닥 전체가 닿는 느낌으로 안정감 있게 걸으며 발소리가 나지 않도록 주의한다.
　　　• 보폭은 어깨넓이만큼이 적당하지만, 스커트를 착용했을 경우 보폭을 줄인다.
　　　• 걸을 때도 미소를 유지한다.

　　㉡ 서있는 자세
　　　• 몸 전체를 곧게 펴고 가슴을 자연스럽게 내민 후 등과 어깨에 힘을 주지 않는다.
　　　• 정면을 바라본 상태에서 턱을 약간 당기고 아랫배에 힘을 주어 당기며 바르게 선다.
　　　• 양 무릎과 발뒤꿈치는 붙이고 발끝은 11자 또는 V형을 취한다.
　　　• 남성의 경우 팔을 자연스럽게 내리고 양손을 가볍게 쥐어 바지 옆선에 붙이고, 여성의 경우 공수자세를 유지한다.

ⓒ 앉은 자세

• 남성

> • 의자 깊숙이 앉고 등받이와 등 사이에 주먹 1개 정도의 간격을 두며 기대듯 앉지 않도록 주의한다. (남녀 공통 사항)
> • 무릎 사이에 주먹 2개 정도의 간격을 유지하고 발끝은 11자를 취한다.
> • 시선은 정면을 바라보며 턱은 가볍게 당기고 미소를 짓는다. (남녀 공통 사항)
> • 양손은 가볍게 주먹을 쥐고 무릎 위에 올려놓는다.
> • 앉고 일어날 때에는 자세가 흐트러지지 않도록 주의한다. (남녀 공통 사항)

• 여성

> • 스커트를 입었을 경우 왼손으로 뒤쪽 스커트 자락을 누르고 오른손으로 앞쪽 자락을 누르며 의자에 앉는다.
> • 무릎은 붙이고 발끝을 가지런히 하며, 다리를 왼쪽으로 비스듬히 기울이면 여성스러워 보이는 효과가 있다.
> • 양손을 모아 무릎 위에 모아 놓으며 스커트를 입었을 경우 스커트 위를 가볍게 누르듯이 올려놓는다.

(2) 면접 예절

① 행동 관련 예절

ⓐ 지각은 절대금물 : 시간을 지키는 것은 예절의 기본이다. 지각을 할 경우 면접에 응시할 수 없거나, 면접 기회가 주어지더라도 불이익을 받을 가능성이 높아진다. 따라서 면접 장소가 결정되면 교통편과 소요시간을 확인하고 가능하다면 사전에 미리 방문해 보는 것도 좋다. 면접 당일에는 서둘러 출발하여 면접 시간 20~30분 전에 도착하여 회사를 둘러보고 환경에 익숙해지는 것도 성공적인 면접을 위한 요령이 될 수 있다.

ⓑ 면접 대기 시간 : 지원자들은 대부분 면접장에서의 행동과 답변 등으로만 평가를 받는다고 생각하지만 그렇지 않다. 면접관이 아닌 면접진행자 역시 대부분 인사실무자이며 면접관이 면접 후 지원자에 대한 평가에 있어 확신을 위해 면접진행자의 의견을 구한다면 면접진행자의 의견이 당락에 영향을 줄 수 있다. 따라서 면접 대기 시간에도 행동과 말을 조심해야 하며, 면접을 마치고 돌아가는 순간까지도 긴장을 늦춰서는 안 된다. 면접 중 압박적인 질문에 답변을 잘 했지만, 면접장을 나와 흐트러진 모습을 보이거나 욕설을 한다면 면접 탈락의 요인이 될 수 있으므로 주의해야 한다.

ⓒ 입실 후 태도 : 본인의 차례가 되어 호명되면 또렷하게 대답하고 들어간다. 만약 면접장 문이 닫혀 있다면 상대에게 소리가 들릴 수 있을 정도로 노크를 두세 번 한 후 대답을 듣고 나서 들어가야 한다. 문을 여닫을 때에는 소리가 나지 않게 조용히 하며 공손한 자세로 인사한 후 성명과 수험번호를 말하고 면접관의 지시에 따라 자리에 앉는다. 이 경우 착석하라는 말이 없는데 먼저 의자에 앉으면 무례한 사람으로 보일 수 있으므로 주의한다. 의자에 앉을 때에는 끝에 앉지 말고 무릎 위에 양손을 가지런히 얹는 것이 예절이라고 할 수 있다.

② 옷매무새를 자주 고치지 마라. : 일부 지원자의 경우 옷매무새 또는 헤어스타일을 자주 고치거나 확인하기도 하는데 이러한 모습은 과도하게 긴장한 것 같아 보이거나 면접에 집중하지 못하는 것으로 보일 수 있다. 남성 지원자의 경우 넥타이를 자꾸 고쳐 맨다거나 정장 상의 끝을 너무 자주 만지작거리지 않는다. 여성 지원자는 머리를 계속 쓸어 올리지 않고, 특히 짧은 치마를 입고서 신경이 쓰여 치마를 끌어 내리는 행동은 좋지 않다.

⑩ 다리를 떨거나 산만한 시선은 면접 탈락의 지름길 : 자신도 모르게 다리를 떨거나 손가락을 만지는 등의 행동을 하는 지원자가 있는데, 이는 면접관의 주의를 끌 뿐만 아니라 불안하고 산만한 사람이라는 느낌을 주게 된다. 따라서 가능한 한 바른 자세로 앉아 있는 것이 좋다. 또한 면접관과 시선을 맞추지 못하고 여기저기 둘러보는 듯한 산만한 시선은 지원자가 거짓말을 하고 있다고 여겨지거나 신뢰할 수 없는 사람이라고 생각될 수 있다.

② 답변 관련 예절

㉠ 면접관이나 다른 지원자와 가치 논쟁을 하지 않는다. : 질문을 받고 답변하는 과정에서 면접관 또는 다른 지원자의 의견과 다른 의견이 있을 수 있다. 특히 평소 지원자가 관심이 많은 문제이거나 잘 알고 있는 문제인 경우 자신과 다른 의견에 대해 이의가 있을 수 있다. 하지만 주의할 것은 면접에서 면접관이나 다른 지원자와 가치 논쟁을 할 필요는 없다는 것이며 오히려 불이익을 당할 수도 있다. 정답이 정해져 있지 않은 경우에는 가치관이나 성장배경에 따라 문제를 받아들이는 태도에서 답변까지 충분히 차이가 있을 수 있으므로 굳이 면접관이나 다른 지원자의 가치관을 지적하고 고치려 드는 것은 좋지 않다.

ⓛ **답변은 항상 정직해야 한다.** : 면접이라는 것이 아무리 지원자의 장점을 부각시키고 단점을 축소시키는 것이라고 해도 절대로 거짓말을 해서는 안 된다. 거짓말을 하게 되면 지원자는 불안하거나 꺼림칙한 마음이 들게 되어 면접에 집중을 하지 못하게 되고 수많은 지원자를 상대하는 면접관은 그것을 놓치지 않는다. 거짓말은 그 지원자에 대한 신뢰성을 떨어뜨리며 이로 인해 다른 스펙이 아무리 훌륭하다고 해도 채용에서 탈락하게 될 수 있음을 명심하도록 한다.

ⓒ **경력직일 경우 전 직장에 대해 험담하지 않는다.** : 지원자가 전 직장에서 무슨 업무를 담당했고 어떤 성과를 올렸는지는 면접관이 관심을 둘 사항일 수 있지만, 이전 직장의 기업문화나 상사들이 어땠는지는 그다지 궁금해 하는 사항이 아니다. 전 직장에 대해 험담을 늘어놓는다든가, 동료와 상사에 대한 악담을 하게 된다면 오히려 지원자에 대한 부정적인 이미지만 심어줄 수 있다. 만약 전 직장에 대한 말을 해야 할 경우가 생긴다면 가능한 한 객관적으로 이야기하는 것이 좋다.

ⓔ **자기 자신이나 배경에 대해 자랑하지 않는다.** : 자신의 성취나 부모 형제 등 집안사람들이 사회·경제적으로 어떠한 위치에 있는지에 대한 자랑은 면접관으로 하여금 지원자에 대해 오만한 사람이거나 배경에 의존하려는 나약한 사람이라는 이미지를 갖게 할 수 있다. 따라서 자기 자신이나 배경에 대해 자랑하지 않도록 하고, 자신이 한 일에 대해서 너무 자세하게 얘기하지 않도록 주의해야 한다.

3 면접 질문 및 답변 포인트

(1) 가족 및 대인관계에 관한 질문

① 당신의 가정은 어떤 가정입니까?

면접관들은 지원자의 가정환경과 성장과정을 통해 지원자의 성향을 알고 싶어 이와 같은 질문을 한다. 비록 가정 일과 사회의 일이 완전히 일치하는 것은 아니지만 '가화만사성'이라는 말이 있듯이 가정이 화목해야 사회에서도 화목하게 지낼 수 있기 때문이다. 그러므로 답변 시에는 가족사항을 정확하게 설명하고 집안의 분위기와 특징에 대해 이야기하는 것이 좋다.

② 아버지의 직업은 무엇입니까?

아주 기본적인 질문이지만 지원자는 아버지의 직업과 내가 무슨 관련성이 있을까 생각하기 쉬워 포괄적인 답변을 하는 경우가 많다. 그러나 이는 바람직하지 않은 것으로 단답형으로 답변하면 세부적인 직종 및 근무연한 등을 물을 수 있으므로 모든 걸 한 번에 대답하는 것이 좋다.

③ 친구 관계에 대해 말해 보십시오.

지원자의 인간성을 판단하는 질문으로 교우관계를 통해 답변자의 성격과 대인관계능력을 파악할 수 있다. 새로운 환경에 적응을 잘하여 새로운 친구들이 많은 것도 좋지만, 깊고 오래 지속되어온 인간관계를 말하는 것이 더욱 바람직하다.

(2) 성격 및 가치관에 관한 질문

① 당신의 PR포인트를 말해 주십시오.

PR포인트를 말할 때에는 지나치게 겸손한 태도는 좋지 않으며 적극적으로 자기를 주장하는 것이 좋다. 앞으로 입사 후 하게 될 업무와 관련된 자기의 특성을 구체적인 일화를 더하여 이야기하도록 한다.

② 당신의 장·단점을 말해 보십시오.

지원자의 구체적인 장·단점을 알고자 하기 보다는 지원자가 자기 자신에 대해 얼마나 알고 있으며 어느 정도의 객관적인 분석을 하고 있나, 그리고 개선의 노력 등을 시도하는지를 파악하고자 하는 것이다. 따라서 장점을 말할 때는 업무와 관련된 장점을 뒷받침할 수 있는 근거와 함께 제시하며, 단점을 이야기할 때에는 극복을 위한 노력을 반드시 포함해야 한다.

③ 가장 존경하는 사람은 누구입니까?

존경하는 사람을 말하기 위해서는 우선 그 인물에 대해 알아야 한다. 잘 모르는 인물에 대해 존경한다고 말하는 것은 면접관에게 바로 지적당할 수 있으므로, 추상적이라도 좋으니 평소에 존경스럽다고 생각했던 사람에 대해 그 사람의 어떤 점이 좋고 존경스러운지 대답하도록 한다. 또한 자신에게 어떤 영향을 미쳤는지도 언급하면 좋다.

(3) 학교생활에 관한 질문

① 지금까지의 학교생활 중 가장 기억에 남는 일은 무엇입니까?

가급적 직장생활에 도움이 되는 경험을 이야기하는 것이 좋다. 또한 경험만을 간단하게 말하지 말고 그 경험을 통해서 얻을 수 있었던 교훈 등을 예시와 함께 이야기하는 것이 좋으나 너무 상투적인 답변이 되지 않도록 주의해야 한다.

② 성적은 좋은 편이었습니까?

면접관은 이미 서류심사를 통해 지원자의 성적을 알고 있다. 그럼에도 불구하고 이 질문을 하는 것은 지원자가 성적에 대해서 어떻게 인식하느냐를 알고자 하는 것이다. 성적이 나빴던 이유에 대해서 변명하려 하지 말고 담백하게 받아드리고 그것에 대한 개선노력을 했음을 밝히는 것이 적절하다.

③ 학창시절에 시위나 집회 등에 참여한 경험이 있습니까?

기업에서는 노사분규를 기업의 사활이 걸린 중대한 문제로 인식하고 거시적인 차원에서 접근한다. 이러한 기업문화를 제대로 인식하지 못하여 학창시절의 시위나 집회 참여 경험을 자랑스럽게 답변할 경우 감점요인이 되거나 심지어는 탈락할 수 있다는 사실에 주의한다. 시위나 집회에 참가한 경험을 말할 때에는 타당성과 정도에 유의하여 답변해야 한다.

(4) 지원동기 및 직업의식에 관한 질문

① 왜 우리 회사를 지원했습니까?

이 질문은 어느 회사나 가장 먼저 물어보고 싶은 것으로 지원자들은 기업의 이념, 대표의 경영능력, 재무구조, 복리후생 등 외적인 부분을 설명하는 경우가 많다. 이러한 답변도 적절하지만 지원 회사의 주력 상품에 관한 소비자의 인지도, 경쟁사 제품과의 시장점유율을 비교하면서 입사동기를 설명한다면 상당히 주목 받을 수 있을 것이다.

② 만약 이번 채용에 불합격하면 어떻게 하겠습니까?

불합격할 것을 가정하고 회사에 응시하는 지원자는 거의 없을 것이다. 이는 지원자를 궁지로 몰아넣고 어떻게 대응하는지를 살펴보며 입사 의지를 알아보려고 하는 것이다. 이 질문은 너무 깊이 들어가지 말고 침착하게 답변하는 것이 좋다.

③ 당신이 생각하는 바람직한 사원상은 무엇입니까?

직장인으로서 또는 조직의 일원으로서의 자세를 묻는 질문으로 지원하는 회사에서 어떤 인재상을 요구하는 가를 알아두는 것이 좋으며, 평소에 자신의 생각을 미리 정리해 두어 당황하지 않도록 한다.

④ 직무상의 적성과 보수의 많음 중 어느 것을 택하겠습니까?

이런 질문에서 회사 측에서 원하는 답변은 당연히 직무상의 적성에 비중을 둔다는 것이다. 그러나 적성만을 너무 강조하다 보면 오히려 솔직하지 못하다는 인상을 줄 수 있으므로 어느 한 쪽을 너무 강조하거나 경시하는 태도는 바람직하지 못하다.

⑤ 상사와 의견이 다를 때 어떻게 하겠습니까?

과거와 다르게 최근에는 상사의 명령에 무조건 따르겠다는 수동적인 자세는 바람직하지 않다. 회사에서는 때에 따라 자신이 판단하고 행동할 수 있는 직원을 원하기 때문이다. 그러나 지나치게 자신의 의견만을 고집한다면 이는 팀원 간의 불화를 야기할 수 있으며 팀 체제에 악영향을 미칠 수 있으므로 선호하지 않는다는 것에 유념하여 답해야 한다.

⑥ 근무지가 지방인데 근무가 가능합니까?

근무지가 지방 중에서도 특정 지역은 되고 다른 지역은 안 된다는 답변은 바람직하지 않다. 직장에서는 순환 근무라는 것이 있으므로 처음에 지방에서 근무를 시작했다고 해서 계속 지방에만 있는 것은 아님을 유의하고 답변하도록 한다.

(5) 여가 활용에 관한 질문

① 취미가 무엇입니까?

기초적인 질문이지만 특별한 취미가 없는 지원자의 경우 대답이 애매할 수밖에 없다. 그래서 가장 많이 대답하게 되는 것이 독서, 영화감상, 혹은 음악감상 등과 같은 흔한 취미를 말하게 되는데 이런 취미는 면접관의 주의를 끌기 어려우며 설사 정말 위와 같은 취미를 가지고 있다하더라도 제대로 답변하기는 힘든 것이 사실이다. 가능하면 독특한 취미를 말하는 것이 좋으며 이제 막 시작한 것이라도 열의를 가지고 있음을 설명할 수 있으면 그것을 취미로 답변하는 것도 좋다.

② 술자리를 좋아합니까?

이 질문은 정말로 술자리를 좋아하는 정도를 묻는 것이 아니다. 우리나라에서는 대부분 술 자리가 친교의 자리로 인식되기 때문에 그것에 얼마나 적극적으로 참여할 수 있는 가를 우 회적으로 묻는 것이다. 술자리를 싫어한다고 대답하게 되면 원만한 대인관계에 문제가 있을 수 있다고 평가될 수 있으므로 술을 잘 마시지 못하더라도 술자리의 분위기는 즐긴다고 답변하는 것이 좋으며 주량에 대해서는 정확하게 말하는 것이 좋다.

(6) 여성 지원자들을 겨냥한 질문

① 결혼은 언제 할 생각입니까?

지원자가 결혼예정자일 경우 기업은 채용을 꺼리게 되는 경향이 있다. 업무를 어느 정도 인식하고 수행할 정도가 되면 퇴사하는 일이 흔하기 때문이다. 가능하면 향후 몇 년간은 결혼 계획이 없다고 답변하는 것이 현실적인 대처 요령이며, 덧붙여 결혼 후에도 일하고자 하는 의지를 강하게 내보인다면 더욱 도움이 된다.

② 만약 결혼 후 남편이나 시댁에서 직장생활을 그만두라고 강요한다면 어떻게 하겠습니까?

결혼적령기의 여성 지원자들에게 빈번하게 묻는 질문으로 의견 대립이 생겼을 때 상대방을 설득하고 타협하는 능력을 알아보고자 하는 것이다. 따라서 남편이나 시댁과 충분한 대화 를 통해 설득하고 계속 근무하겠다는 의지를 밝히는 것이 좋다.

③ 여성의 취업을 어떻게 생각합니까?

여성 지원자들의 일에 대한 열의와 포부를 알고자 하는 질문이다. 많은 기업들이 여성들의 섬세하고 꼼꼼한 업무능력과 감각을 높이 평가하고 있으며, 사회 전반적인 분위기 역시 맞 벌이를 이해하고 있으므로 자신의 의지를 당당하고 자신감 있게 밝히는 것이 좋다.

④ 커피나 복사 같은 잔심부름이 주어진다면 어떻게 하겠습니까?

여성 지원자들에게 가장 난감하고 자존심상하는 질문일 수 있다. 이 질문은 여성 지원자에 게 잔심부름을 시키겠다는 요구가 아니라 직장생활 중에서의 협동심이나 봉사정신, 직업관 을 알아보고자 하는 것이다. 또한 이 과정에서 압박기법을 사용해 비꼬는 투로 말하는 수 있는데 이는 자존심이 상하거나 불쾌해질 때의 행동을 알아보려는 것이다. 이럴 경우 흥분 하여 과격하게 답변하면 탈락하게 되며, 무조건 열심히 하겠다는 대답도 신뢰성이 없는 답 변이다. 직장생활을 위해 필요한 일이면 할 수 있다는 정도의 긍정적인 답변을 하되, 한 사람의 사원으로서 당당함을 유지하는 것이 좋다.

(7) 지원자를 당황하게 하는 질문

① 성적이 좋지 않은데 이 정도의 성적으로 우리 회사에 입사할 수 있다고 생각합니까?

비록 자신의 성적이 좋지 않더라도 이미 서류심사에 통과하여 면접에 참여하였다면 기업에서는 지원자의 성적보다 성적 이외의 요소, 즉 성격·열정 등을 높이 평가했다는 것이라고 할 수 있다. 그러나 이런 질문을 받게 되면 지원자는 당황할 수 있으나 주눅 들지 말고 침착하게 대처하는 면모를 보인다면 더 좋은 인상을 남길 수 있다.

② 우리 회사 회장님 함자를 알고 있습니까?

회장이나 사장의 이름을 조사하는 것은 면접일을 통고받았을 때 이미 사전 조사되었어야 하는 사항이다. 단답형으로 이름만 말하기보다는 그 기업에 입사를 희망하는 지원자의 입장에서 답변하는 것이 좋다.

③ 당신은 이 회사에 적합하지 않은 것 같군요.

이 질문은 지원자의 입장에서 상당히 곤혹스러울 수밖에 없다. 질문을 듣는 순간 그렇다면 면접은 왜 참가시킨 것인가 하는 생각이 들 수도 있다. 하지만 당황하거나 흥분하지 말고 침착하게 자신의 어떤 면이 회사에 적당하지 않는지 겸손하게 물어보고 지적당한 부분에 대해서 고치겠다는 의지를 보인다면 오히려 자신의 능력을 어필할 수 있는 기회로 사용할 수도 있다.

④ 다시 공부할 계획이 있습니까?

이 질문은 지원자가 합격하여 직장을 다니다가 공부를 더 하기 위해 회사를 그만 두거나 학습에 더 관심을 두어 일에 대한 능률이 저하될 것을 우려하여 묻는 것이다. 이때에는 당연히 학습보다는 일을 강조해야 하며, 업무 수행에 필요한 학습이라면 업무에 지장이 없는 범위에서 야간학교를 다니거나 회사에서 제공하는 연수 프로그램 등을 활용하겠다고 답변하는 것이 적당하다.

⑤ 지원한 분야가 전공한 분야와 다른데 여기 일을 할 수 있겠습니까?

수험생의 입장에서 본다면 지원한 분야와 전공이 다르지만 서류전형과 필기전형에 합격하여 면접을 보게 된 경우라고 할 수 있다. 이는 결국 해당 회사의 채용 방침상 전공에 크게 영향을 받지 않는다는 것이므로 무엇보다 자신이 전공하지는 않았지만 어떤 업무도 적극적으로 임할 수 있다는 자신감과 능동적인 자세를 보여주도록 노력하는 것이 좋다.

02 면접기출

한국산업단지공단 면접기출

① 자기소개를 해 보시오.

② 우리 공단 지원 동기를 말해 보시오.

③ 우리공단에서 맡고 싶은 직무에 대해 말해보시오.

④ 산업단지 개발 계획에 대하여 말해보시오.

⑤ 인턴 경험이 있다면 우리 공단에서 일할 때 어떻게 활용할 수 있겠는가?

⑥ 우리 공단의 설립년도가 언제인지 말해 보시오.

⑦ 입사 후 우리 공단에서 어떤 역할을 할 수 있을지 말해 보시오.

⑧ 본인의 전공과 지원한 직무를 연결해 설명해 보시오.

⑨ 우리 공단의 취약점을 지적하고 개선방안을 제시해 보시오.

⑩ 입사 후 하고 싶은 업무에 대해 말해 보시오.

⑪ 본인이 원하지 않는 직무에 배치되었을 때 어떻게 할 것인지 말해 보시오.

⑫ 클러스터 업무에 대해 설명해 보시오.

⑬ 희생을 감수하고 약속을 지킨 경험이 있다면 말해 보시오.

⑭ 4차산업 혁명과 관련하여 우리 공단이 나아갈 방향을 설명해 보시오.

⑮ 우리 공단에서 하고 있는 사업 중 하나를 골라 설명해 보시오.

⑯ 우리 공단 홈페이지에서 가장 인상적인 것은 무엇이었는지 말해 보시오.

⑰ 구조고도화 사업에 대해 설명해 보시오.

2 공기업 면접기출

① 상사가 부정한 일로 자신의 이득을 취하고 있다. 이를 인지하게 되었을 때 자신이라면 어떻게 행동할 것인가?

② 본인이 했던 일 중 가장 창의적이었다고 생각하는 경험에 대해 말해보시오.

③ 직장 생활 중 적성에 맞지 않는다고 느낀다면 다른 일을 찾을 것인가? 아니면 참고 견뎌내겠는가?

④ 자신만의 특별한 취미가 있는가? 그것을 업무에서 활용할 수 있다고 생각하는가?

⑤ 면접을 보러 가는 길인데 신호등이 빨간불이다. 시간이 매우 촉박한 상황인데, 무단횡단을 할 것인가?

⑥ 원하는 직무에 배치 받지 못할 경우 어떻게 행동할 것인가?

⑦ 상사와 종교·정치에 대한 대화를 하던 중 본인의 생각과 크게 다른 경우 어떻게 하겠는가?

⑧ 타인과 차별화 될 수 있는 자신만의 장점 및 역량은 무엇인가?

⑨ 자격증을 한 번에 몰아서 취득했는데 힘들지 않았는가?

⑩ 오늘 경제신문 첫 면의 기사에 대해 브리핑 해보시오.

⑪ 무상급식 전국실시에 대한 본인의 의견을 말하시오.

⑫ 타인과 차별화 될 수 있는 자신만의 장점 및 역량은 무엇인가?

⑬ 외국인 노동자와 비정규직에 대한 자신의 의견을 말해보시오.

⑭ 장래에 자녀를 낳는다면 주말 계획은 자녀와 자신 중 어느 쪽에 맞춰서 할 것인가?

⑮ 공사 진행과 관련하여 민원인과의 마찰이 생기면 어떻게 대응하겠는가?

⑯ 직장 상사가 나보다 다섯 살 이상 어리면 어떤 기분이 들겠는가?

⑰ 현재 심각한 취업난인 반면 중소기업은 인력이 부족하다는데 어떻게 생각하는가?

⑱ 영어 자기소개, 영어 입사동기

⑲ 지방이나 오지 근무에 대해서 어떻게 생각하는가?

⑳ 상사에게 부당한 지시를 받으면 어떻게 행동하겠는가?

㉑ 최근 주의 깊게 본 시사 이슈는 무엇인가?

㉒ 자신만의 스트레스 해소법이 있다면 말해보시오.